U0792656

萧楚女传

武汉市汉阳区档案馆（史志研究中心）主编

中共党史出版社

图书在版编目（CIP）数据

萧楚女传 / 武汉市汉阳区档案馆（史志研究中心）主编 .-- 北京：中共党史出版社，2021.7
ISBN 978-7-5098-5811-0

Ⅰ . ①萧⋯ Ⅱ . ①武⋯ Ⅲ . ①萧楚女（1893-1927）—传记 Ⅳ . ① K827=6

中国版本图书馆 CIP 数据核字 (2021) 第 077533 号

出版发行：中共党史出版社
责任编辑：安胡刚
责任校对：申宁
责任印制：段文超
社　　址：北京市海淀区芙蓉里南街 6 号院 1 号楼
邮　　编：100080
网　　址：www.dscbs.com
经　　销：新华书店
印　　刷：北京盛通印刷股份有限公司
开　　本：170mm × 240mm　1/16
字　　数：250 千字
印　　张：17
印　　数：1-3000 册
版　　次：2021 年 7 月第 1 版
印　　次：2021 年 7 月第 1 次印刷

ISBN 978-7-5098-5811-0
定　　价：54.00 元

此书如有印制质量问题，请与中共党史出版社出版部联系
电话：010 — 82517197

主　编：钟贤超　熊　婕

副主编：张岳平　刘克敏　杨大庆　王春芳

目录

第一章　颠沛流离　勤学苦读

出生在汉阳鹦鹉洲

萧楚女出生在湖北省汉阳县（今武汉市汉阳区）鹦鹉洲。

鹦鹉洲，原为长江中一沙洲，距武昌江岸约两里，正对黄鹤楼，洲尾达黄鹄矶，遥对汉阳渡口（汉阳城东门外），为古时武昌与汉阳的江中分界线。东汉末，名士祢衡应江夏郡太守黄祖之子黄射之邀，写成著名的《鹦鹉赋》。后祢衡被黄祖杀害并埋葬于洲上，该洲遂得名鹦鹉洲。南宋末年后，古鹦鹉洲因河道变化、江水冲刷而下陷，洲体逐渐缩小，约在清朝康熙末年至雍正初年，完全沉没于长江之中。公元 1769 年，在靠近汉阳的江面淤出一块 85 公顷的洲地，名为补课洲。公元 1815 年，为了纪念沉没于长江的古鹦鹉洲，补课洲被更名为鹦鹉洲。后来洲子与岸相接，成了岸的一部分。尽管它并非古籍中所记载的鹦鹉洲，但“晴川历历汉阳树，芳草萋萋鹦鹉洲”的诗句使它声名远播。

清朝末年，随着通商口岸的开放和洋务运动的兴起，各地都市建设加快步伐，都需要大量木材。汉阳鹦鹉洲临江一带岸线较长，河道十分开阔，是优良的码头泊位，洲上宽阔的滩地也便于木材的装卸和储存，因此洲上兴起竹木市场，生意日益兴旺，民国初成为长江流域乃至中原地区最大的木材集散地。江面上的排筏，排排相连，从岸边一直泊到江心；岸上的木条杉筒，堆积如山，一眼望不到头。码头上，工人们的号子声，节奏整齐；接排送排的鞭炮声、锣鼓声，此起彼落。在离码头不远的街上，分布着各地会馆、民宅、数百家由竹木市场派生的木行，还有缆厂、篾坊、茶社、酒楼、歇凉场所、私家客栈等，汉阳鹦鹉洲成为风格特异的百业街镇，十分繁华、热闹。当时洲上竹木行有 500 余家，每年整个鹦鹉洲竹木贸易总额 2000 万元以上。当时曾有民谣道：“武昌的银子顶着（官多），汉口的银子摆着（货多），汉阳的银子晒着（竹木多）。”不过，鹦鹉洲的木材生意是伴随着水涨水落而成。雨季水量猛增，便于扎筏放排，同时会遭洪水的冲袭；途中若遇风暴，整个排筏被打散飘走，放筏佬九死一生，木商损失惨重，很难有翻身之日。

公元 1893 年深秋的一天，汉阳鹦鹉洲上两湖河街的萧家，喜添了一个白胖胖的男婴，双眼清澈明亮。父亲给他取名萧树烈，乳名叫长福，寓意他以后长长久久有福气。因为出生在秋天，所以别名叫萧秋。萧树烈长大以后自己改名萧楚女。

萧楚女的父亲萧康平（原名萧正昌），农家出身。萧康平原本随父亲萧延茂生活在湖北省黄陂县（现武汉市黄陂区）滠口萧家贩上村，以种田为生。1840 年鸦片战争后，帝国主义加紧对中国的掠夺，而清政府腐败无能，中国逐渐沦为半殖民地半封建社会。中国农村的地主阶级对农民残酷剥削，大批农民失去了土地，加之连年的水、旱、虫灾，迫使大批难民背井离乡，寻找生路，湖北省黄陂县失地农民就是在这样背景下，流离失所，四处流浪。于是荆楚大地上就逐步形成了“无陂不成镇”的口语，即黄陂流浪农民聚集居住成镇。萧康平就是在这种失地情形下，和大弟萧焕昌、二弟萧耀昌跟随父亲萧延茂，离开原籍黄陂故土，逃荒到长江边的汉阳鹦鹉洲头，居住谋生。

当时的武汉，“码头经济”已经兴起，萧楚女的爷爷萧延茂带着三个儿子[①]在码头出苦力当搬运工，挣得一口辛苦饭吃。萧延茂父子后经熟人介绍，乘船顺流而下前往江苏镇江谋生。过了几年，凭着吃苦耐劳和诚信做人，萧延茂父子积攒了一些钱，就重返鹦鹉洲，开了一间木材商铺，做起了木材生意。经过多年打拼，生活慢慢变得好起来。大儿子萧康平帮助父亲管理账目和打点生意，并娶了江苏句容县张济川的女儿为妻，生了两个儿子，大儿子名叫萧树堂，二儿子名叫萧树森。之后，萧康平又纳了镇江一位罗姓女子为妾，称萧罗氏。萧罗氏为萧康平添了一个儿子和四个女儿，这个儿子就是萧树烈，因为出生在深秋时节，小名便唤作萧秋。在萧康平的三个儿子里，萧树烈自然是最小的一个。

萧家人可能做梦也不曾想到，长大后的萧树烈改名萧楚女，竟然成长为中国共产党著名的无产阶级革命家、理论家、宣传家、教育家，而且同时成为一代革命青年的导师和楷模，俗称“大秀才”“铁笔杆”。

快乐的童年

在父母的精心呵护下，萧秋一天天长大。接下来的几年里，虽然他的母亲又陆续生下了顺宝、三宝（宝华）、莲宝和宝宝四个女儿，但是由于传统封建习俗，萧秋依旧是家中最受宠爱的一个，有好吃的总是他先吃，他穿的衣服也总是比几个妹妹穿得好。

父亲萧康平很早就把萧秋送到私塾念书，以便让儿子日后有个好前程，不要像父辈那样只是一个低微的小商人。萧康平很相信那句俗语，“万般皆下品，唯有读书高”。

萧秋天资聪颖，记忆力好，又特别喜欢看书，从小就爱读《水浒》《三国》《离骚》《正气歌》一类的文字。

父亲萧康平的生意顺利、兴隆，因此家境殷实。小儿子萧秋过着一种

① 大儿子萧正昌（萧康平），二儿子萧焕昌，三儿子萧耀昌。

“少爷”似的生活。萧秋出门玩耍，总有家中佣人跟着。幼小的萧秋闲不住，总爱东奔西跑，常常一头汗水回到家。萧罗氏见小儿子汗流浃背，总免不了要责怪佣人：“为啥不坐轿呀，把他累得流这多汗？”

小孩子往往嘴馋，总觉得外面的东西比家里的好吃。有时，萧秋忍不住吃了点外面的食物。父母一旦发现，就会大惊失色地说道：“外面的东西，你怎么能随便吃呢？”“秋秋，你是有钱人家的孩子，不能随便吃外面的东西，那不干净。”

萧秋就是在这样一种溺爱、呵护的环境中逐渐成长。天热了，有人给他打扇子。还不到冬天，他就穿上了厚厚的皮袍、毛袜，夜里睡觉则用两三床被子捂得严严实实的，父母生怕他着凉感冒。

优越的生活条件和父母的过分娇宠，加之《水浒》《三国》等古籍中豪侠行为的影响，让心智不太成熟的萧秋产生了一些任性的毛病。大人喝酒，他要来两口；大人抽烟，他也要尝试。父母认为，只要萧秋爱读书，长大以后能走好仕途，抽烟、喝酒就无所谓了，何况家里还有这个经济条件。因此，在“不知不觉之间，把一个正在伸展过程中的儿童心理，养成了一种清高、孤僻、浪漫、豪侠、疾恶崇善的习惯。”

祸从天降

萧秋就是这样无忧无虑、自由自在，一天天快乐成长着。谁也没有想到，就在萧秋十岁那年，一场灾难降临到他家，彻底打碎了父亲为他设计的“读书——仕途——上层人”的美好蓝图。

原来，父亲萧康平经营木材行堆放的木排，在洞庭湖畔被上游突发而来的一场大洪水卷走，顺江漂流而下，不知去向。这场意外的洪水，致使萧康平全家苦心经营多年的木材行破产了。真是积家好似针挑土，毁家恰如水推沙。

家境的衰败，带给萧康平极大的精神打击。贫穷导致百事哀，一家人常因经济拮据闹矛盾。一气之下，萧张氏带着儿子萧树堂、萧树森前往安徽无为县凤凰镇居住，后又迁居芜湖。1902年初，萧康平携带萧罗氏及其子女到芜湖看望萧张氏。没过多久，萧康平因家庭纠纷难以解决，家境更加每况愈下而终日借抽烟消愁，引起肺病复发，在芜湖撒手人寰。萧罗氏已经不能在芜湖待下去了，无可奈何带着儿女回到汉阳鹦鹉洲。

然而，屋漏偏逢连阴雨。萧罗氏及孩子还未从悲痛中走出来，长江又暴发洪灾。汉阳鹦鹉洲一带顿成泽国，萧罗氏和儿女居住的那栋老房子立刻淹没在一片汪洋之中。所幸的是，萧罗氏和儿女们没有被江水冲走。

萧罗氏和儿女们好不容易等到大水退去，满心以为能够安定下来从头过日子。哪知祸不单行，一天，一场大火从前街烧到后街，满街所有的房子化为灰烬，萧家的房子也被烧毁。这样，萧罗氏一家连落脚之处都没有了。萧罗氏一时泪流满面，万般无奈地带着自己的五个孩子，站立在空旷而凄凉的江堤上，茫然不知所措。

为了儿子萧秋和几个女儿，萧罗氏振作精神，在江边找到一架木排上的空棚子，这种棚子，是当年因为家境贫寒而住不上正规房子的水上人家住处。对于拖儿带女、身处极度困苦中的萧罗氏而言，虽然棚子在水上晃动，条件很差，但好歹也算是有了一个安身之处。

命运故意捉弄萧家人似的，就在这艰难的日子里，萧秋不幸染上了天花病。由于无钱买药医治，萧秋高烧不退，几天几夜昏迷不醒。

为了挽救儿子萧秋的性命，萧罗氏和几个女儿日夜轮流守护在病床前。也许是萧秋的命大，抑或是母亲的真爱感动了上苍，他从死神的边缘走了一趟，奇迹般地活了过来。虽然死神放过了萧秋，但是天花病在他的脸上留下了点点疤痕，即世人所称呼的“麻子”。

活过来的萧秋在镜子里第一次瞧见自己这般麻脸模样，不禁目瞪口呆，惊恐万状，心就像被深深地扎了一刀似的难受。每当邻居或熟人用异样的眼光注视萧秋时，他的心里不是滋味，时常独自躲在没有人的地方或者夜晚偷偷流泪。

为了生活，萧罗氏带着两个大一点的女儿帮人缝缝补补挣钱，让两个小点的女儿，到江边拾柴禾变卖。尽管萧罗氏一家人终日忙碌，但换来的辛苦钱仍难以维持生计。实在没有别的办法，萧罗氏只能忍痛将两个大女儿送给人家当了童养媳，并含泪对萧秋说："长福儿呀，你也知道咱家现在成了这个样子，没有饭吃，妈也无能力供你念书。不是妈狠心，实在没办法啊！妈求人替你找了一个学手艺的事情，你做徒弟学得一门手艺，今后也能够挣一碗饭吃，好生活下去呀。"而萧秋因自己麻脸羞于去见私塾老师和同学，也不想念书了。为了帮衬辛苦持家的母亲，他顾不上羞怯与自卑，硬着头皮走出家门，在码头上叫卖瓜子、花生米等，赚点小钱补贴家用。

当时的萧秋只有 11 岁，稍微懂事。对于母亲的安排，他别无选择。正如他后来描述的那样："父亲死了，家产破败了，我们全家人无依无靠，仿佛从万丈高山坠下深壑……"

四处漂泊

为了让萧秋学门手艺，母亲将萧秋送到汉口的一家杂货铺当学徒。从此，萧秋的艰苦学徒生涯开始了。

每个早晨，天刚微微发白，萧秋已穿衣起床，扫清地面、抹净桌子，再倒马桶、把水烧好。侍候老板一家人吃完早饭后，萧秋才可在厨房里吃点残羹剩饭。白天根本不得消停，按照老板吩咐做各种杂活，帮顾客拿东西。如果萧秋忙里偷闲，悄悄歇一会儿，或者做事动作稍慢了一点，就会遭来谩骂或抽打。到了晚上，萧秋还得给老板娘端洗脚水，擦烟袋，倒痰盂。小小年纪的他，开始品尝在外讨生活的异常艰辛。

这家老板喜欢打牌，平常总约上几个人来店铺里消遣。每当这时，萧秋就得在旁边认真侍候，一会儿端茶倒水，一会儿装烟袋抹灰。若是夏天，萧秋还得给他们不停地打扇子驱蚊虫。

一次，萧秋自己热得汗珠子直往下滴，可双手还得不停地为那些打牌人扇风消暑。牌桌上有一人讥笑萧秋："你们看看，这小子脸上怎么麻麻点点的？"萧秋气得瞪了他一眼，可这人反诬萧秋用斜眼看他。老板见状随手抄起旁边的拐杖，对着萧秋就是一顿抽打。这还不算解气，老板还叫来老婆，把萧秋拖到后院里，又是一顿毒打和大骂。

可怜的萧秋真想回家，不再干这种活儿了，但是母亲那双忧伤的眼睛又浮现在他的面前，嘱咐的“忍”字又仿佛响在耳边。他只能忍下去，咬牙挺住。在以后的日子里，他时时谨慎、处处小心。夜晚实在想家的时候，就在床铺上偷偷地阅读找来的几本书，以缓解对母亲的思念。

这家杂货铺的老板和老板娘太坏，萧秋后来实在待不下去了，只好离开那里，另寻生路。之后的几年里，他辗转于汉口、汉阳，远道投靠安徽芜湖的二哥萧树森，还到过浙江省、江苏省的几个城市。一路干过杂工、跑堂，当过酱园、中药店的学徒，轮船上的杂役，还在街上卖过报纸，当过印刷厂的排字工，并且做过学堂里的代课老师。

萧秋聪明好学，又踏实肯干。旧时店铺里都全靠珠算记账，他会用两只手同时打算盘，而且又快又准。可是萧秋性格耿直，有什么话就直说，难免会得罪一些顾客或者影响生意，加之他酷爱读书，做事有时分心，常常引起老板的不满而被辞退。

几年之间，萧秋过着四处漂泊的流浪生活。

艰苦自学

萧秋天资聪慧，又特别爱学习。昔日家里屡遭变故，无可奈何中断了学业。然而他那种对学习的渴望和特别能够吃苦的劲头，即使在最艰难的日子里也没有消退。

在离家讨生活的那些日子里，萧秋总是没有忘记看书学习。每当店铺打烊或收工，他就利用闲暇时间看书。在存放货物的房间角落，在微弱的煤油灯下，总有萧秋孜孜不倦地看书和练习写作的影子。书本对他来讲，就像磁铁一样能够紧紧地吸住他的眼睛。困了，用凉水冲冲脸；饿了，喝一杯凉水充饥。有时面对书本看着看着，他竟然困得趴在桌上一直睡到了天亮。

萧秋看的书，都是他想办法向别人借的。当学徒是没有工钱的，即使后来学徒期满做工挣得那点微薄的薪水，也要接济家用。萧秋家有个好邻居名叫胡文叔，家境殷实，其祖辈是读书人，家里存有不少书，还订有报刊。胡文叔热心快肠，也很喜欢像萧秋这样爱读书的孩子，非常乐于借书给萧秋看，有借必应，还愿意与他交流谈心，并且回答一些问题。

萧秋聪明好学又能吃苦的精神，感动了一位有识之士。萧秋在汉口某杂货铺当学徒时，附近就住着一位刚从日本留学归来的青年学生。这位青年学生常到店里买东西，与萧秋慢慢熟悉起来。言谈之中，萧秋很羡慕并敬佩这位有学问的青年，好奇地听他讲述外面的世界和日本的情形，并就自学中遇到的疑难问题向他请教。这位青年很喜欢勤奋好学的萧秋，热情邀请他晚上闲暇时上他住处玩，萧秋自然高兴点头答应。一天傍晚，萧秋到了这位青年学生的住处。萧秋在他房里看到一套直方大斋本六册《数学》，就借了其中的一本。萧秋每过几天就去换一本，一直到看完整套六册《数学》。青年学生笑着说："这套书光看不行，还得演算。"萧秋显得有点儿腼腆地说："所有习题我都做完了，但不知做得对不对。你能不能帮我看看呀？"青年学生认真翻开那些用七拼八凑的烂纸装订而成的作业本，发现书中的习题都被他在上面做完了，居然大部分还是对的，感觉十分地惊讶。

"萧秋真是了不得，不上学太可惜了。"青年学生找到那个杂货铺的老板，请求允许萧秋白天去上学，自己愿意付学费，让他晚上放学回到店铺里再记账。

老板不仅没有答应这位好心青年的请求，而且很快辞退了萧秋。因为老板认定心无二用，萧秋不会安心做学徒。萧秋这次虽然丢了"饭碗"，但是很感谢那位青年学生。

之后，萧秋在一家报馆里当报童。他每天给武昌的中华大学送报纸，可总忍不住地站在课堂的窗外，踮起脚尖来听老师讲课，竟然多次耽误了送报。结果，萧秋被赶出了报馆。

为了生活，萧秋从湖北武汉辗转到了安徽芜湖。那里，有二哥萧树森。

在安徽芜湖一家酱油店当学徒时，萧秋住在吉和街宿松会馆窄小的阁楼上。虽然白天干活很累，但是他不觉得苦，因为到了晚上他就可以看书学习。每天晚上，他就趴在当床的木柜上看书、演算数学题，或练习写文章。火烤般的夏季，人在室外摇着扇子还热得难受，而阁楼不通风，炎热难熬，外加蚊虫叮咬，闷燥难耐的滋味可想而知。可对萧秋而言算不了啥，只要让他读书，什么苦都能吃下去。酷夏时节，读书学习一如既往。他把双脚插在水桶里，一读书就读到天大亮。

在极其恶劣的生存环境中，萧秋坚持不懈读书学习。他以常人少有的毅力自学完成了中学的全部文、理科的课程。

要改变这吃人的世道

萧秋 12 岁当学徒，在日后将近八年的时间里，他干杂活、卖苦力，四处颠簸，遍尝人世间的辛酸苦辣。在长江客轮做杂工期间，他跑遍了川、鄂、赣、苏、皖等省的沿江城镇，亲眼目睹外国人欺凌中国老百姓的情景，亲身感受到了中国社会底层的贫苦人群所经历的悲惨生活。这些经历和见闻，都深深地铭刻在萧秋的脑海里。

萧秋当时并不十分清楚，中华民族正处于深重的灾难之中。从 1840 年鸦片战争，以清政府失败并赔款、割地，签订中国历史上第一个不平等条约——《南京条约》开始，到 1900 年，英、美、日、俄、法、德等 11 国联合发动的侵华战争，又以签订丧权辱国的《辛丑条约》而结束。《辛丑条约》的签订，标志着中国已完全沦为半殖民地半封建社会，清政府彻底成为帝国主义统治中国的工具。而对贫苦大众而言，他们不仅要背负清政府名目繁多的苛捐杂税，还要受到外来侵略者的残酷压迫和欺凌。

武汉，是外国列强入侵较早的地区之一。1861 年，汉口对外开埠通商，英国率先在汉口开辟租界，德、俄、法、日步其后尘相继仿效。到 1907 年，汉口租界总面积 180 余公顷（2800 多亩）。从 1863 年至 1911 年，外国列强在武汉创办的工厂就有 76 个，外资银行 9 家，外国洋行和商号逾百家。洋人变着法子不断掠夺中国的资源和财富。

外国资本和实业的进入，在武汉催生了一些如人力车夫等新的职业。

大多数人力车夫，是那些来自农村的失地农民，他们每天在城市街头用力拉着黄包车运载客人或者货物，连走带跑四处奔波，风雨无阻，辛苦出力挣钱吃饭。如果是体质比较差的人，那么他根本干不了这种活。

1888 年，汉口第一辆人力车由新泰茶栈一位黄胡子洋人引入，最早的人力车仅限行于租界内。到 1901 年，汉口英租界工部局登记的人力车数量就达 1000 辆。发展到后来，人力车夫有 3 万人之多，其中主要是湖北黄陂、孝感、鄂城等县的失地贫民。

人力车夫吃苦多、挣钱少，还经常受到洋人和中国富人的欺压。1911 年 1 月 21 日，人力车夫吴一狗在汉口英租界内，被巡捕房洋人侦探踢死，惨不忍睹。22 日，汉口人力车夫一起举行罢工，抗议帝国主义洋人的暴行。英国士兵悍然开枪镇压，打死打伤 10 多位人力车夫。明明是光天化日之下洋人枪击中国人力车夫，而湖广总督瑞澂给清政府的电报称道：这次罢工事件，是由一位人力车夫病倒在车上、后来经过医治无效死亡而引发的。瑞澂不仅向上谎报，而且颠倒黑白，诬蔑这次罢工是人力车夫聚众暴动图谋不轨，并派兵和英国人联手对罢工车夫进行了严酷镇压。湖北官府还命令当地各报不得刊登实情。

消息传来，汉口群情激愤。萧秋也听说了这次事件，感觉非常难受。对于腐败无能的清政府竟掩盖实情，为虎作伥，帮着洋人一起残害自己的同胞，他义愤填膺却又无可奈何。

风雨飘摇中的旧中国，清政府极度腐败，官场黑暗，贪官污吏横行。为了付给外国列强巨额的战争赔款和维持自身封建统治，清政府不断加大、加重对百姓赋税的征缴，还有水灾、荒灾和瘟疫等自然灾害的肆虐，民众怨声载道，民生凋敝，社会震荡，民心不稳。中华民族已到了生死存亡的危险境地。

救亡图存，匹夫有责。各种各样的思潮开始在中国大地不断涌出，守旧派、改革派、革命派各抒己见、互相抨击，论战迭起。戊戌变法的提出和实施；严复为代表的“教育救国论”；张謇为代表的“实业救国论”；还有海外留学归来的年轻知识分子，借助新兴的报纸杂志发表政见，鼓吹学习西洋的做法，要求变革社会；等等。

最能够带给当时中国社会严重冲击，并且让清政府深感恐惧的，则是孙中山领导的具有革命性质的中国同盟会。在孙中山的领导下，同盟会发动了一系列的武装起义，有力地推动了全国革命形势的发展，加速了清政府的灭亡。

萧秋爱看报刊书籍，尤其是喜欢了解时事民情。面对各种观点，他认真鉴别，仔细思考，试图找到一种能改变这吃人世道的办法。

此时的萧树烈（萧秋），已是一个身材高大、皮肤黝黑、开始思考人生的热血青年。他身处剧烈动荡、变革呼声不断高涨的社会，心中爱国热忱恰似干柴，只要遇着一点点火苗，就能燃起熊熊烈火。

第二章　投身革命　迷茫中求索

炮火中加入新军

20世纪的中国，已完全沦为半殖民地半封建社会。外国列强不断加紧对中国的入侵和掠夺，致使中国领土大片丢失、主权沦丧。全国各地民不聊生，4亿同胞苦苦挣扎在水深火热之中。在民族危亡的时刻，千千万万的爱国志士挺身而出，英勇奋战，前仆后继，救亡图存。

武汉，是两湖政治中心，武昌是湖广总督府所在地，也是帝国主义势力渗透较早的地区。1911年秋季，武昌正酝酿着一场堪称举世瞩目、导致中国社会发生翻天覆地变化的革命大风暴。

1911年10月武昌起义爆发之后，汉阳、汉口的革命党人随势而动，分别于10月11日夜、10月12日光复汉阳和汉口。至此，武汉三镇全部光复。起义军的旗帜，在武汉上空高高飘扬。

革命党人在武昌成立了湖北军政府，推举湖北新军第十二混成协统领黎元洪为湖北军政府都督。

武昌起义的胜利，极大鼓舞了全国民众。仍作最后垂死挣扎的清政府，调集重兵前来镇压。北洋陆军的两个军乘火车沿京汉线扑来，海军的 15 艘军舰从上海直驱汉口，还有河南、湖南两地的部分清军奉命逼近武汉，多路兵力合围，妄想消灭这支革命力量，同时扼杀革命军政府于襁褓之中。

面对此种危急形势，湖北军政府决定誓死保卫武汉，下令迅速招兵买马扩军四协（旅），迎击气势汹汹来犯之敌。

喜爱读书看报并且关注时局的萧秋，从 1911 年 10 月 11 日的报刊上，就知道了武昌起义胜利的消息，兴奋不已。他感觉到，这就是自己所需要的现实社会，并且预感不远的将来，自己所期盼的新生活就要到来。他心中的热血，在沸腾着。

当湖北军政府招收新兵的布告一贴出，萧秋欢呼雀跃。他立刻赶到报名处，自报家门，请求批准加入新军队伍，用实际行动来保卫革命胜利成果。经过资格审查，他如愿以偿地参军入伍了。

踊跃报名者非常多，摩肩接踵。5 天就已满员，扩充兵员 2 万多人。接着，部队开始分配兵种。萧秋被分配当了一名炮兵，随即参加了阳夏保卫战之中那场持续 10 天的刘家庙争夺战。

参加阳夏保卫战

“阳夏”指汉阳和汉口，汉口古时被称为“夏口”。奉命由北方乘火车南下驰援的清军到达武汉的第一站，就是汉口的刘家庙车站。同时，从湖南和河南赶来的清军，包括步兵、炮兵和骑兵共 2000 人，已于 1911 年 10 月 15 日集结于刘家庙车站。清水师舰队也很快到达汉口，对刘家庙清军战事给予支援。面对这一紧张局势，10 月 17 日，湖北军政府都督黎元洪下令革命军渡江到汉口，还有从汉口市民中招募的民军，随同前往刘家庙阻击清军的集结反攻。

萧秋随炮队向刘家庙方向进发，很快进入阵地。这是他以革命军人的身份第一次参加战斗，和其他军人的想法一样，就是坚决服从命令听指挥，要把清军赶出汉口的东大门——刘家庙。

10 月 18 日，革命军向踞守在刘家庙的清军连续两次发起猛烈进攻。踞守刘家庙的清军拼死抵抗革命军，加之停泊在汉口长江水面上的清军军舰持续用炮弹疯狂轰炸革命军阵地，致使革命军受创严重，不得不撤退到汉口市区。这场战斗，革命军打得异常英勇激烈。

在这里，不得不提到汉口的古德寺。因最初只是个小小的茅蓬，原名就叫古德茅蓬，而当时的古德茅蓬竟是阳夏之战的重要战场。武器装备处于弱势的革命军退入汉口街巷继续与清军血战。深明大义的古德茅蓬僧众们，不顾个人安危奔跑在枪林弹雨之中，抢救革命军伤员，将烈士遗体集中安葬在寺后的菜地里；将伤者藏匿在寺内隐蔽处。第二年的 4 月，孙中山专程到古德茅蓬凭吊烈士。1914 年，黎元洪欣然题写寺名为古德寺，这就是该寺名的由来。

十多年后，萧秋追忆那段战斗经历时，仍忘不了那时的场景：有一次民军败退了，炮兵阵地失守。当时有四五百名在旁观战的民众猛然跃起，像卷起的一阵风似的，呼啸着向刘家庙车站方向冲去，硬是在枪林弹雨中把民军未能拖走的两门山炮抢了回来。敌人对支持革命的老百姓又怕又恨，竟然向观战的人丛开炮轰击。当场有几百人惨死在清军的炮火之下，血流遍地。

10 月 19 日，天还未亮，革命军分三路向刘家庙发起攻击，京汉铁路江岸机务段的工人们和铁路沿线棚户区的贫苦市民们，也加入了参战队伍。驻守那里的清军在睡梦中惊醒，起床仓促应战，实在坚持不了，纷纷慌乱溃逃至滠口。革命军终于占领了刘家庙。

萧秋的炮队在民众的帮助下，移师刘家庙阵地。

清政府腐败无能、丧权辱国的行径让汉口民众早就痛恨不已。这次革命军胜利夺取刘家庙，极大地鼓舞了汉口市民。老百姓上街敲鼓放鞭，欢呼革命军打败了清军。在整个汉口保卫战中，不仅仅是革命军英勇奋战，也有全体民众共同参与，军民携手取得了胜利。老百姓由最初的旁观者变成了战斗者，由市民变成革命者。那些平时只顾着关注赚钱的商人这次也慷慨捐钱支持革命；商会购买了大批馒头、罐头，还有肉和酒，送到前线慰劳革命军将士；上了年纪的平民，主动送茶送饭；腿脚方便的壮年平民，扛着自制的简易担架，奋不顾身，冒着生命危险在前线抢救伤员。那些市民尤其是平常很看不起眼的老百姓热情无私帮助革命军的行为，让萧秋和革命军将士们感动得热泪盈眶。萧秋当时坚守在弥漫着硝烟的阵地上，吃着老百姓送来的热气腾腾的稀饭和馒头，心中只有一个念头：守住阵地，多杀敌人，坚决保卫革命果实，为老百姓谋幸福。

在革命军取得初战胜利时，汉口最先创办的革命报纸《大汉报》赶印了号外，用诗歌的形式颂赞刘家庙大捷。武汉三镇的大街小巷到处传扬着革命军胜利的消息，老百姓们纷纷走上街头传递喜信，兴高采烈、笑逐颜开。

当革命军和民众沉浸在胜利喜悦之中的时候，袁世凯依仗帝国主义势力支持，急忙调兵遣将南下，日夜兼程向湖北集结，意欲扑灭革命火种。由袁世凯率领的来势凶猛的清朝援军，人数、武器和装备方面都远远超过了湖北革命军。

两军对垒，战火纷飞。武汉城内、市郊，硝烟弥漫。

1911 年 10 月 21 日到 10 月底，敌我交战。革命军首先向滠口清军发起新一轮进攻，双方多次争夺刘家庙，反反复复拼杀；几得几失、刺刀肉搏的大智门之战、汉口街市巷战等，湖北革命军虽然有徐源泉率领的 300 余名学生军主动参战，以及汉口民众自发组成的武装民军的加入，但是革命军队伍终因伤亡过大、寡不敌众，在 11 月 1 日不得不放弃汉口撤退。

萧秋随着炮队渡过汉水，撤至汉阳。

11 月 3 日，黎元洪代表湖北军政府在武昌阅马场举行拜将仪式，任命从香港匆忙赶来的黄兴为战时总司令，全权指挥阳夏之战。

此时敌我双方实力情形是：清军有北洋精锐两三万人，训练有素、装备精良，尤其配备的机关枪对革命军杀伤力很大，加之有袁世凯的统一指挥。从革命军队伍士兵的总量看，大体与北洋军相当，然而大多数是临时招募的学生、市民和农民，许多士兵未接受军事训练，完全是凭着勇敢和一腔热血奔赴战场，武器装备也没法与北洋军相比。而黄兴是革命危难时外来受命，在领导作战中，临时组成的参战人员有时不听其指挥，贻误战机，更难抵挡北洋军的疯狂反扑。

黄兴把战时总指挥部及后勤基地设在汉阳归元寺内，抓紧布置汉阳防务。萧秋所在的炮队把火炮架设在龟山之上，阻止清军渡过汉江。

11 月 17 日，黄兴亲自率领反攻部队渡过汉江，开始分南北翼向汉口城区发动攻击。北洋军分两侧，炮兵、步兵一起堵截，致使北翼革命军伤亡 600 余人。而南翼革命军见北洋军火力如此强大，不战后退，黄兴阻止不了，只得勉强率领部队撤回汉阳，这在很大程度上挫伤了汉阳守军的斗志。

在事态严重危急之际，归元寺云岩长老挺身而出，大义凛然主动请缨，亲自率众僧参加民军，成立“和尚大队”开赴前线作战，同时组队参与后勤活动。

北洋军乘胜追击，逼近汉阳。

11 月 20 日，双方在汉阳的三眼桥展开激战。

11 月 23、24、26 日，革命军在米粮山、仙女山、锅底山和扁担山的阵地相继失守。

萧秋所在炮队的山炮射程太短，往往处于北洋军炮火的压制之下，虽然萧秋和战友们不惜生命顽强反击，但对大局无济于事。在战斗中，萧秋的两只耳朵都曾被震聋。后来，他的一只耳朵失聪。

随着大批清军不断涌入汉阳，势单力孤的革命军节节后退。黄兴已无能为力，摇头叹息。为使归元寺内大批粮秣不落入清军之手，云岩长老毅然同意焚寺烧院，并端坐于佛殿后大士座前，最后与梵宫一起化为灰烬，其场景甚为壮烈。在这场大火中，归元寺只有罗汉堂、藏经阁、鼓楼得以幸免。

11 月 26 日，汉阳幸存的守军包括萧秋所在的炮队渡江撤到武昌。11 月 27 日，清军控制了汉阳，占领了萧秋所在炮队曾坚守的龟山炮台。当日，历时 41 天的阳夏之战结束。

阳夏保卫战是辛亥革命中规模最大、战斗最激烈的一次战役，武汉三镇遭遇了最惨重的战争灾难，汉口城区破坏得惨不忍睹，华界三分之二化为焦土；汉阳城郊弹痕累累，其中古琴台和晴川阁被清军重炮毁得残存无几，归元寺面目全非。在这场争夺战中，革命军将士阵亡4200多人，为抗击清军、捍卫共和作出了很大贡献。

1911年10月10日革命军在武昌打响的“第一枪”，到历时41天的阳夏保卫战结束，这个期间革命军把清军的主力死死地拖在湖北，使得南方各省能够纷纷宣布独立，让清王朝封建统治大厦迅速呈土崩瓦解状态。武昌“第一枪”功莫大焉。

辛亥革命推翻了统治中国260余年的清王朝，也结束了中国两千多年的封建君主专制制度，极大推动了中国人民的革命历史进程，对于中华民族的发展、进步具有重要的历史意义。而湖北革命军在武昌打响的“第一枪”，将永载于中华史册。萧楚女有幸参加了这一伟大的斗争，他不畏牺牲，英勇战斗，踏上了人生新的征程。

希望破灭

清军完全占领汉阳的头一天，即1911年11月26日，英国驻汉口总领事葛福就出面“调停”，宣布交战双方停战议和。袁世凯诡计多端，早就有自己的如意算盘，平日他与外国使节交往密切，这次停战议和，多半就是他的主意。湖北军政府都督黎元洪等人则以军事严重失利、现已经难于继续对抗为理由，竭力主张妥协议和。

12月1日，湖北军政府的代表蒋翊武、吴兆麟，清政府的代表刘乘恩、蔡廷干，在武昌宝通寺会面并且联合签订停战协议，历史上称之为“南北议和”。

在接下来的几天里，南北双方举行了五次会谈。会谈争论的焦点表面上看，是国家到底实行君主立宪，抑或实行民主共和。其实，关键问题还是由谁来掌握政权。

正在南北双方争论不休的时候，突然出现变局。12月29日，齐聚南京的各省代表，经黄兴、宋教仁的提议，投票选举12月25日才从欧洲回国的孙中山，担任新成立的中华民国临时大总统。

消息传开，给和谈的北方代表当头一棒。因为在北方代表眼里，只有袁世凯能够担任中华民国大总统。袁世凯本人也未料到，公开质问南方：你们选举总统是何用意？若设国会议决君主立宪，则该政府及总统是否亦即取消？此时，各个帝国主义的使节，纷纷为袁世凯呐喊助威，不断向南京临时政府施压，立宪派也赶紧站出来竭力为袁世凯出谋划策。

在这种内外胁迫的严峻形势下，孙中山只好发表声明，表示只要清帝退位，袁世凯赞成共和，孙中山就愿意推举袁世凯当大总统。孙中山这种光明磊落的态度，正中袁世凯的下怀。之前在调兵到武汉攻打革命军时，袁世凯就曾事先要挟清王朝。显然他是欲壑难填、野心勃勃，早已打算南北“通吃”。

1912年2月12日，清帝溥仪下诏退位。次日，孙中山辞去中华民国临时大总统职务。15日，临时参议院选举袁世凯为临时大总统。革命势力对袁世凯的妥协退让，导致了辛亥革命的失败。

在南北双方停战、和谈的这些日子里，武昌革命党上层人物互相之间原有的一些矛盾被激化暴露出来，彼此倾轧，闹得水火不容。他们为了各自的利益、地盘而相互排挤、打压。这些昔日的革命同志，竟然立马翻脸甚至刀兵相见。

对于萧秋个人而言，南北之间的那些和谈情况，只能从当时的报纸上了解，但是知之甚少。而眼前让他非常触目惊心并深切感受到困惑的是，曾经一起并肩携手在战场上英勇战斗的革命同志，瞬间反目成仇相互残杀。这是为了什么啊？难道革命的结果就是这样你死我活、争名夺利、残酷无情？

萧秋内心很痛苦，实在想不通。他原寄予的希望破灭了。此时的他，对这样的革命已心灰意冷，以致认为：“世上所有‘革命’竟是这么一场交易”。

萧秋愁肠百结：自己的理想之路在哪里，下一步应该怎么走？

求学新民实业学校

既然国家事已不可为，个人再痛苦无益。萧秋领了几个月的“恩饷”，离开那个曾令他振奋、寄予希望的军营。1913 年 1 月，他考进位于武昌候补街花园山的一所学习农桑的新民实业学校，之所以来此地，是为日后求一门谋生的技艺。

学校开设的课程有：数学、物理、化学、语文和蚕桑专业。萧秋原来就已经自学了数、理、化的课程，只有蚕桑知识需要花点时间学习。对于内心深处仍燃烧着拯救国家危亡烈火的萧秋来讲，学习蚕桑专业引起不了他多大兴趣，所以把大部分时间用来阅读当时新出版的各种书刊和报纸。关注时事，使他增长了许多新的知识，并开阔了眼界。

在新民实业学校里，同学们一起学习。让萧秋最开心的，是结识了一位志同道合的朋友——郑希曾。

郑希曾，黄安（现湖北红安县）七里坪人，比萧秋大四岁。父亲出身秀才，是个私塾教书先生。郑希曾很小的时候，就进了私塾学堂，按照规定整天念着四书五经的内容，但他特别喜欢《项羽本纪》《游侠列传》《刺客列传》里的那些抑恶扬善打抱不平的豪侠义士。

两人攀谈中，萧秋还意外地得知，郑希曾也在新军里当过兵，也是在新军中加入国民党的党员。遗憾的是，郑希曾被派到阳新县防守一个锰矿，没有机会像萧秋一样赴前线作战。革命党人的蜕变，使郑希曾对革命心灰意冷，愤然离开了军营，来到新民实业学校。

两人同样的革命履历和遭遇，相似的性格，以及都具有的、尚不十分清晰的志向，使他俩成了无话不谈的挚友和知己。

经过新民实业学校八个月的培训，萧秋和郑希曾这一届学生就要毕业了。校方特别邀请了湖北督军、各中学校长和武汉各报社主笔，出席毕业典礼。

校长在台前一番内容枯燥、冠冕堂皇、陈词滥调的讲话，使台下的人们听得直摇头。而接下来作为毕业生代表萧秋的答词，一下子就把听众吸引住了。

萧秋的发言语言新颖，逻辑性强，而且声调抑扬顿挫，富有感情，赢得台下广大师生一阵一阵的热烈掌声。在场的各报记者，争着要发表萧秋的答词。他的文采斐然，口才亦佳。这篇答词就成了萧秋公开发表的第一篇文章，他的名字随后也就开始进入广大民众的视野里。

改名“楚女”

萧秋和郑希曾从新民实业学校毕业后，为了生计各奔东西。萧秋既关心时政又擅长笔墨，充分发挥自己的特长，积极为各报社撰文，引导民众一起探索改造社会的途径。

那是萧秋还在新民实业学校里面上学的1913年3月，上海发生了震惊全国的宋教仁被刺案。

1913年初，国民党代理理事长宋教仁根据《临时约法》的规定前往北京，打算以国民党党魁的身份组阁，限制袁世凯的权力。袁世凯已感到国民党势力不断壮大，尤其是宋教仁严重地威胁到自己的统治地位，于是暗中指派凶手，于3月20日夜晚在上海沪宁火车站刺杀了宋教仁。袁世凯派人杀害宋教仁，激起了全国人民的极大愤慨。孙中山悲伤之余，打算起兵讨袁。袁世凯恼羞成怒，一不做二不休，立即密令北洋军队以武力镇压国民党和革命力量。

为了解决所需军费，袁世凯于4月向俄、英、法、德、日“五国银行团”借款2500万英镑。5月，袁世凯在公开场合肆意辱骂孙中山等国民党人，并且以“举兵讨伐”相威胁。接着，袁世凯又免去了国民党三位要员，即曾经公开反对借款的江西都督李烈钧、广东都督胡汉民、安徽都督柏文蔚的职务。

面对危急形势，国民党立即行动，对袁世凯进行反击。李烈钧于7月12日首先在江西的湖口宣布独立，并组建“讨袁军”准备战斗。接着，江苏、安徽、上海、湖南、福建和四川相继响应宣布独立，号称“二次革命”。

当时社会上的如此重大事件，萧秋和郑希曾不可能只是旁观者。1913年秋季，他俩相遇后结合在一起，投入到反对袁世凯的“铁血的革命生活”中[①]。

“二次革命”最终失败了，由同盟会与其他四个小党组成的国民党四分五裂。革命事业受挫，让民众更加迷惘。萧秋失望地退出了国民党。他在11年之后回顾他们那时候的斗争时说：“从癸丑八九月起一直到甲寅七月，我们做了些什么呢？说起来，可真好笑，可真算是‘愚不可及’！我们那时以为革命只是‘我们’的事，并不知道历史上的教训——革命的成功是要建筑在民众的生活上的；并不知道社会的经济的条件是支配着一切的一个总枢纽。那时，只受了兴中会、同盟会以来的方法的暗示，以为只要我们能够联络得一些会党、一些现役兵，我们便可重做那赶走瑞澂、骇跑张彪的好梦！至于赶走以后怎么样，在我们并未去打算……”[②]

当时的袁世凯已完全掌控了局面，其血腥统治远远超过了清朝政府，以至于那些为保全性命、贪图封官赏银而变节的所谓革命党人，不惜出卖自己的同志；告密者也不在少数，民众对革命党人持冷漠的袖手旁观态度。这些使萧秋深深地陷入了苦恼、忧愁的情绪之中，古代楚国大夫屈原《离骚》中的诗句不时地回旋在萧秋的耳际：

余固謇謇之为患兮，忍而不能舍也。
指九天以为正兮，夫惟灵修之故也。

民生各有所乐兮，余独好修以为常。
虽体解吾犹为变兮，岂余心之可惩。

① 中央党史研究室《萧楚女文存》编辑组、广东革命历史博物馆编：《萧楚女文存》，中共党史出版社1998年版，第153页。

② 中央党史研究室《萧楚女文存》编辑组、广东革命历史博物馆编：《萧楚女文存》，中共党史出版社1998年版，第153页。

路漫漫其修远兮，吾将上下而求索。

忽反顾以流涕兮，哀高丘之无女。

是啊，前方纵有千难万阻，自己也要百折不挠、不遗余力地去追求和探索，怎能悲观失望，半途而废。

“忽反顾以流涕兮，哀高丘之无女……”

真正的勇士应该有的呀！而且必须有的！

好吧，我就来当这个真正的救国勇士，我就来当这个“女”，去英勇战斗，哪怕去牺牲自己个人的生命。

大名萧树烈的萧秋决定改名以明志，从此就叫萧楚女。

第三章　苦难里抗争

痛失好友郑希曾

1914 年 6 月，革命党人张国勋、萧勋领头，在汉江沿岸孝感脉旺嘴抢了本地团警的枪，并且宣布独立。不久，却又遭遇失败。受追捕而逃到武昌的张国勋和萧勋等人，躲进一间学生宿舍。郑希曾从新民实业学校毕业后，还未找到一个稳定的工作，恰巧住在这里，暂时赋闲。于是，郑希曾遇见了张国勋和萧勋等人。

本来都不认识，现在相会却非常投缘。在交谈中，血气方刚、具有侠肝义胆的郑希曾非常同情他们的遭遇，痛恨当局的罪恶行径。岂料，他们交谈的内容被外面的北洋政府密探暗地里听见。次日，天刚见亮，十几个持枪的警察把宿舍围住。郑希曾与张国勋、萧勋等几人被抓进了大牢。

这是非常时期，袁世凯正在全国大肆抓捕革命党人。这几个明里造反闹事的人，在大牢里遭到严刑拷问还有哪些同党。张国勋和萧勋等人自知必死无疑，干脆不予回答。他们的这种态度，敌人极不满意。唯独性格耿直、刚烈的郑希曾在严刑拷问之下，作出回答，除了只承认自己是反袁的革命党人之外，其他一概不说。郑希曾的这种态度，敌人也不满意。因此，敌人决定处决郑希曾和张国勋、萧勋等人。

郑希曾连同张国勋、萧勋等 6 人坚贞不屈，正气凛然。6 月 24 日，他们被敌人杀害于汉口镇守署内。郑希曾是萧楚女的好朋友兼知己，英勇就义时年仅 23 岁。

人生得一知己，足矣！知己逝去，未亡人何其伤心！

萧楚女听到郑希曾英勇牺牲的噩耗，悲痛欲绝。回想他俩从求学的 8 个月，到后来接触的时间总共也才一年多，但是共同的理想和追求，以及一样忧国忧民的情结，使他俩成为推心置腹的好朋友。就是这样一位有革命志向、重情重义的郑希曾，为了实现革命理想，公而忘私，抛下年迈的父亲，还有他自己毫不嫌弃、双眼失明的未婚妻，永远地离开了人间。

此时的萧楚女感到自己有责任，应该去看望好友郑希曾的家人。虽不忍心道出实情，但是他又必须将郑希曾遇害的消息告诉其父亲，否则他会自认不诚实，毕竟隐瞒也非长久之计。萧楚女下定决心，专程到郑希曾的故乡去看望好友家人。

避难七里坪

1914 年 7 月初，萧楚女怀着极其沉重的心情来到黄安县七里坪，找到郑希曾的家，并且把他不幸遇难的消息告诉了其父郑锡云。

这突如其来的噩耗犹如晴天霹雳，给郑锡云及家人带来难以名状的震惊和悲伤。郑希曾的远大志向和倔强性格，其父亲是清楚的，儿子自己认准的事就会坚定地持续做下去，即使遭遇再大困难也绝不低头。他有着那种“宁为玉碎，也不瓦全”的犟劲，只可惜才 23 岁就永远离开了人间。

郑锡云默默地承受着老年失子的极大痛楚，慢慢地听着萧楚女讲述他自己昔日与郑希曾秘密参加反袁斗争的经过，以及郑希曾遇害的情况。深明大义的郑锡云，明白历朝历代中都有救国救民的壮士和英雄，忠孝难以两全，似乎也理解儿子的义举。当萧楚女告辞要走的时候，郑锡云又为他的安危担忧起来，因此一再挽留他就在这乡里再待一段时间，避过这阵风头再走。

此时的武汉三镇风声正紧，这里倒是一个躲避反动势力搜捕的好地方。萧楚女非常感激郑锡云的一片盛情，暂时安心待了下来。

萧楚女在七里坪的这段日子里，郑锡云及家人待他胜似亲人，想着法子让他吃好住好。萧楚女从早到晚，除了吃饭睡觉就是潜心读书，遇到不懂的地方，就向这位熟谙旧学、担任多年私塾先生的郑锡云请教。萧楚女小时候在私塾就已经学过四书五经，后来又用功坚持自学。这段时间经过郑锡云的细心指点，他的旧学功底更加扎实了。

在黄安县七里坪住了一段时间，萧楚女不好意思再打扰郑锡云一家，准备回到武汉，继续求索自己的人生道路。

面对勤奋好学、胸怀大志的萧楚女，郑锡云又好像见到了儿子郑希曾一样，他特意变卖了部分田产，试图用自己的微薄之力来资助这个有着远大抱负的青年。

萧楚女流下感激的热泪，双手颤抖着从郑锡云手中接过沉甸甸的钱袋，躬身施礼拜谢了郑锡云，告别了七里坪。

逃出汉口

萧楚女非常小心地从七里坪返回武汉，趁夜色回到汉阳鹦鹉洲家中看望母亲。萧楚女匆匆回来，母亲既惊又喜。他担心连累家人，次日，天刚朦胧亮色，就又悄悄地离家，躲进了汉口一家店铺的阁楼。这个地方，是汉口的朋友临时给他安排的一个藏身之处。

这个时期，袁世凯专制政府统治下的中国社会处于极度的恐怖之中，反动的专制政府颁布了《治安警察条例》《乱党自首条例》《报纸条例》《出版法》《戒严法》，等等，其目的就是要民众“守法”，不得对抗当局。武汉三镇是武昌首义之地，政府军警、侦探密布大街小巷，随时抓捕所谓的“乱党”“革命者”。以致武昌横街头上的黄梅同乡会成员召开提倡国货的会议，被看成是乱党谋反而抓走了29人。一群小学生在放学回家的路上，背诵国文课本上的武昌首义课文，巡街的警察听见“革命”两个字，当场就抓走了10名小学生。类似情况，随处可以看到。黑暗笼罩着中国大地。

10年后，萧楚女追忆当时民众恐惧的情形：“民国四五年间，凡要倾陷他人，可以随便指一人为乱党，而另觅一人出而证明之。有时，侦探自己带了手枪，向行人身边走过，突然击之，即说是在行人身上搜得，以为榼梼敲诈之资。不遂即以真乱党送入军法审判。”[①]

萧楚女躲在这家店铺的阁楼上，从朋友送来的报纸中，看到的尽是捕获党人、杀戮党人的消息，窗外还不时传来刺耳的警笛声，那是行刑队押解“乱党分子”赴刑场处决前游街示众。此时的萧楚女，“内心生活，简直没有一刻安宁。”[②]

就这样，萧楚女几乎有半年的时间未曾下楼，只能借助朋友送来的几十本书和报纸打发时光，化解内心的寂寞。由于楼上光线昏暗，萧楚女的视力受到极大的损害，加之长时间低头，以致他的肩背略显佝偻，头发蓬乱，满脸的络腮胡须，连朋友夜晚看他时也感到十分惊讶。

萧楚女自感不能总这样躲下去了，必须换个环境。朋友想出一个好主意，把他藏在一口大木箱里，当作货物随轮船运到上海去。这样，他才得以逃出汉口。

读书奠基础

在萧楚女躲藏的这段时间里，袁世凯为所欲为，不但悍然下令解散国民党，还解散了作为民主共和制度标志的国会。在袁世凯为首的反动政府

---

① 萧楚女：《证人证物不成问题》。
② 萧楚女：《村妇心性的青年》。

的残酷镇压下，反抗力量看似被其打压下去了，其实，革命党正在积蓄力量重整旗鼓。袁世凯授意制定赋予他个人独裁权力的《中华民国约法》，用以代替1912年孙中山主持制定的《中华民国临时约法》，抓紧为复辟帝制做准备，社会紧张空气稍微有些缓和。

1915年初，萧楚女从上海回到汉阳家中。

站在寒风凛冽的汉阳鹦鹉洲头，萧楚女心潮涌动。面对滚滚向前的长江水，他想：曾经和自己具有同样志向的人冒死参加辛亥革命，流血牺牲推翻了封建王朝，而换来的是什么呢？中华民国的成立，并没有给民众带来预期的民族独立、人民民主和社会进步，广大劳苦大众仍然过着困苦、艰难的生活，黑暗世道仍然没有一丁点改变。

残酷的现实，让萧楚女沉浸在极度的苦闷和彷徨之中，原来的幻梦破灭了，困惑依旧甚至加重。他到归元禅寺与大师谈佛论禅，试图寻求解脱方法但是无果而返。此时的萧楚女，最想做的、能够做的就是读书，只有读书，他自己才可以忘却精神上的无尽烦恼。

对萧楚女而言，市面街头上能见到的书，无论是古今中外的历史、文学、哲学书籍，还是涉及自然科学领域的数学、物理、化学、地理、天文等书籍，他都有兴趣。昔日，萧楚女是一个穷书生，没有经济来源。好在他离开黄安县七里坪时，郑锡云资助了一些钱。那些钱现在还有剩余，他几乎把余钱都花在了买书上。还有他的好街坊、私塾教书先生胡文叔那里，可以随时去借阅报刊和书籍。

强烈的求知欲，使萧楚女对书爱不释手。哪怕在寒风刺骨的冬夜，他只穿着薄薄的夹袍，在家里微弱的灯光下看书，也能挺下去。有时出嫁的妹妹回来看望母亲，晚上住在家里，无地方住的萧楚女只好挟着被子走到胡文叔私塾学堂里借宿。萧楚女进入私塾学堂房间内，点起灯来，继续看书写字。待到夜深人静，他实在发困熬不下去了，就把课桌拼拢作为睡觉的床铺。天亮时，他赶忙起床，再把课桌挪回原处，恢复原样。上学的孩子们来到学堂，看见大个子的萧楚女又在课堂外面继续埋头看书。无形之中，萧楚女成为孩子们学习的好榜样。

萧楚女不知疲倦地在知识的海洋里遨游，收获颇多。这为他日后走上革命道路施展才华，奠定了扎实的基础。

《崇德报》主笔

1914 年 7 月底，第一次世界大战爆发。日本以对德宣战为借口，出兵中国山东，强行占据由德国租借的胶州湾和胶济铁路沿线各地方，其目的是要把中国变成它的殖民地。紧接着，日本采取的策略是，以支持袁世凯称帝为诱饵，向袁世凯政府提出实质上是灭亡中国的“二十一条”不平等条约。而袁世凯为了实现自己的皇帝梦，竟不顾全国人民的强烈抗议，于 1915 年 5 月 9 日接受日本所拟“二十一条”中的部分条款。袁世凯的这种举动，简直丧心病狂。

面对亡国的危险，许多人沉浸在极度的苦闷和彷徨之中，但不乏一些先进的知识分子，努力宣传国外的先进思想，试图唤醒民众。1915 年，陈独秀在上海创办《青年杂志》(《新青年》); 1918 年，李大钊在北京发表《法俄革命之比较观》等文章，倡导新文化运动和介绍俄国十月革命，以此引导中国知识分子和进步人士，一起改变国家的前途和命运。

当时，武汉各大报刊立即响应这种先进思想，对俄国十月革命进行了全面、细致的报道。湖北天门人、辛亥志士胡石庵在所创办的《大汉报》上，大力报道《俄国之大政变》的消息。《汉口新闻报》专门开辟“俄国政变与欧战前途”专栏，对俄国十月革命进行集中报道和评述，引起民众的广泛关注。

此时的萧楚女，已受聘为湖北天门人刘泥清创办的《崇德报》主笔；同时他兼任着《大汉报》的撰稿人。积压在萧楚女心中多年的忧愤，犹如火山喷发。他撰写了许多文章，猛烈抨击袁世凯政府的腐败和黑暗，深刻揭露帝国主义侵略中国的罪行，尽情倾诉自己对国家民族前途的担忧，强烈呼吁民众赶紧联合起来挽救国家的危亡。

萧楚女在《大汉报》《汉口新闻报》以及《崇德报》发表的诸多文章，

在唤醒民众觉悟、揭露帝国主义罪行等方面，起到了极大的推动作用。萧楚女作为一名撰稿人，充分展露了自己的文字功夫。他有写作天分，想用手中的笔作为武器，参与推动中国社会进步的斗争。

萧楚女在任职《崇德报》的日子里，是他自武昌首义以来最开心的时光。他可以拿起笔，尽情地抨击反动势力和不公平社会，揭露帝国主义的险恶用心，唤醒中国民众积极起来斗争，赢得了社会的广泛关注和民众的支持。在萧楚女看来，文字工作是非常快乐的事情。大凡善于工作的人，往往也善于休息。工作之余，他就与情投志合的刘泥清、孙向梅、秦纵仙、梅瘦鹤、陆尚功、秦仲宣等朋友，一起纵谈国事、诗酒唱和，尽情展现革命文人的豪放性情。

1915 年 12 月，袁世凯以中国缺乏建设资金，需要外援为借口，正式签订了丧权辱国的“二十一条”，换得日本所谓的支持而恢复帝制。孙中山、梁启超等各界人士坚决反对复辟，云南、贵州、广西等地武力讨伐袁世凯的斗争接连兴起，迫使袁世凯于 1916 年 3 月宣布退位，恢复中华民国年号。5 月下旬，袁世凯忧愤成疾，6 月，因尿毒症不治而亡。袁世凯死后，中国陷入四分五裂的军阀割据和军阀混战的局面，北洋军阀分化为直、皖、奉三系，并且各自有帝国主义作靠山。截至 1919 年 5 月，各派军阀公开或秘密举借外债 180 多次，数额高达 8 亿元以上。为了借到外债，他们不惜将中央到地方的许多权益，如铁路修筑权、矿山开采权、银行投资权、内河航运权，以及关税、盐税、烟酒茶税、米捐等大宗财政收入，都作为借款的抵押品。而帝国主义则非常乐意地提供大量的政治性贷款，来操纵中国的内政和外交事务进而获取实利。

在这种情形下，那些北洋军阀为了各自利益，更是加剧了对民众的残酷压迫和疯狂掠夺，广大穷苦民众陷于水深火热之中。

身在报馆的萧楚女，目睹北洋军阀统治给民众带来深重灾难的黑暗社会，又对穷苦民众痛不欲生的悲惨生活感同身受，内心充满痛苦和失望。另外，随着刘泥清、孙向梅、秦仲宣等朋友先后离开武汉远走外地，一种说不出来的孤独和寂寞，深深地缠绕在萧楚女心头。

古人云：三十而立，四十而不惑。1918 年冬季的萧楚女，已是 27 岁了，可他自感依然一事无成，并且找不到该往哪里走的路。自己是甘于消沉，还是奋起抗争？一种久久不能驱散的矛盾心理，困扰着他。

“不能消沉，要抗争。”萧楚女发出奋斗的呐喊。在深冬之夜，他激情挥毫写下《寄孙向梅兼示泥清仲宣》律诗一首，表达内心的苦闷和彷徨，并发表于《汉口新闻报》，全诗内容如下：

北风吹寒雨，夹势如飞镝。
飘然天涯来，萧飒满园湿。
广陌叶身繁，穷巷泥涂积。
卷帘望秋色，洒扫无遗迹。
幽人悲岁暮，念此百感集。
初与君别时，何言日月疾。
天时不我与，人事犹如昔。
历历西窗下，熠熠秋灯侧。
檐花落细雨，秋声绕虚室。
载饮我浊酒，载豁我胸膈。
赋诗准曹刘，谈话拟卫霍。
少年俊迈气，壮志未肯息！
及今蓬发改，三十不能立。
酒醒中夜起，抚剑涕横臆。
相知遍海内，此怀何由说。
病叶先衰殒，枯鱼过河泣。
凄恻箜篌引，饱囊不忍读。
落落肝胆交，维君崇令德。
相视何所赠，迥然此莫逆。
秋花含红泪，淋漓频首镝。
狼藉庭阶前，慰君他乡忆。

由于思念朋友，抚今追昔，百感交集，萧楚女“饮我浊酒”“豁我胸膈”，发出“及今蓬发改，三十不能立”的伤感。虽然“天时不我与”，然而萧楚女是“少年俊迈气”，依旧怀有“壮志不肯息”的倔劲。他决心要竭尽全力去拼搏、奋斗，为实现救国救民理想干出一番轰轰烈烈的事业。

第四章　曙光指引前行

五四运动影响下的武汉

1919 年，对于中国广大民众尤其是知识分子而言，是一个多事之年。1 月，美、英、法、意、日等帝国主义国家在巴黎召开所谓的“和平会议”，实质上，这是帝国主义重新瓜分殖民地和划分势力范围的分赃会议。中国作为战胜国之一，派出了由陆征祥、王正廷、顾维钧等五人组成的代表团参会，并在会上提出：废弃势力范围、撤退外国军队、裁退外国邮政电报机关、撤销领事裁判权、归还租借地、归还租界和关税自主等七项主张，以及提出取消“二十一条”等。但是，美、英、法等帝国主义列强无视中国人民的正当要求，竟在和约中把德国曾经在山东享受的各种特权全部转让给日本。

帝国主义的肆意妄为，彻底打破了国内某些人曾经以为巴黎和会可以使中国摆脱帝国主义奴役的幻想。觉悟了的国人深知，国势危殆，与其任人宰割，不如大家联合起来奋力反抗寻出路。

5 月 3 日，中国在巴黎外交失败的消息见诸报端，全国群情激奋。5 月 4 日下午，北京大学等 13 所大中专学校 3000 多名学生走上街头游行，高呼“外争主权、内除国贼”“拒绝和约签字”“废除二十一条”。这就是以反帝、反封建为宗旨，被载入中国近代史的五四运动。

北京爱国师生率先发起的大规模的游行示威活动，立刻震动了全中国。中国人民长期郁积于心中的愤怒，像火山一样爆发出来。

在时代潮流激荡转折的瞬间，自然会引起人们思想上的猛烈震荡和变动。这些先进知识分子通过这场伟大的五四运动，使中国历史进入了新纪元。

北京发起的五四运动，迅速波及九省通衢的腹地湖北武汉。武汉地区的学生运动领袖人物，就是恽代英。

5 月 6 日，《汉口新闻报》率先报道了北京爱国学生举行“五四”游行示威的消息。同日，江城另一大报《大汉报》头版以“北京快电”为标题，报道了此消息并发表短评《中国可以不亡》。担任中华大学附中部主任（校长）的恽代英，连夜与该校中学部三班学生林育南商议响应，起草并且油印 600 余份爱国传单《勿忘五月七日之事》。

5 月 7 日是国耻日。中华大学聚集了 6000 多名学生，恽代英的爱国传单引发了他们的强烈共鸣：“有血性的黄帝的子孙，你不应该忘记是年五月七日之事”。“那在四十八点钟内，强迫我承认二十一条协约的日本人，现在又在欧洲和会里，强夺我们的青岛，强夺我们的山东，要我们四万万人的中华民国做他洋人的奴隶马”。

5 月 9 日，武昌各学校学生代表齐聚中华大学，并且公推恽代英起草宣言书，声援北京学生。次日，中华大学、武昌高师等 15 所大、中学校代表举行茶话会，决定与北京学生采取一致的行动，外争国权，内惩国贼，不达目的，誓不罢休。

5 月 11 日，中华大学等 15 所学校组成武昌学生团，三天后改组为武汉学生联合会，领导武汉三镇学生的爱国运动。

武汉数千名学生不顾官方的戒严令和“拘案照律惩究”的威胁，手执

“打倒卖国贼”“争回青岛”“中国人不买日本货”的小旗，一起走上街头，在哀乐声中缓慢行进着。

5 月 18 日，武汉 3000 多名学生集中在武昌阅马场，举行第一次爱国大游行。学生们手持写着“争回青岛”“灭除国贼”等字样的旗帜，从阅马场出发，经过武昌路、抚院街（今民主路）、司门口，转长街（今解放路）、大朝街（现今复兴路）复至阅马场，一路呼喊口号，一路散发传单。市民们纷纷端茶送水，一位人力车夫当场激动地振臂高呼“学生万岁！”

5 月 20 日，武昌文华大学、文华中学、圣约瑟学堂、博文学院、文华童子军等教会学校 1000 多名学生，举行示威游行。

湖北反动政府得知武汉学生要响应北京、上海学生总罢课的消息，十分惊恐。6 月 1 日清晨，全副武装的军警封锁了武汉各个学校的大门，禁止学生出校。被激怒的学生罢课并翻墙而出，冲到大街重要道口向公众演讲，揭露帝国主义的罪恶和卖国政府的嘴脸。反动当局竟然下令向手无寸铁的爱国学生开枪，致使几十名学生受伤，被逮捕者无数。爱国学生并没有被吓倒，6 月 3 日，武汉学生在大雨中再次勇敢游行，又遭到反动军警的血腥镇压。游行队伍里，四名学生重伤，五人轻伤，七人被捕。

面对学生和民众的爱国行动，受聘于日本人创办的《湖广新报》任编辑的萧楚女，拟在本报公开发表支持爱国运动的文章，遭到日籍经理的阻扰和限制。愤怒之下，他于 6 月 7 日宣布脱离《湖广新报》。

学生们的爱国行为，得到了武汉市民的支持。6 月 10 日上午，汉口数十家商店首先罢市，有的商店门首书写“国耻痛心，休业救国”。武昌律师公会副会长施洋在律师公会的紧急会上，提出援助学生的议案。接着，律师公会代表受伤学生提出公诉。武汉商界通过汉口各团联合会、汉口总商会、武昌商会等团体举行临时会议，纷纷谴责军阀的倒行逆施，并且开展抵制日货、提倡国货运动。

这一天，武汉的报纸刊登了北京政府正式宣布免去卖国贼曹汝霖、章宗祥、陆宗舆的消息，武汉人民欢欣鼓舞，拍手称快。

6 月 11 日，汉口租界区、二码头、华景街（今华清街）、前后花楼街及后城繁华区的商店，纷纷罢市抵制日货。

6 月 12 日，武昌全城罢市抵制日货。爱国，已经成为武汉全城人民的共识。

工人阶级作为无产阶级先锋队，也在行动。武汉贫民大工场织机部的工人组织国货贩卖团，不辞劳苦，每天派十人将本场生产的产品挑上街巷售卖，积极参加提倡国货运动。

6 月 28 日，在全国人民的强大压力下，中国代表顺应民意，没有出席巴黎和会的签字仪式，这是五四运动取得的又一个胜利。

斗争召唤萧楚女

萧楚女离开《湖广新报》后，前往安徽芜湖二哥萧树森家里探亲。爱国运动汹涌澎湃地向前发展，武汉学生和市民的爱国行动仍在继续。身在芜湖的萧楚女毅然决定：我必须返回武汉，参加这场斗争！

萧楚女旋即又回到武汉，重新进入武昌首义时老同盟会员胡石庵创办的那家《大汉报》，用他犀利的笔墨，连续撰文猛烈抨击北洋政府和湖北军政府野蛮镇压爱国运动的罪行。

《大汉报》是一份在国内外很有影响力的报纸，萧楚女撰写的文章引起了社会的强烈反响。7 月间，武汉的日货进口减少了 80%，这让日本领事濑川心急火燎，赶紧要求湖北军政府立即“取缔抵制日货”。时任湖北督军的王占元，当即通令各县“禁止抵制日货”。同时，日本领事署通过湖北军政府发出警告，无理要求《学生报》“言论勿得激烈”。几天后，湖北军政府还指使汉口警察厅禁止其他报馆代印《学生报》，迫其立即停刊，不得造次。

8 月 15 日，日本领事署传讯《大汉报》经理李葆生，当场宣布《大汉报》的“罪状”：“不应用《湖广新报》脱离之编辑，持过激之言论，直接攻击中国第一流人物，间接攻击日本政府；尤不应刊登仇货等类广告，及某国货等字样。罚《大汉报》停刊三日，务加改良，鼓吹中日亲善，方准在日租界内继续出版。”于是，从8月16日起，《大汉报》被迫停刊三天。

日本领事署宣布的《大汉报》“罪状”，实际就是针对萧楚女发表的爱国文章。湖北督军王占元害怕文章又给自己引出其他麻烦而得罪日本领事，派人要求《大汉报》辞退萧楚女。

《大汉报》顶住压力，继续留用萧楚女撰稿。

初识恽代英

1920年农历正月初一，武昌街市张灯结彩，人们喜庆过新年。这一天，随着一阵喜庆的鞭炮声响起，武昌横街头南口18号，一家新店铺开张了，它就是利群书社。原来，五四运动前后，在俄国十月革命的影响下，中国先进知识分子在全国各地建立的宣传马克思主义新思想的进步文化组织，好似雨后春笋。例如毛泽东等人在长沙成立的新民学会，周恩来等人在天津成立的觉悟社，以及瞿秋白、邓中夏、李达、恽代英、王尽美等人也分别建立了进步文化组织。恽代英在武昌建立的这个利群书社，只是其中之一。

路过这家店铺的市民起初并没在意，以为只是一家书店而已。可没过几天，武汉当地的报纸就转发这家书店的消息，引起教育界、文化界、新闻界人士，尤其是青年人的极大兴趣。

一群志向趋同的青年共同创办了利群书社。开业时，恽代英就把他们创造新生活的事情，写了一篇报道寄往上海。上海的《时事新报》副刊《学灯》很快就发表了以恽代英、沈光耀、廖焕星、李书渠、余家菊、郑遵芳、林育南、郑焕兴、萧鸿举、魏以新等12人的名义写的《共同生活的社会服务》宣言书。武汉市民这才知道这家书店的不一样：别的书店不易有的如马克思主义经典著作《共产党宣言》《资本论入门》《社会主义史》《蔡孑民言行录》《克鲁泡特金思想》《托尔斯泰传》就摆放在书桌上，还有北京、上海等地出版的《新青年》《共产党》《少年中国》《新潮》《东方杂志》《每周评论》等革命刊物，这些新书刊从利群书社传遍了武汉三镇，往昔冷冷清清的横街头顿时热闹起来了。

《大汉报》报馆里，利群书社更是人们谈论的热门话题。

"听说武昌新开的利群书社，专卖一些别处买不到的书。"

"是的。我也听说了，主要是宣传新文化、新思想，青年学生特别喜欢去。"

"为首的那个人，叫恽代英？"

"好像是的，他是中华大学中学部的教务主任。"

坐在旁边埋头写稿的萧楚女听着同事们的议论，也觉得很新奇。他心里想着自己忙完手里的活，得亲眼去见识下这个鼎鼎大名的恽代英。

闲暇的一天，萧楚女渡江来到武昌横街头的利群书社。进入店堂，他扫视了下书桌、书架上的书刊，顿时眼睛一亮，翻阅书刊，心胸豁然开朗。他很兴奋，走到柜台前，问道：

"请问，哪位是恽代英先生？"

"欢迎光临，先生！我就是恽代英，请问先生有何见教？"

萧楚女仔细打量着眼前这位貌不惊人、极显普通的青年：留着小平头，穿着窄摆长衫，戴着一副近视眼镜，是一身中学教师的打扮。

"恽先生，我先自报家门吧。我，萧楚女，《大汉报》记者，一个小报文人，汉阳鹦鹉洲的一个狂士。虽然你们互助社、仁社那个标准我不够格，你们有'八不'，可我六根不净，既烟又酒，一时也难改掉；但你们利群书社要宣传新文化，和我的抱负完全一致。我愿和你们并肩战斗，斩荆披棘，去开创这桩事业。我想来这里战斗，你们不会谢绝吧！"

恽代英听了萧楚女这番坦诚的话语，赶忙走出柜台，热情地把他让到门口的长板凳上坐下，接着说道：

"萧先生的文名，弟仰慕已久。狂士访寒士，自当欢迎。这里全是武昌城里的寒士，加上汉阳的狂士，会出现不少斗士，会产生志士、战士，也许成为烈士。不管是不是互助社的社员，都行。利群书社是面向大众的，当然竭诚欢迎萧先生你的支持啊。"

恽代英伸出了自己的双手，紧紧地握着萧楚女的一双大手，诚恳地说：

“萧先生，你现在已是利群书社最忠实的朋友。”

柜台前这条看似十分普通的长板凳，曾有多少志士如施洋、林育南、李求实，还有湖南的毛泽东等都在上面坐过，他们与恽代英交流思想，畅谈改造社会之理想。萧楚女初来乍到，还不认识这些人。萧楚女比恽代英大几岁，虽然他俩的经历不同，前者多年处于社会底层，亲自参加过辛亥革命和反袁斗争，心情压抑而吸烟喝酒，表现出一种直爽、狂放不羁的性格，而后者本为世家子弟，虽然家境没落，却很顺利地念完了大学并且有较稳定的一份职业，为人处世异常严谨，性格温和。但是今天在这个屋里，两人一见如故十分投缘。

之前的 2 月上旬，萧楚女在武昌文华大学听过陈独秀所作的演讲。性格直率的萧楚女面对恽代英，就此拉开话题。那次陈独秀演讲主张社会改造要讲究方法，不能再像辛亥革命那样缺乏研究。面对眼前的恽代英，萧楚女直言赞成陈独秀的观点，并主张对这个不可救药的社会，要用炸弹的方式进行激烈的社会改造。

恽代英静静地听着萧楚女的述说，待他停顿下来后，扶了扶眼镜，笑着说：“先生之志则大矣。”接着又委婉地说：“你想得很好，但是，我认为改造社会仍须从小处着手。”

恽代英所说的“小处”，是指要探索一条和平改造社会的道路。对于流血革命，恽代英也不是完全否定，但认为那只是到了迫不得已的情况下，才采取的最后手段（因为恽代英有这种性格特点，所以他被朋友们称作不以暴力抵抗邪恶的“中国圣雄甘地”）。

初次见面，虽然交谈不多，但从这天起，萧楚女和恽代英建立了纯真的革命友谊。他们志同道合，成为挚友。

戒烟加入互助社

与恽代英认识以后，萧楚女一有空就从汉口赶过来会面交流思想，时间一长，就成了利群书社的常客。而利群书社只要来了新书刊，也总会一期不拉地给萧楚女留一本。

其实，在第一次登门访问恽代英之前，萧楚女就已关注利群书社和互助社了。利群书社是一个组织严密、有着崇高理想的社团，它的核心就是恽代英早两年建立的互助社。萧楚女对互助社的“八不”记忆犹新：不赌、不嫖、不吸烟、不饮酒、不说谎话、不夹带（考试时）、不坐黄包车、不卖仇货。而对萧楚女来讲，酒可以不喝，但烟戒不了。利群书社自我经营、管理、操持杂务的“共同生活”，以及成员间和谐的氛围，还有更重要的，那就是共同的理想、抱负和追求，又深深地感染和吸引着萧楚女，他忍不住找到了恽代英，表达自己想加入互助社的强烈愿望：“酒可以不喝！烟，能不能不戒？”

“我和大家商量一下，尽快答复你。”恽代英听罢，态度很婉转地回应。

互助社的同仁就萧楚女想入社的要求进行了认真的讨论，从志向和才华方面看，大家早就读过他写的文章，而且他确实为人热情、豪爽，作为朋友交往绝无问题。但看他被烟熏得焦黄的手指，大家心里就很不舒服，社规里的“八不”，不能破！吸烟往往会损害自己的身体，也间接损害别人的身体。

既然双方都不让步，萧楚女入社的事情就搁下来了。而他，愿意继续努力。

之后，萧楚女照常抽空渡江去利群书社看书买书，接触到许多马克思主义著作和进步刊物，为日后的革命工作打下了良好的理论基础。

传播马克思主义

在利群书社看书的日子里，萧楚女不仅直接学习了《共产党宣言》《资本论入门》等书籍中的马克思主义基本原理，而且从《新青年》《觉悟》《每周评论》等刊物上，进一步看清了黑暗社会的本质，以及穷苦民众苦难的根源。这促使萧楚女思考，少数人觉悟起来是远远不够的，要开辟新的途径，扩大马克思主义宣传范围，加强其社会影响力，唤醒全国受奴役的老百姓。因此，萧楚女自然就想到《楚社日刊》这个舆论阵地。

《楚社日刊》乃《大汉报》的副刊，是因该报创始人胡石庵等组织的革命团体“楚社”而得名。“二次革命”失败之后，胡石庵革命意志逐渐衰退，他主持的报纸也显保守，作为副刊的《楚社日刊》，只是一些文人唱和的老腔调，引不起读者的多大兴趣。1919 年夏天，胡石庵因事前往四川，以后就没再回武汉。萧楚女此时主要分管副刊，受胡石庵之托勉为其难支撑。萧楚女经过深思熟虑，打算先从副刊着手宣传进步文化知识。

1920 年 3 月 1 日，在萧楚女亲自安排下，《楚社日刊》登了一则编者启事，声明将“力事刷新，增加资料。无论中西学术、古今文艺以及小说、笔记、谐著等小品文字”，均可刊载。

于是，《楚社日刊》陆续发表了陈独秀关于马克思主义的文章，刘大白、田汉的白话诗，还有白话小说《一个学徒的痛苦》译文、《资本与劳力》译文、《社会主义与社会改造》译文、《共产家庭的组织》译文，以及科学论文《改良中国棉种雏议》和杜威的演讲内容文字等。

萧楚女的这些做法，对于扩大马克思主义思想在武汉地区的宣传和影响力，无疑起到积极的作用，同时，对萧楚女自身也是一种无声的教育，他的思想在潜移默化中升华。

然而萧楚女是个急性子，期望过大。虽然他看到自己的努力带来的改变和影响，但是社会仍没有根本性的变化。他深深地感到，个人的力量太渺小了，不免有些伤感和沮丧，心潮难平。他写下自己的思绪，并在《大汉报》上发表：

复阴①

云雨霾巫峡，烟波涨楚宫。
春生红豆子，肠断白头翁。
南国人多病，中原路未通。
荒唐神女梦，犹缺补天功。

---

① 《大汉报》1920 年 4 月 7 日。

新文化运动的洗礼

中国有着两千多年漫长的封建社会历史，在过于漫长的封建社会制度下，民众的思想受到禁锢。进入近代，封建制度严重阻碍了社会的发展。1915 年前后，以陈独秀、李大钊、鲁迅为代表的激进民主主义者，发动了一场“反传统、反孔教、反文言”倡导思想文化革新的新文化运动，他们主要以 1915 年 9 月 15 日创刊的《青年杂志》(后改名为《新青年》) 为阵地，高举民主和科学两面大旗，批判封建社会制度和旧的道德规范；反对复古尊孔，倡导思想自由；主张男女平等，个性解放；提倡新文学，反对旧文学，并积极宣传西方的进步文化，给民众的思想以极大的冲击和震撼。1919 年五四运动的爆发，有力地推动了中国新文化运动的发展。

努力学习新知识、积极接受新思想的萧楚女，对新文化运动的观点非常赞成。特别是他在《崇德报》《大汉报》以及利群书社，接收到大量新文化、新思想信息。这些新的信息对他的思想影响很大，甚至将长期抽烟的坏习惯戒掉了。用他自己的话说：“五四以后的赤裸裸的学风，自然主义的文艺，做了我的一面镜子，反映出自己的可憎面目——救了我出来了！返璞归真，重新在我自己的枯骨里，找到了‘我’之本然的自身。戒了一切恶习——最后戒了那连一分钟也不能离的纸烟。”他不顾母亲的反对，勇敢地向封建的旧势力挑战，把守寡的大妹从武昌观音阁节妇堂解救出来，送她到一所女子学校念书。他也不顾母亲的固执阻拦，亲自将小妹的裹脚布解下，扔进垃圾堆里。萧楚女就是这样身体力行无所畏惧，帮助两个妹妹解除了封建的精神枷锁。

萧楚女受到新文化运动的洗礼，更加勇敢无畏，日渐成为反封建斗士。

良师益友恽代英

墨子，战国初期伟大的思想家，也被称为中国历史上唯一的一位农民出身的哲学家。他倡导“兼爱”“尚贤”“尚同”“非攻”“节用”等，对先秦时期以来的文人墨客影响很大，乃至中国共产党早期的领导人，很愿意吸收其思想精华并且运用于革命工作中。在博览群书、学贯中西的萧楚女眼里，墨子是他异常崇拜的中国古代圣贤之一。

“仁之事者，必务求兴天下之利，除天下之害，将以为法乎天下，利人乎即为，不利人乎即止。”《墨子・非乐上》上的这段话，萧楚女深深地印记在脑海中，努力以天下为己任。而墨子主张的那句“摩顶放踵以利天下”，萧楚女更视为人生的座右铭。

萧楚女经常来往于利群书社，虚心学习各种知识。通过认真观察，萧楚女发现恽代英身上也带有鲜明的墨家色彩：生活简朴，常穿一件灰布大衫，留着光头，对人态度平和；他知识渊博却谦虚谨慎，不骄不躁，尤其可贵的是，他为了共同的志向不惜倾其所有。难怪恽代英的好友、互助社的成员郑南宣评价：“凡是代英所主张所提倡的事情，他总是以身作则。他对我谈到墨子，说墨子主张摩顶放踵以利天下。他就是以这种精神宣传马列主义，传播革命种子。他没有丝毫自私的想法，举凡在互助社时所创办的启智图书室、《新声》刊物、利群书社、利群毛巾厂等所需的经费，大多是由他节衣缩食拿出来的。因为那时的社员都是学生，只有他有收入。他主张废除私产，首先就从自己实行了。”恽代英就是这样，公而忘私。

从日常生活中也可以看得出，恽代英吃饭从不挑菜，未穿过华丽的衣服，而且不抽烟、不喝酒、不打牌。互助社制定的严格规定，他自己不折不扣地执行。

毛泽东从上海回长沙路过武汉时，特意到利群书社与恽代英相见，看到的是“普通社员”的恽代英：每次开饭时，他端着一个粗碗，到厨房去盛米饭一碗，素菜一盘，找个僻静处吃完；饭后，不但涮洗自己的碗，还洗完大家的碟碗；每天按照规定上班四小时，同样站柜台、卖书、记账，从不缺勤，还照样按时间参加社员们的日会、发言。

萧楚女从内心深处发出感慨：“像代英这样的人，我在古往今来的圣贤中没有听说过……只有摩顶放踵以利天下的墨子倒有点像，代英就是现代的墨子。”

古有墨子，今有恽代英。在后来的革命道路上，恽代英成为萧楚女的良师益友，而萧楚女，则以恽代英为人生的一面镜子。在很长的一段日子里，萧楚女也常穿着一件灰布大衫，在人格和理想上向恽代英看齐，并且努力为了实现理想，不惜抛弃个人的一切。

静观事态变化

1919年7月25日，苏俄政府发表了第一次对华宣言，即《俄罗斯苏维埃联邦社会主义共和国对中国人民和中国南北政府的宣言》，宣布：“废除帝俄与中国、日本、协约国签订的一切秘密条约，帝俄政府在中国东北以及别处，用侵略手段取得的土地，一律放弃，废除帝俄在中国的领事裁判权和租界，放弃庚子赔款的俄国部分，放弃帝俄在中东铁路方面的一切特权。”9月，由已经改组为中国国民党的工作人员主办的《星期评论》杂志，首次向国人披露了这一消息。

此时，眼睛只盯着协约国的北京政府当局，对苏俄政府发表的对华宣言既不理睬也不表态。但是，社会各界立刻作出了积极反应。

青年知识分子表现出热烈赞许的态度，民众团体也纷纷致电苏俄政府表示感谢，不仅认为“俄国此次的举动，是世界有史以来为全人类图幸福的空前创举”，而且力主承认苏俄，与苏俄建立正式的外交关系，以便“与俄国国民提携，致力于废除国际的压迫，及国家的、种族的、阶级的差别”。

但是一批资深的知识分子却持不同的看法，提醒国民不要轻易听信苏俄政府的许诺。这是因为，废除中俄旧约的前提条件，就是要求中方“单方面宣布废除与其他西方国家缔结的条约，才能谈到废除中俄旧约的问题”①。这显然是让中国在国际事务中挑起事端，使自身处于孤立状态。而且

① 《快乐老人报》2012年7月19日。

随着白俄高尔察克政权的垮台和苏俄政府对远东控制的加强，苏俄对华的态度发生了明显变化。1920 年 9 月 27 日的《第二次对华宣言》中，此前关于“无条件归还中东铁路和远东领土”的承诺，变成了需要中国赎回；此前“无条件归还的所有中国领土”，变成了 1896 年之后割让的。

同时，苏俄还提出了一个先决条件，即中国先同意与苏俄恢复正式外交关系，才能开始谈判。而事实上，当时俄国人在外蒙古，“采取了一系列严重损害中国利益的措施，致使外蒙这块领土实际上从中华民国分离出去。存在着破坏或取消中国的外蒙的利益和中国在外蒙的地位的企图。一千多名商人和工人被赶出外蒙，而且连政府特派员和他带去的卫队也被驱逐出境了”①。在这种形势下，要求同苏俄先恢复正式外交关系，才可能商谈具体谈判事宜，显然是以极不公平的方式对待中国。

面对社会不同的态度，萧楚女未发表观点。只是密切地关注各方面的信息，冷静地思考。

1920 年春季，第三国际东方局派维经斯基为代表来到中国，与有关方面协调对华宣言的事宜。他首先到达上海，和李大钊等人交换意见。苏俄宣布废除沙皇压迫中国缔结的不平等条约，所以一般知识分子都对苏俄有好感。新文化界人士纷纷请这位代表讲述苏俄情况，以正视听。对于苏俄，国人开始有了相当的了解。特别是一些相信社会主义的人，更喜欢与这位苏俄代表维经斯基联系。

由于李大钊的介绍，东方局的代表维经斯基由北京南下，到了上海，首先访问了陈独秀。4 月，《东方杂志》刊登了苏俄政府发表的第一次对华宣言。5 月 1 日出版的《新青年》第七卷第六号，以“对于俄罗斯劳农政府通告的舆论”为题，全文转载了宣言的译文，同时刊出了中国众多团体和报纸的反应。

苏俄对华宣言的发布，又一次将青年学生的爱国热情点燃。尤其是青年学生心目中极富威望的《新青年》刊登的译文和文章，更是把学生

① 1925 年梁启超写给《晨报》社会周刊编辑刘勉己的信。

爱国民主运动推向了新的阶段。4 月中旬，沪宁一带爆发了学生大罢课行动。4 月 23 日，上海各界联合会发出了“推倒南北政府，驱逐武人官僚政府”“组织平民政府”的号召。上海各校的学生纷纷上街游行，给予大力声援。

北洋军阀政府惊恐万状，下令各地军警严厉镇压学生示威、演讲行为。浙江督军卢永祥勾结法帝国主义，于 5 月 6 日查封了设在上海法租界的全国学生联合会和全国各界联合会。国务院、教育部通电各省严防学潮行动，并查禁“过激派书籍”。

武汉各校学生原定于 5 月 7 日举行上街游行示威，声援上海爱国行动。但是 7 日这天的早上，军警和宪兵遍布各校周围，尤其是武昌司门口、察院坡和横街头到教育厅沿线路上，更是两步一哨。枪上刺刀寒光闪闪的巡逻队，杀气腾腾地在各条大街上穿梭巡逻。学生游行示威计划，硬是被官方取缔了。

萧楚女密切关注着这场运动，在《大汉报》上，连续转载了上海《民国日报》关于这场斗争的一系列社论和时评文章。

“趁早预备我们的猎械”

早在 1917 年 7 月，孙中山排除万难，在广州成立了护法军政府，并建立了闽南护法区。各军阀派系为了各自的利益，既相互倾轧又暗中勾结。1918 年选举民国的第二届总统，直皖军阀争斗加剧，冯国璋、段祺瑞相持不下，以高唱“和平”并一直向两边示好的徐世昌，遂作为理想人选得任总统。徐世昌上任的第一件事，就是宣布停战。而英美等国为重新瓜分在华利益，也都“劝导”南北双方“言和”。就这样，孙中山、段祺瑞只得默认已成之局，议定 1919 年 2 月 20 日在上海召开和会。由于各派军阀之间为势力范围争夺激烈，互不妥协，无法达成协议，因此，南北和议于 5 月 13 日破裂。

到了 1920 年春夏之际，孙中山受到桂系军阀的排挤，几乎到了无处容身的地步，就与伍廷芳、唐绍仪、唐继尧发表联合宣言，要求段祺瑞重开南北和议，共商击败桂系之计。

重开南北和议的消息一出，反对之声随起。民众尤其是青年学生再清楚不过，解散国会，毁坏《临时约法》的，是段祺瑞；卖国求荣，决定在巴黎和会上签字的，是段祺瑞；镇压五四爱国运动，甘作人民公敌的，还是段祺瑞。和这样一个人去谈和议，决不可能有什么好的结果。

此时的萧楚女再忍不下去了，决心用笔进行英勇战斗。

从6月12日到28日，萧楚女在《大汉报》每天发表文章。他考虑不同读者的接受程度和其他因素，政论文中，一类致国民党人士以及别的政客、军阀们，用文言写就；一类则是“向我亲爱的平民们”说的话，用白话文写就，让各阶层尤其是普通民众看清“和议”的本质，抛弃不切实际的幻想。其中犹如重磅炸弹似的，在读者中引起强烈反响的，要数其中的《“和议”二字的解剖观》。

他在《“和议”二字的解剖观》中指出：

世界的不平和由此产生的不和平，是军阀、财团造成的。想要得到世界和平，只有一个方法，就是实行俄国苏维埃宪法上所规定的“不劳动者不得食”。用这个原则建立的和平社会的组织，“就是一个公平普通分配生产物质消费的工业民主政治。这个政治组织若过细的解说，就是用我们的体力脑力去生产物品，生产出来的物品由我们自己管理，自己分配，自己享用。”人类在社会生活中要想和平，只有“各尽所能，各取所需”八个字是唯一的真理。军阀财团是阻碍我们向这真理前进的东西，所以，“应当不问是花老虎是黑老虎，都要和我们人生真理上不能容留的东西——私有财产、自由竞争等一样看待，竭尽我们的力量一齐去把他打死”。将来我们真正不和平的时候，“激烈社会革命时代”就要来了。

他大声疾呼：“趁早预备我们的猎械！”

在那个时代，萧楚女竟能把社会时局看得这么透彻，并且大胆地发出进行激烈社会革命的呼唤，公开号召“趁早准备我们的猎械”，不管它是“黑老虎”，还是“花老虎”，统统都得打死。

当局者是绝对不能允许社会上面有这种言词激烈、带有煽动性论调的。显然，萧楚女又一次给《大汉报》“惹祸”了。

《大汉报》内部也有人发声，表示必须辞退这个“害群之马”。萧楚女也不愿意恋栈，和好友秦纵仙、李葆生忿然退出了《大汉报》报社。

第五章　到学生中传播新思想

到襄阳播种新文化

1920 年 9 月间，萧楚女与秦纵仙一道，接受曾经在《崇德报》结识的好友刘泥清的真诚邀请，前往鄂西北古城襄阳的湖北省立第二师范学校任教。

早在两年前，刘泥清就接任了这所学校的校长职务。在新文化、新思潮的影响下，他试图在第二师范进行教育革新，可又缺少志同道合的好教师。他想到了萧楚女和秦纵仙这两位老朋友，他们学问好、思想新，特别是萧楚女，别看他没有特别的资历，又无当教师的经验，可他好学、能吃苦的精神，又有着积极变革社会的思想，定能胜任。但当时他们两位离不开报社，使得刘泥清的几次邀请未能遂愿。没有想到，这次萧楚女在《大汉报》惹出的风波，反倒让刘泥清的愿望实现了。

性格直爽的萧楚女在《教员登记表》上写道："国文、物理、哲学专任教员。姓名萧秋，字楚女，汉阳人，（民国）九年九月到校，通讯处汉阳鹦鹉洲洲头"。他想，既然担任教师，取个新名字吧，于是就叫"萧秋"。

萧秋认为，办学就是培养新人，当今的教育，必须传授新文化和新思想。他自荐讲授语体文（白话文）和哲学两门课。刘泥清赞同他的想法，增设了这两门新课。秦纵仙旧学基础好，就讲授文言文，他试图用新思想来讲解古文章，这个主意倒是不错的。

话好说，可要做起来并且做好就没那么简单，何况之前没有做过教师，萧秋不敢怠慢。这两门新课都没有现成的教材，萧秋只得自己编写讲义。白天时间不够用，晚上依一盏煤油灯相伴，有时写到天亮。忙了几天几夜，《新文学讲义》终于算是完稿了。然而，他的内心未敢松懈。

能不能讲好课，学生愿意不愿意听课？萧秋心里没底。萧楚女干脆不再前怕狼后怕虎，他静下心来，等待点名讲课。

轮到萧秋讲课了，他把印好的讲义发给学生，然后走上讲台讲课，他深入浅出，旁征博引，边讲边打着手势。学生们一个个聚精会神地听着，他们以前没有听过这样的课，感觉既听得懂又很是新鲜有趣，学生们都十分开心。

萧秋向学生介绍了鲁迅，并以鲁迅的小说《狂人日记》为例子，结合学生熟悉的旧的习俗，剖析中国封建主义环境里人吃人的本质，以及封建礼教和宗法制度的罪恶，讲得通俗易懂。

在分析旧文学弊病时，萧秋讲道：

“旧文学的第一病，就在作文的人自己缺乏创造力，遇事独尊崇古人。每论一事，不问古代有没有，总要在古书中去找一个‘论据’来做正面的前提，牵强附会，丧失本真。现在有人说《礼运》的‘天下为公’就是中国的无政府学说；孟轲说的‘民为贵，君为轻’就是立宪政论，其实都是风马牛不相及的东西。……患崇古病的人又爱用一些怪字。本来，名字这东西不过是一种符号，代表张三、李四，让人叫的。我生在秋天，父母就给我取个名字叫作秋。国学大师章炳麟有两个女儿，一个取名叫……另一个取名叫……”萧秋边说边在黑板上写出了“㸚”“叕”[①] 两个字，然后问大

① “㸚”音丽，止住的意思。“叕”音缀，连接的意思。

家是否认得。

下面的学生不认得，一个个都摇头。萧秋两手一摊，作出一个无可奈何的样子说："我也认不得。既然大家都不认得这稀奇古怪的字，没有办法，我们就只好叫她'四 ×'姑娘，'四又'女士了！"

顿时，教室里爆发出一阵欢笑声。到了后来，只要是萧秋上课，教室里就会坐不下，因为别的班级学生也跑来听讲。

学校生活活跃起来了。学生们越来越喜欢这位博学多才、幽默风趣的萧秋了。萧秋怎么也没想到，自己还是一个不错的教书先生呢！既然这样，他也愿好好教下去。

在襄阳省立二师倡导新文化思想的影响下，襄阳周边区域如宜城县一些民间私塾学堂，也仿照二师对教学方法和教学内容进行了改革：（一）废除学生打躬作揖和跪拜的旧礼节，改行鞠躬礼；（二）取消戒尺戒方，废除对学生打板子、罚跪等体罚，提倡说理教育；（三）张贴书画标语，开展文艺、体育活动；（四）改读四书五经为学国语；（五）改学文言文为学白话文；（六）增设算术、常识、历史、地理、自然等课程。

此外，枣阳、谷城、老河口县也先后开展了与新文化运动有关的一系列活动。

尝试推行新文化的做法，竟会产生如此大的社会反响和效应，这是萧秋和襄阳省立二师办学者都没想到的。

支持学生的爱国行动

1919 年 7 月 25 日，苏俄政府发表的第一次对华宣言，虽然没有得到中国北京政府的积极响应，但是中国民众表示热烈欢迎，有关报纸杂志刊物还配发了消息，登载了宣言的内容和社会反应。

中华劳动公会于 1920 年 4 月在《中华劳动公会致苏俄政府电》中写道："我们中华的人民，接着你们的通告，非常的喜欢。知道你们的革命，是要恢复我们劳动者的权利，是为世界人类谋真正的自由平等的幸福，知道你们全俄的农民、工人和红卫兵，是世界上最可爱的人类。中华全体的平民，都钦佩你们创造的势力和牺牲的精神。我们劳动界尤其欢欣鼓舞，愿与你全俄的农民、工人和红卫兵提携，立在那人道正义的旗帜下面，一齐努力，清除那特殊的阶级，实现那世界的大同。”同月，《全国各界联合会致苏俄政府电》表示：吾人前此，以中外报章传闻复杂，无从悉俄国之真相。“今读俄国通牒，一种正义人道主张流露言表。……吾人更信中国人民除一部分乃极顽朽之官僚武人政客外，皆愿与俄国人民携手。中华民国全国各界联合会，勇敢代表中国人民，答复俄国人民暨俄国劳农政府之盛意。”

4 月 11 日，全国学生联合会也致电苏俄政府：你们这一次的大举动，足为世界革命史开一新纪元。我们实在是钦佩得很。“我们自当尽我们所有的能力，在国内一致主张，与贵国正式恢复邦交；并敢以热烈的情绪，希望今后中俄两国人民在自由平等、互助的正义方面，以美满的友谊戮力于芟除国际的压迫，以及国家的种族的阶级的差别，俾造成一个真正平等、自由、博爱的新局面。”

基于中国民众对这一宣言的热烈反响，1920 年 9 月 2 日，苏俄政府发布第二次对华宣言，除了重申第一次对华宣言中主要内容外，还建议两国恢复外交关系和缔结友好条约。为此，苏俄政府向中华民国外交部提出了缔结中俄友好协定的八个要点，但是，北京政府仍对苏俄宣言置之不理。显然，反革命的政府，就是不同于革命的政府，仿佛有地下天上之别。

消息传到襄阳，群情激愤。省立二师的教师和学生上街游行并举行了集会，公推萧秋（楚女）执笔起草一封“快邮代电”，以二师学生会的名义迅速发出，敦促北京政府接受苏俄政府的友好建议，立即承认苏俄政府，恢复中苏两国睦邻邦交。

为支持学生的爱国行动，萧秋还专为学生们编写了《爱国心》的剧本，让学生们上街演出。剧目《爱国心》的演出，不但进一步激发了二师学生们的爱国热情，还动员更多的民众也加入到爱国行动中来。

冬夜促膝交谈

在学生游行示威、向北京发“快邮代电”的同时，萧秋还向学生介绍苏俄列宁领导的布尔什维克党、苏维埃政府的性质、任务和作用，并在襄阳省立二师组织学生写评论、搞演讲。其中学生李明铨写的《中俄复交之理》，更是受到萧秋的重视。

李明铨，湖北房县人，1920 年考入襄阳师范学校读书。他学习刻苦，求知心切，又善于独立思考。入学不久，就与比他大三岁的同学李实成为了好朋友。李实，襄阳东津人，思想追求进步。萧秋对李明铨这位学生很赏识，并留心对他进行培养。看到李明铨写的《中俄复交之理》这篇文章，萧秋邀请李明铨和李实两位学生晚上到自己住处叙一叙。

那是一个冬日的夜晚，在萧秋住处，三人围炉而坐，热烈地交谈着。

萧秋简要指出李明铨文章的得失，说得李明铨心悦诚服。

李明铨还把心中的疑惑告诉萧秋：“我从房县跋山涉水来襄阳求学，主要是想学得知识，回山城教育学生成人。可是到了学校，天天演讲、游行、罢课，这样闹下去怎样学习知识？我们年青人肩负的真正责任到底是什么呀？”

萧秋回答说：“好啊，我知道你会提出这样的问题的。我问你，你想来这里学什么知识？学陈腐的‘子曰诗云’吗？你将来要教育学生成长为什么样的人？是信守‘三纲五常’的奴才吗？像这样代代沿袭下去，中国何时兴旺？每个先进的青年，应做革命的先驱者。去年 5 月，北京学生火烧赵家楼，迫使政府不敢在巴黎和会上签字；今年 6 月，湖南学生运动赶走了军阀张敬尧，这都充分显示了学生运动的威力。”

说到这里，萧秋亲切地抚着李明铨的肩膀说：“中国青年学生真正的责任，就是要以改造社会为己任啊！”

李明铨激动地站起来，告诉萧秋：“是的，我明白了”。

自此，李明铨经常到萧秋这里借阅《新青年》等进步书刊，积极投入到学生运动中。在萧秋的培养、教育下，李明铨进步很快，在几年之后的1926 年 3 月加入中国共产党，被党组织派到黄埔军校政治大队学习，后参加南昌起义。之后，他回故乡湖北房县建立了第一个共产党小组，直至建立革命政权，曾任房县苏维埃政府副主席、主席，房县独立团团长、鄂西北独立团政委等职。

从移风易俗入手

“做人也要像蜡烛一样，在有限的一生中，有一分热发一分光，给人以光明，给人以温暖。”这是萧秋在课堂上，或在课后与学生们的闲谈中讲得最多的一段话，意在启发学生要积极参与社会变革，多为民众办事。1921 年 1 月，家住荆门、当阳、远安、南漳、钟祥，而人在襄阳省立二师的学生，组织了乡俗改良会，萧秋也积极支持，并且热心地帮助该会审定《乡俗改良会章程》。

乡俗改良会的主要任务是：一、反对封建迷信；二、打倒土豪劣绅；三、反对妇女缠足，提倡大脚；四、反对吸鸦片烟，反对坐兜轿，反对请客吃酒；五、反对读四书五经。乡俗改良会成立后，在鄂西北地区开展了一系列有关移风易俗的宣传活动，并且在乡俗改良会的学生成员所在地，率先对一些封建传统和习俗进行革新，民众的思想观念发生变化，新的良好风尚逐渐形成。

萧秋虽然身在襄阳，但与利群书社保持着密切的联系，从利群书社经常寄来的书刊中了解各方面的信息。鉴于他已符合互助社成员的条件，恽代英通知他，互助社通过讨论，已接纳他为该社成员。这一消息，让萧秋内心增添了几份暖意和感激之情。在朋友们的帮助下，他加入利群书社的愿望终于实现了，今后，还要更加努力。

也许因为受到互助社的启发，萧秋产生灵感，那就是在乡俗改良会成立后，萧秋又支持将昔日学校当局控制的御用组织学生会，改组为学生自治会。他说：“学校是属于学生的，学校的教学和一切设施，都应以学生为主，为学生设想。”为此，他亲手起草了《学生自治会章程》。

襄阳二师学生自治会成立以后，萧秋热情引导学生反对旧的教育制度，反对政治、教育上的不合理现象。萧秋的这种思想和行动，极大地鼓舞了学生的学习积极性和政治热情。但他的激进，也给自己的教书生涯种下了隐患。

被迫离开二师

1921 年 5 月 30 日晚上，襄阳省立二师校长刘泥清突然接到一封来自湖北省教育厅的公文，通知他“着急调省委用，遗缺以冯开濬继任。”第二天一早，此消息就在学校传开了。教师们纳闷：刘校长工作得好好的，怎么要突然调走呢？

“继任校长冯开濬是个什么样的人？”萧秋问道。

与冯开濬共过事的教师介绍：此人十几年前卒业于经心书院，满口子曰、诗云，是个非圣人之言不开口的孔孟之徒。

萧秋心里明白：二师的教育革新刚刚开始，这下肯定要遭夭折的厄运。

教师们打听得知，冯开濬这次是带着一大批教员来上任的，其中有一个姓雷的国文教员，就是原先在二师教书、被学生轰走的冬烘。

萧秋和秦纵仙断定，冯开濬绝不会容留他们这样的新派教师，遂欲向学校辞职。其他教师则建议，用全校教师和学生的名义分别致电省教育厅，反对撤换校长刘泥清，等省厅答复再说。听了这种建议，萧秋和秦纵仙暂时留任。

萧秋主张在电文中明确表示拒绝冯开濬到校，直截了当。但是大多数教师不同意这么直接，认为还是委婉措辞比较好。萧秋知道孤掌难鸣，不再争执。

可学生的电文稿就不一样了。文中列举了作为一个校长须具备的条件：第一，“有近代最新之思想学识”。第二，“知人善任”。第三，“尊重学生等多数意志，使渐臻独立自治”。第四，“允许思想自由，以谋知识进化”。第五，“不视办学为差缺，脱除官僚气习”。学生们在文中询问湖北教育厅：冯开濬是否合乎上述公认之标准？如果合乎，则甲等于乙，又何须多此一番纷争，徒使学生受害。

学生代表前往电报局发送电文，刚进电报局大门，竟无意间碰上一个熟面孔，是一位从附小退学的姓尹的学生，正催促电报员赶紧拍发一封电报。一看见二师学生进来，他显出非常慌张的神色。学生代表从电报员手中要过那电文稿一看，顿时火冒三丈，那竟是一封假冒二师学生和教师的名义欢迎冯开濬上任的电报，而且盖着假造的二师公章。学生代表怒不可遏，将尹某扭送到县衙门拘押。姓宋的县知事明知有蹊跷，便过来作和事佬劝解：“既然电报没有发出去，就请两边都算了吧！如果为这件还没有造成严重后果的事情伤了和气，那么大家以后都不好再见面了。还是做人留一线，日后好见面。”

拍假电报的阴谋更激起了师生们的愤慨，学生们又草拟了一份拒绝冯开濬到校的电报。此时的襄阳道尹熊宾怕再惹出乱子而责令电报局：凡有关省立二师的电报一律送交熊宾本人检查后方能发出。无奈，学生们的拒冯电文，只能先由熊宾核查，这样的效果必然欠佳。

6 月 1 日晚上，二师的教师们才收到省教育厅答复的回电：“现正与襄绅筹商解决。请诸君暂仍维持校务，静候办法。”显然，省厅对二师教职员和学生们的要求只是敷衍之词。

次日，全体教职员 24 人提出总辞职。此时又得到消息，冯开濬暗中又指使人继续假冒二师学生名义，跑到老河口拍出“欢迎冯开濬任校长”的电报。

萧秋心中满是忧虑，大家的努力肯定无济于事。他晚上来到刘泥清家，试图交流思想。刘泥清正在整理行装，准备服从调令离开学校。萧秋刚刚说了几句，感觉刘泥清对师生的行动是一种淡漠的表情，既不支持，也不反对。刘泥清心里认为，师生们保护不了他这校长。萧秋只好起身告辞，失望地离开了刘泥清家。

萧秋更加苦恼和惭愧的是，自己身为教师，却不能保护学生，不能让学生在一种轻松的环境中学习。他在煤油灯下伏案提笔，写下了《湖北二师风潮的经过及其教训》，基于二师风潮的经验，他提出学生运动必有的两项奋斗目标：“一、教育必须完全独立于行政之外；二、废除校长制，提倡学生自治”。

萧秋流着泪水，握着笔写完最后一段文字：

“人们！朋友们！二师是完了，湖北的教育也算完了……文化运动的前途，黑暗得可怕！我真不晓得要到哪里——也许应该到喜马拉雅山绝顶的深谷里面去大哭一场才好……”

可想而知的结果终于发生了。冯开濬接替襄阳二师校长以后，对萧秋的教学工作进行诸多刁难指责，并向襄阳当局诬告，说是萧秋领头煽动的二师风潮。显而易见，冯开濬是赶萧秋走人。8 月初，萧秋被迫离开了襄阳省立二师。

加入共存社

1921 年 7 月 16 日，恽代英、李求实、林育南领导的利群书社的代表，与湖南毛泽东领导的长沙文化书社派来的几个代表，在湖北黄冈的浚新小学举行联席会议，决定成立一个由恽代英主张的布尔什维克性质的，“以积极切实的预备，企求阶级斗争，劳农政治的实现，以达到圆满的人类共存之目的”为宗旨的共存社。

共存社，已经不是原来的利群书社。从它的宗旨就可看出，和中国共产党的纲领有很多相似之处。

从对社员个人修养和经济关系来看，共存社较之互助社、利群书社有了更加严格的要求：

一、社员须守戒约：不嫖，不赌，不烟，不酒，不纳妾，不奢侈，不做有害社会事业、有害社会团体的恶事。

二、社员经济关系：1. 能自由支配的银钱财产，应统捐入；不能捐入的，须向经济干事报账，声明理由。2. 不能支配的银钱财产，应尽量多捐些，至少每年三元，若需减免，亦得声明理由。3. 完全为团体服务的人，最少限度生活费用由团体供给。如果社友无前二项，有选举权。

另外有若干关于社员、社友及各股委员的规定，社章共计 60 条。

经过六天的会议，决定新成立苏俄布尔什维克式的组织，定名“共存社”，取社会大同、人类共存之意。它标志着：恽代英及其伙伴们庄严宣告，他们接受了马克思主义，把中国无产阶级革命的目标和策略，写在了组织光荣的旗帜上。

当时在襄阳省立二师任教的萧秋，正处于二师风潮之中，没有能出席会议。但是会前恽代英已将共存社的宗旨、社章内容等告知了他。萧秋非常兴奋，很赞成其宗旨和社章，请恽代英在会上转达他的意见，并表达他请求加入该组织的真诚意愿。

共存社成立的消息传到武昌城内时，恢复原来名字的萧楚女刚从襄阳回来。他直接来到利群书社，找到李书渠，了解关于会议情况。李书渠高兴地告诉他：你已经是共存社的成员啦!

早在 6 月间某天，恽代英就从上海的《民国日报》上看到署名“楚女”发表的《湖北二师风潮的经过及其教训》一文，清楚他在襄阳经历了和自己曾经更早在安徽省宣城县极其相似的遭遇。恽代英重新见到这位挚友，正好当面告诉他：“襄阳师范容不得你，下学期你就到宣城师范去吧。我已经向宣城师范校长章伯钧推荐过你，得知那里很需要你！”

萧楚女很感激，欣然同意：“好！我会努力去完成你在那里开创的事业。”

郑位三登门求教

萧楚女又要出远门，去安徽宣城师范学校教书育人。他回想起这些年来自己长期奔波在外，无暇照顾家里。是患病的母亲含辛茹苦地拉扯着三个未出嫁的妹妹，支撑着这个家，心里十分内疚。但是母亲对他这个儿子，却没有半点怨言。

“父恩比山高，母恩比海深”。萧楚女在外时，只能把这句话牢记在心里。这次，自己应该在家里多待些日子，陪陪母亲，尽儿子的一份孝道。

在这难得的短暂陪伴母亲的日子里，黄安七里坪郑锡云的远房内侄郑位三登门拜访。郑位三原名郑植槐，虽然出身穷苦人家，但聪明好学能吃苦。在他 16 岁那年，以第三名的成绩考入武昌的湖北省甲等工业学校。因为这个内侄考试名列第三，郑锡云特意将其原名“植槐”改名为“位三”。

这些年来，萧楚女同郑锡云保持着联系，常给郑锡云邮去新出版的杂志。在郑位三准备到武昌上学的时候，郑锡云就写信给萧楚女，请他照顾郑位三。

萧楚女在家里又一次见到郑位三，心里格外高兴。萧楚女当年在黄安县七里坪避难期间，就很喜欢这位品学兼优的英俊少年。现在有郑锡云的书信托付，萧楚女理所当然竭尽全力照顾他。萧楚女自知照顾好郑位三，就是对好友郑希曾的最好纪念，因为郑位三是郑希曾的远房表弟，而且一表人才。

萧楚女热情地把郑位三迎进自己的房里，解答他的提问，并分析了从封建王朝到中华民国成立，从封建文化的衰落腐朽到新文化运动蓬勃兴起的情况，以及关于中国的美好未来前途等情况。萧楚女叮嘱郑位三坚持努力学习知识，树立远大志向，在漫长人生道路上，永远像蜡烛一样，不惜燃烧自己，照亮别人。那天，郑位三简直听得津津有味忘了时间，不知不觉已经到了深夜。萧楚女很热情好客，让郑位三留宿自己的家中。

正是在萧楚女的认真指点和影响下，郑位三在武汉积极参加学生爱国运动，并由萧楚女介绍到利群书社结识了许多进步青年，开始系统地学习并接受马克思主义，之后加入了中国共产党，走上革命道路。

第六章　敬亭山风雨洗礼

安徽宣城省立四师国文教员

萧楚女既有恽代英的大力推荐，又有安徽宣城省立第四师范学校校长章伯钧的热忱邀请，1921 年 9 月，萧楚女前往宣城省立四师担任国文教员。

早在 1920 年，章伯钧于武昌高等师范求学时期，在利群书社结识恽代英，并且经恽代英介绍，认识了萧楚女。在恽代英和萧楚女的影响下，章伯钧在学校组织读书会、学生会，组织学生开展反封建的爱国运动，毕业以后，他即被聘为宣城省立四师英语教员，不久，他又出任该校校长。章伯钧对萧楚女出众的才华和革新思想很欣赏，非常欢迎他的到来。

萧楚女的作风酷似恽代英，又极善讲演。他把课堂作为传播真理、批判封建思想和揭露帝国主义罪恶的舞台，自由地表演发挥。

上国文课，萧楚女通过分析韩愈、托尔斯泰等人的作品，纵谈古今中外历史，揭露帝国主义侵略中国的罪行，鞭挞中国现实社会的黑暗。萧楚女对学生说：

“中国只有革命，才能富强起来，才能不受帝国主义的欺凌。中国革命胜利，全靠你们一般青年人持续奋勇斗争，只有不怕艰苦，不怕牺牲，革命才可成功。”

“先天下之忧而忧，后天下之乐而乐”的宋代名相范仲淹，少年时期家虽然贫寒，却能“断齑画粥”，发奋苦读，成年以后文武双全建功立业，治国安邦，堪称一代圣贤。萧楚女鼓励学生们要向历代的圣贤看齐，勤奋刻苦学习新文化，多接受新思潮，关心社会时局政治，努力为国家的振兴、民族的强盛而奋斗终生。

上作文课，萧楚女不仅出题让学生们作，还请学生命题，他作范文，然后，他再给学生们分析讲评。他这种别具匠心的教学方法，很受学生们的欢迎。

教学内容新颖而丰富，语言风趣而亲切，方法灵活多样，再加上潇洒的姿态，生动形象的表情，萧楚女深深地吸引住了学生们的注意力。学生们在愉快的氛围里学到了新知识，进一步懂得了做人的道理，明确肩负的革新社会、振兴国家的重任，从而更加努力奋斗。

因此，凡是萧楚女上的课，教室里都会坐满，走廊上还经常站着不少从其他班里赶过来听课的学生们。

萧楚女讲课吸引住了学生们，时间一长，其他教员就有意见，学生们都跑了，他们的课无法上了。

教师们将意见反映到章伯钧那里，请求解决问题。思想开明的章伯钧只好找到萧楚女，说道：

“萧先生，你的课很受学生欢迎。教室坐不下，你的课能否改在礼堂里上？这样，只是讲课可能比较辛苦一些。”

“章校长，这没关系，反正我是一个天生的大嗓门，在礼堂里上课也很好！”萧楚女笑着回复说。

“时间上要做个调整，得与其他课错开，这样一来，讲课只能安排在下午。”章伯钧显得有点儿过意不去。

“章校长，真是让您费心了。时间就安排在下午，我是完全同意！”萧楚女却爽快地答应了。

这样，基本问题解决了。其他教师的课不受影响，萧楚女则在礼堂里上大课。

通过这一小小的风波，学校就兴起革新教学方法之风，师生的关系比以前更加融洽，学生们更加发奋读书汲取知识营养。

“一旦奋起何其雄”

宣城省立四师整座校园背靠敬亭山，面朝水阳江。这里山峦绵延，水光潋滟，加之早晚云漫雾绕，显得格外灵秀，被文人墨客称之为“江南诗山”。唐代诗仙李白曾经七次登临此处，留下了那首千古绝唱的《独坐敬亭山》：

众鸟高飞尽，
孤云独去闲。
相看两不厌，
只有敬亭山。

每当周末闲暇的时候，萧楚女也爱登敬亭山，不仅领略敬亭山的自然风光，更是找寻、感怀古往今来文人雅士们的心境。如今他身处宣城省立四师，所肩负的责任是要培养出品学兼优、坚持真理，真心愿意服务社会，改造社会，并且以苦为乐毕生不懈奋斗的未来教师。而四师的学生喜爱学习，都具有诚挚的爱国之心，经过正确教育和引导，将来必定能够用所学知识为拯救民族、建设国家而作出重大的贡献。

想到这些，萧楚女无比欣慰，加快脚步登上了敬亭山之巅俯视大地，好像中华民族之复兴就在前面可以看见。于是，他按捺不住心中的激情赋词一首：

敬亭拱北，
宛水环东，
山川明秀郁葱茏。

高斋隐隐，
叠嶂重重，
吾校巍然镇其中。
今日少年，
断粥身功，
将来东亚主人翁。
前程万里，
毛羽需丰，
一旦奋起何其雄。

萧楚女这首豪情满怀大气磅礴的诗词一出，立即在安徽宣城省立四师中传开，不久还被谱成曲当作校歌吟唱，时常激励着该校的学子们发奋读书，为拯救国家建设未来中华而努力前行，永不停步。萧楚女用强烈的使命感和责任感，教书育人，正确引导学生。

笔尖上的沉思

五四运动以后，被称为“新学”的西方近代思想、哲学等不断地传入中国，这些思想如甘霖，充分滋养着中国先进知识分子的心田。影响比较大的有达尔文的进化论，亚当斯密的经济学著作，伯格森的创造进化论，孟德斯鸠、卢梭的著作等，特别是代表着 18 世纪欧洲启蒙思想的孟德斯鸠、卢梭的著作，是中国先进知识分子用来了解西方资本主义国家制度及其成因的必读之书。

非常喜爱读书尤其是特别关注西方先进思想的萧楚女，自从加入利群书社开始，只要能找到的进步书籍，他都如获珍宝。他即使到了襄阳和现在的宣城，也能从利群书社寄来的书刊中，了解西方思想和哲学界的动态，他特别对伯格森、杜威、罗素，还有赫克尔这些哲学家感兴趣。

先进思想的沁入，必然带来对人生的新思考。萧楚女在寂静的夜晚，写下了阐述自己人生观的文章——《人生者不断的奋斗中之动员也》。

他在文章开头时就直言："我，是个冷酷的唯物论者；又是个热烈的进化说的信徒——我承认赫克尔底一元宇宙观，我尤相信伯格尔所说的'创造的进化'一语"。在当时的那个年代，萧楚女从思想上已经开始接受马克思主义的理论观点，但是他的世界观仍然没有摆脱唯心主义的束缚。难能可贵的是，萧楚女在思想上已经形成一种乐观进取而富有战斗性的人生观。他认为，不能把人生看作一成不变的东西，"概括地说，乃是一件有一定进程而未完成的工作"。

对萧楚女来说，正是为了"未完成的工作"，必须不断地去奋斗，直至牺牲自己的一切，这才是人生的应有之义。他在文中，归结了自己对人生观的看法：

"我们是在宇宙大法之前，奉了一种严令——负生命而上无尽之途，永远与物质相战。我们生活过程中的一切困苦、贫乏、险阻，乃是我们受了这种使命而来，在散兵线上所应得的报酬，且直是我们的滋养料。倘若以这种兵粮为不合口，而取那安富尊荣，那末，这个人定规要失去他的战斗力……我们在战的行程中，只背负了宇宙亲手替我们装的一个口袋，这袋里只有一个'默哀'和一个'浅笑'相化合的'苦'。我们的职责，是创造之战，长久不息的进化之战……"①

此时的萧楚女思考的是，自己是带着一种"使命"降临于这个世界，从亲历辛亥革命，到加入利群书社接受先进思想，以至投身自己确定的革命教育的主题——培养新一代革命者活动中，必定有困苦和磨练，但这一"使命"是崇高的，非常光荣，他将义无反顾地朝前走，为之终生努力奋斗，去创造新社会。

这就是萧楚女的人生观！

翻开中国的历史，1920 年前后的中国，随着外国列强侵略加剧，各派军阀为争夺各自利益混战不休，加之自然灾害和政府的不作为，致使经济衰退，粮食产量急剧下降，从而引发了诸多的社会矛盾：

---

① 李畅培：《萧楚女传》，重庆出版社 1991 年版，第 72 页。

以粮食大国著称的中华国度，却因连年的战火、官绅的盘剥以及自然灾害频发等原因，灾年粮食歉收、农民破产，而丰年粮价过低、谷贱伤农，直接后果是挫伤了广大农民的生产积极性，以致全国出现了粮食供应短缺和粮价飞涨的不幸局面。无论灾年或者丰年，中国农民都是缺衣少食、饥寒交迫、贫穷困苦的。

从自然灾害来看，北方多旱灾，南方多滞涝水患。盛产粮食等农作物的汉水流域，不少年份也因洪涝灾害造成堤坝决口、农田被冲毁而颗粒无收。农民无米下锅、饥饿难耐，米行却趁机抬高粮价。官府出于稳定政局之目的赈灾救济，地痞流氓与赈灾有关的贪官污吏，还要从已站在死亡边缘的难民身上榨出“油水”捞一把。同时，官府和军阀并没有因为灾年而减轻农民的负担，反而巧立名目，变本加厉地增加赋税项目，致使社会矛盾空前激化。

因为粮食短缺，粮价疯长，米商囤积粮食，抬高物价以获重利，所以各地纷纷爆发了抢米风潮，并且伴随着抗捐税的斗争，更加剧了社会矛盾下的各种冲突。

国内矛盾不断激化，导致帝国主义加快了对中国入侵的步伐。我国的广东、广西并入了英国和法国的势力范围；福建、山东、东北三省和内外蒙古并入了日本的势力范围；长江流域和沿海一带并入了英国和日本的势力范围，他们抢占海关、铁路、矿山等，建立租界，欺凌我们国家的老百姓。洋货渗入我国内地，洋布、洋火、洋油的使用，连同割地赔款之赋税、地租、地价，夺去了我们更多的权利。汉水流域农村种植棉花的农户，还有城市纺纱厂、织布厂遭受牵连。我们国家北方开滦的煤，南方汉冶萍的铁，完全是被日本人整个“搬”去了，当时，我们国家城乡农工失业的不知道有多少万人食不果腹、流离失所。

曾经生活于社会的最底层，又了解民情的萧楚女，在远离汉水的安徽宣城，怀着压抑的心情，写下了反映民众生活实情的《资本制度的汉水流域》一文，并且发表于《武汉星期评论》刊物，《评论之评论》1921 年 12 月 15 日撰文给予的评价是：这是一篇令人“感动不已”的社会生活实际情况的调查报告。

声援被迫害的学生

针对安徽宣城地区学校教育存在脱离社会实际的状况，萧楚女向学生提出“改革社会”和“到民间去”两个号召，引导学生课余和假期到民众中去，充分地了解社会实际情况，丰富人生阅历。

随着学生们爱国热情的高涨，在萧楚女的鼓励支持下，郑求坚、王子堂等一批学生在宣城开展了一次抵制日货的活动。他们在车站、码头、商店检查日货，宣传使用国货，并且捣毁了一家不听劝告、继续售卖日货的店铺。

1922 年 5 月 1 日国际劳动节，宣城各界民众举行庆祝活动。萧楚女出席了大会，并且在会上演讲了国际劳动节的历史与现实意义。

在五四运动三周年即将到来之际，萧楚女组织学生举行纪念大会并发表演讲，极大地鼓舞了学生们的爱国热情。5 月 4 日，安徽宣城各界人士和各校学生代表在积谷仓举行五四运动三周年纪念大会，萧楚女在大会上阐述了五四运动的历史与意义，号召青年人弘扬五四运动精神，踊跃投身革命斗争。

宣城省立第四师范学校广大师生一系列的爱国行动，惹怒了反动学监唐石亭。

唐石亭，本是当地占田万亩的一个大地主，只因为在政治上投靠皖南镇守使（北洋军阀），捞取了一个“学监”的头衔。他对社会上的新思潮、新文化一概抵制，对有进步思想的教师极端仇视。上一年恽代英在四师工作时，唐石亭就百般刁难。令他没有想到的是，走了一个恽代英，却又来了一个萧楚女。这天，他找到萧楚女，直接说道：“萧先生，你教书要安分些，不得谈论国事，蛊惑青年人，败坏学风。”

“学监大人，你这话似乎不正确。自古到今，哪有不让先生教学生爱国的呢？学监大人别忘了，国家兴亡，匹夫有责！这种积极爱国思想，古代人就已经有了，作为今人，我们更应该关心国家大事。”萧楚女针锋相对。

唐石亭理屈词穷。走时，他甩下一句狠话：“萧先生，你也别太得意了。我奉劝你，以后注意自己的一言一行。如果继续鼓动学潮，定要严加追究。”

第二天上午，唐石亭迫使学校宣布，将上次带头抵制日货的十几个学生予以开除。萧楚女得知这个消息后，赶紧向校长章伯钧申诉，要求校方取消开除令。可是，唐石亭背后有皖南镇守使（北洋军阀）的支持，向章伯钧施加压力，坚持开除抵制日货学生。因此，郑求坚、王子堂等学生被迫离开了学校。

萧楚女为自己无力解救这些被开除的学生而非常难过。

然而，这件事情并没有完结，更加严重的事情即将发生。

一天晚上，萧楚女正在灯下辅导郑求坚功课。王子堂的弟弟急匆匆地找上门来，慌慌张张地喊道：“萧先生，萧先生，你，你快救救我哥哥吧！”

王子堂的弟弟递上王子堂写的血书：“萧先生！我离校以后回家务农，因为春荒，借了唐石亭家稻谷四石，他要滚利十石。我说他荒年还是这样心狠手辣，欺人太甚。他们污蔑说我‘造反’，犯上作乱，当场把我毒打致残。我的伤势很重，命恐不保。现今特让我弟代呈血书于先生，请求搭救，如果我被先生救出，必将感激终身！”

萧楚女快速读罢信，腾地站了起来，一双眼睛瞪得大大的，怒火中烧。他想，必须设法去营救王子堂。

“萧先生！我们想办法，要替王子堂讨回公道。”郑求坚望着萧楚女说。

“对！你现在就去和同学们讲讲这件事，明天去找唐石亭。”萧楚女嘱咐郑求坚。

第二天，唐石亭一进校门，就被等候的学生们围住，不能走动。学生们举着王子堂的血书，要求他给王子堂赔偿医药费。唐石亭自知理亏，便以商量赔偿为理由，把领头的郑求坚骗入室内扣留着。

消息传开，更加激起学生们的义愤。教职工们也都站到了学生的一边，纷纷谴责唐石亭的行径。

学生们在萧楚女的支持下，有组织地上街游行示威，同声高呼“还我同学”“惩办凶手”的口号，把县府围得水泄不通。学生们的义举，得到广大民众的同情和支持。

县府此时不敢违背民意，而且担心把事情闹大，于是要求唐石亭释放郑求坚，并赔偿了王子堂的医药费。这件事情，总算告一段落。

学生们的斗争胜利了，都很高兴。然而萧楚女待不下去了，因为他已经得罪了唐石亭等人。

唐石亭对萧楚女恨之入骨，他勾结当地商会会长朱动恂联名向安徽省督军府告状，诬告萧楚女“言行过激，组织党羽，煽动学生，图谋不轨”。安徽省反动军阀当局遂下令要拘捕萧楚女。校长章伯钧向当局申辩无果，也愤然挂冠离去。由于章伯钧曾经竭尽全力维护，萧楚女才免遭拘捕，但是，他被通知必须赶紧离开宣城省立四师校园。

萧楚女无奈离开宣城，接受芜湖第五中学校长高语罕的邀请，前往芜湖第五中学任教。

人生新起点——加入中国共产党

武汉恽代英、林育南等人发起成立的共存社，以苏俄布尔什维克为榜样，标志着恽代英为代表的这些青年人的世界观，由激进的民主主义者向马克思主义者的转变。在他们的身上，确实显露了未来中国的希望。恽代英、林育南都是出类拔萃的进步人士，始终真心实意勤勤恳恳为中华民族崛起而辛勤工作。

当中国共产党成立于上海的消息传来时，恽代英等人异常欣喜。这是无产阶级政党，广大劳动人民的先锋队组织。1921 年下半年，恽代英就直接与上海联系，加入了共产党。在他的带动下，林育南 1921 年冬参加远东劳动大会后加入了共产党。李求实、张浩（即林育南的堂哥林育英）于 1922 年初分别回到武汉，都加入了共产党。共存社大部分成员积极要求进步，也都在 1922 年的上半年加入了共产党。至此，共存社因完成了自己的使命而停止了活动。

1922年七八月间，萧楚女离开安徽芜湖回到湖北武汉。萧楚女这次回武汉，没有直接回到汉阳鹦鹉洲头的家中。他担心自己在外面做的事情会连累疾病缠身的母亲，唯恐增加母亲的精神负担，然而经过认真思虑，还是决定回家看望一下。因为他白天回家不方便，容易引人注目从而带来麻烦，不仅暴露自己，而且可能连累母亲，因此，只能另外等待机会趁晚上天黑才回家看望。他按事先相约，先直接奔往武昌与恽代英、林育南等人会合。大家久别相逢，自然十分高兴。坐下来交谈最多的，还是如何改造社会的问题。萧楚女认真讲述了自己赴外地做教员的经历，恽代英、林育南等人感同身受。萧楚女也自知，各种经历都是人生的财富。恽代英、林育南等人也叙说了武汉的有关情况，萧楚女听后倍感欣喜。大家认为如果经过认真改造，中国还是大有希望的。

1922年8月，经过恽代英、林育南介绍，以及组织审查，萧楚女光荣地加入了中国共产党。面对鲜红的党旗，他的心里无比激动，按照要求，他用右手用力举起拳头庄严地宣誓：（一）严守秘密；（二）服从纪律；（三）牺牲个人；（四）阶级斗争；（五）努力革命；（六）永不叛党。

从此，萧楚女光荣地成为一名中国共产党党员。他很高兴，自己得到了新生。

加入了共产党的萧楚女，感觉自己有了依靠，更有了力量。加入共产党，意味着为了革命，为了实现崇高的理想，将把自己的一生全部奉献给服务广大劳苦大众的事业，哪怕是牺牲个人的生命也在所不惜。

第七章　开辟马克思主义新课堂

重庆联合中学暂落脚

1922 年入秋时分，萧楚女在武汉，与刚刚从上海购买图书、教学仪器，顺路回家看望老父亲的恽代英相遇，他们需认真商议下一步要做的事情。之前，恽代英已担任着四川泸州川南师范校长职务。这次，萧楚女欣然接受了恽代英发出的前往四川泸州川南师范任教的邀请，庆幸自己又可以走上讲台从事教学工作了。

恽代英拟先行进川，正要离开武汉时，却得到了消息：四川军阀派系之间由于内斗激烈而引起泸州局势重大变故。

在内斗中，刘湘和杨森的二军战败，熊克武、但懋辛的一军和三军及赖心辉的边防军取胜。赖心辉部旅长张英占领了泸州，并当上了道尹。8 月 1 日，张英贴出布告，诬蔑恽代英使泸州已变成了“下流社会”，下令“严禁女子剪头发”，“严禁男女合校。已立者一律取消”等，并下令免去恽代英川南师范学校校长职务，同时解聘了不少具有进步思想的教员，任命受到当地孔教会势力和守旧派支持的罗廷光接任校长职务。

暑假留校的川南师范的几十名学生，在恽代英原秘密组建的校团支部、学生会的领导下，写信通知已回家的同学立即返校，同时向道署请愿，揭露罗廷光的老底：“新委校长暮气森（深）沉，腐朽不堪，不足为人师表。”“学校是人民公有的，学生有权选择老师”，请求道尹张英收回免去恽代英川南师范校长的成命。

9 月 1 日，川南师范全体学生 264 人联名发出《快邮代电》，向全社会控诉了当局的错误行径，请求各界予以支援，从而迫使罗廷光自动辞职而离开川南师范。但是，道尹张英拒绝了学生的要求，并且勒令陈江、李师道等学生领袖退学。

川南师范学生发出《快邮代电》以后，恽代英才知晓泸州的变故，决定马上动身，赶回泸州。行前，朋友们劝阻：此去可能会有危险，不如看看风声再说。

恽代英回答道：“我为川师买图书、仪器，不是为某个私人。杨森的去留是军阀间的事，我是为川南 25 县的父老兄弟们办事的，即便此去会有不测之事情发生，也会在所不顾的！”

萧楚女很支持恽代英的决定，说道：“代英你先去吧，我这里安排一下就来。”于是，恽代英先出发了。

9 月中旬，萧楚女离开武汉，乘船到达重庆，拟再转往泸州那边。前来码头接萧楚女的是任教于重庆联合中学和省立第二女子师范的杨效春，是原在安徽宣城师范一起任教的朋友，他劝说萧楚女先不要忙着去泸州，因川南师范的学潮问题尚未解决。即便现在去也帮不上恽代英的忙，不如暂且在联合中学校园落脚下来，看情况再作打算。萧楚女觉得有道理，听从了杨效春的劝告，暂时待在重庆联合中学校园，根据情况再作打算。

重庆联合中学校长熊禹治，是一位思想开明、教学有方的教育人士。昔日从杨效春和恽代英口中知道了萧楚女基本情况以后，曾发出过邀请萧楚女前来重庆联合中学任教的聘书，只是当时萧楚女还在安徽，回到武汉后又马上被恽代英请往泸州学校而失之交臂。世事难料，萧楚女此时竟然自己来到了重庆联中校园。

不过，熊禹治刚被军阀撤掉了重庆联合中学的校长职务，目前该校校长空缺。原来川军内部火拼后，登上川军总司令兼省长的刘成勋下达命令，撤掉了重庆的三所著名中学的校长，熊禹治就是其中之一。熊禹治此时见到了萧楚女，心里有一种说不出的滋味："如今你来了，我的聘书是否仍然有效却只有天晓得了。这一次，全川被撤换的中等学校以上的校长达 30 余人……这样做法，教育怎么还能够办得下去啊！"

"熊君，全国皆然，不独四川这里，你不必太在意。"萧楚女只能给熊禹治这一句安慰的话。

夭折的重庆公学

从武汉赶回泸州的恽代英，积极组织川南师范学生与当局评理抗争。到了 10 月中旬，泸州道尹公署以邀请参加校务会的名义扣押了恽代英。此消息传出以后，立即在四川教育界引起了震动，萧楚女和重庆的进步人士一道呼吁，援救恽代英。成都高师校长、具有较高社会威望的老革命家吴玉章致电泸州方面，以个人名义担保，要求释放恽代英。成都、巴县及川东各地学校，纷纷响应予以声援。

迫于社会压力，军阀张英不得不于 11 月 8 日释放了恽代英，但全川的学生运动均被军阀当局镇压下去了。川南师范有 80 多名被认为有激进思想和行为的学生被勒令退学。重庆联合中学的 3 名学生领袖被开除，进步教师纷纷离校而去。而成都的省立一中竟被川军总司令兼省长刘成勋下令解散了，其中的欧阳本义、李开灼等 6 名学生领袖遭到通缉，其余大批学生失学。

萧楚女知学生失学，不良后果难以预料，他心想无论如何，不能让这些学生荒废学业。他本人作为在重庆从事青年工作的第一位共产党员，立即与熊禹治、杨效春商议，确定筹办一所私立中学，这个想法得到了川东道尹公署教育科长陈愚生的支持。

他们说干就干，分头行动，联络了十来个教师参与，学校定名为“重庆公学”。熊禹治垫支 2100 元，大家一起凑得 2500 元，作为开办新学校的先期急需费用。11 月 11 日，他们成立了重庆公学董事会，向同情和支持青年学生的各界朋友募得 1 万元。萧楚女毛遂自荐，担任管理这笔费用的会计股理事。几经周折，租定重庆半边街铁道银行的旧址为校部，计划一共招收学生 150 多人，学生不交学费，“教职员纯尽义务”①。

重庆公学招生才几天，陈愚生就忧心忡忡地跑来，向大家透露了川东道尹的态度：“重庆公学如果来立案，绝不批准；如果不来立案，则于开学之日查封。”显而易见，这种官府语言生硬得实在不近情理。大家对当局的恶劣态度不予理睬，还是于 11 月 27 日秘密地开学了。

萧楚女担任国文、地理两科教学工作，干劲十足。他把自己精工刻字、带着油墨香味的讲义发到学生们手里，那是李大钊发表于刊物《新青年》的文章《今》。

李大钊在文章开篇就指出：“我以为世间最可宝贵的就是‘今’，最易丧失的也是‘今’。因为他最容易丧失，所以更觉得他可以宝贵。”

在深刻分析了为什么“今”最可宝贵、为什么“今”最易丧失之后，李大钊指出，现时有两种不知爱“今”的人：一种是厌“今”的人，另一种是乐“今”的人。文章结尾处，李大钊以最简明的一段话写出了这篇文章的用意：

“吾人在世，不可厌‘今’而徒回思‘过去’，梦想‘将来’以耗误‘现在’的努力。又不可以‘今’境自足，毫不拿出‘现在’的努力，谋‘将来’的发展。宜善用‘今’，以努力为‘将来’之创造。由‘今’所造的功德罪孽，永久不灭。故人生本务，在随实在之进行，为后人造大功德，供永远的‘我’享受，扩张，传袭，至无穷极，以达宇宙即我，我即宇宙之究竟。”②

萧楚女正是借用了李大钊这一篇《今》的文章，联系时局和现实诸多

---

① 邓寿明等：《四川青年运动史稿》，四川人民出版社 1990 年版，第 89 页。
② 《新青年》1918 年 4 月 15 日第 4 卷第 4 号。

情况，启发学生们重视现在的“今”，努力于“今”，为“将来”的创造而发奋学习。

天下没有不透风的墙，重庆公学秘密开学的消息瞒不过当局。公学开学不久，道署就要求自行解散。萧楚女草拟呈文，向道署申请办学立案，川东道尹徐孝刚坚决不许重庆公学申请立案。萧楚女又以重庆公学的名义致函四川当局但懋辛、邓锡侯处进行申诉。然而，萧楚女所做的努力都是徒劳的。到 12 月 29 日，四川警察厅转来四川省省长电文，勒令重庆公学于三日内解散。看来，刘成勋是吃了秤砣铁了心。

萧楚女抓紧时间，向全体学生进行着“最后一课”的教育。他将当局的解散所谓“勒令”词句当作教材，逐字逐句地进行讲解、剖析，驳斥了“勒令”词句的强词夺理，指出那是无稽之谈。

萧楚女要求同学们相信国家未来一定是美好的，并且勉励大家要保存力量，深入到工农群众中去，投入到革命的实践活动中去，把红色火种播向四面八方，让它们在祖国西南广阔的土地上更加旺盛地燃烧起来，形成燎原之势。

1923 年 1 月 10 日，勒令解散的布告贴在了重庆公学的大门上面。

与恽代英短暂相聚

恽代英在泸州实施的教育改革、学校公有运动，虽然遭到反动当局的压制而失败了，但是他传播马克思主义，建立社会主义青年团的活动，却让一批团员和青年在实际斗争中得到了锻炼并成长起来。1922 年底，恽代英辞职离校，于 1923 年 1 月的一个清晨，带领自愿跟随他的张霁帆、穆世济、戴学勤等八名同学组成的旅行读书团，乘船前往重庆。

与恽代英同行的几位青年学生，都是团支部、学生会的骨干成员和积极分子。到达重庆时，原本想到萧楚女、杨效春和熊禹治等创办的重庆公学去借住。而当他们找到那个学校时，看见的是大门上贴的解散学校的封条。他们只好赶到江北县，经原川师国文教员、现在的治平中学教务主任张式之安排，在刘家台嘉陵江边的农村租了三间房子暂住下来，开展读书、学习、农村调查等活动，计划春节后再步行前往成都。

一天，恽代英与几位学生正在屋里学习、讨论着，屋外一阵哈哈大笑的声音传了进来：“哈哈！原来这里又办了一所利群书社，到处是书。但就是只看书，不卖书。你们都跟着当代墨子、苦行头陀出来‘周游列国’了？”

几个学生听后发愣，觉得奇怪。恽代英赶忙出来一看，惊喜地大叫：“楚女！”

学生们一听这人就是萧楚女，高兴地跑出来把他团团围住，异口同声说道：“我们早在泸州等你了，可是那个计划叫军阀张英打断了。”

萧楚女这个时候找到了他们，也很兴奋，大声说道：“反动势力隔不断我们。我不是就在重庆这里等着你们了么！你们这些少年英雄与悍将张英直接对阵斗，斗得他丢盔卸甲、狼狈不堪，你们真了不起！你们提出的学校公有运动，已经震动全川了啊！”

恽代英笑着说：“楚女，你夸不得。我们只知进攻，不讲策略，其实，仍然幼稚得很呢！”

在这难得的相遇时刻，恽代英陪同萧楚女到重庆青年团所在地，了解那里青年团的情况。之后，又一起拜访了因杨森败走而辞职回家的卢作孚和《新蜀报》的创办人陈禹生。其间，恽代英还向陈禹生说出了自己推荐萧楚女任《新蜀报》主笔的想法。

短暂的相聚，又要分手。恽代英将前往成都，萧楚女则应万县（今万州市）省立第四师范学校校长刘明扬之请，到该校担任教师。他们这一对青年运动中的“双子星座”，胸怀共同的革命理想，分别奔赴不同的地方，竭尽全力去开创新的人生天地。

在万县省立四师培育革命火种

省立第四师范学校虽是万县地区的最高学府，但新文化运动对其影响甚微，当时担任国文教师的是清末拔贡程鸿藻和北京大学高材生李曼成，采用的教材是《明儒教案》，其教学仍停留在老一套上，学校显得死气沉沉。萧楚女到校以后，自编国文讲义，选用《新青年》上的文章和鲁迅的小说《药》《孔乙己》等作为教材，向学生灌输反帝反封建的革命思想。同时，他还给同学们仔细介绍了李大钊、郭沫若的作品和中共中央机关刊物《向导》周报上的优秀文章。

为了让学生们更好地理解共产主义革命理论，萧楚女组织学生成立了读书会，指导他们认真阅读《共产党宣言》《共产主义 ABC》《新社会观》等进步书刊，开展课外读书讨论活动。学校内的六角亭，是萧楚女经常带领学生光顾的地方。教学中，萧楚女还耐心地教导学生学写白话文。一次，萧楚女以“我这支笔”为题，让学生作文。有一个学生写道：“我不指望我这支笔能找到衣食，只要它能反映正直的人生，不亏名节，不屈己以悦权势……”萧楚女对这篇文章十分赞赏，用朱笔批道：“好，有志气！祈望你那毛锥子更进一步鼓着勇气，挺起胸膛，把那一切害人虫强加给群众颈上的枷锁，拴住群众手脚的镣铐，压着人民心坎上的铁块，毫不容情揭露出来，进行笔伐鞭挞。”①

在政治思想引导方面，萧楚女组织学生在校内办板报，与宣扬国家主义主张的封建势力展开辩论，对其反动观点进行抨击，使得顽固奉行国家主义派立场的刘明扬非常恼火。刘明扬特意设置一些障碍企图使萧楚女难堪，可都没有得逞。

为了培养学生爱国主义情操，萧楚女发动学生进行反对帝国主义经济侵略、抵制日货的请愿活动。万县有一家“万申祥”商店，大量卖日货。当学生上街宣传抵制日货时，店老板王二冲竟唆使部分店员和车夫阻拦和打骂学生。萧楚女立即为学生写请愿书，并带领学生向县长请愿。县长迫于社会舆论压力，亲自下令封闭了“万申祥”商店，拘留了王二冲，并且责令其赔偿学生的损失。

---

① 黎显衡编著：《萧楚女》，吉林文史出版社 2011 年版，第 35 页。

请愿斗争胜利后，萧楚女高兴得情不自禁，赋诗一首，以表达为学生主正义、敢拔剑而起的英雄气概：

楚地一丑女，布裙适自安，
效颦何贱陋，卖娇亦羞惭；
愿供贫民食，不作侯门餐，
拔剑出长铗，勇斗制强顽。

1923年夏初，恽代英离开成都前往上海时途经万县，与萧楚女晤谈，并在萧楚女的邀请和主持下，为四师学生作了题为《中国向何处去》的讲演。萧楚女组织学生对恽代英的讲演进行讨论，最后得出改造中国社会唯一的途径就是坚决采取革命行动的结论。这个结论，为具有进步思想的学生指明了前进的方向。

在教学的同时，萧楚女特别注意培养和挑选具有革命思想的进步青年，发展了吴毅、朱亚凡、吴逸僧等积极分子参加社会主义青年团，组成了万县地区最早的团组织。其中，吴毅于1925年加入中国共产党，后参加了中国共产党领导的广州起义，1928年担任中共广州市委书记，为革命肩负重任。

4月间，内斗撤退至鄂的四川大军阀杨森在吴佩孚的支持下，打着“拯救全川父老兄弟姐妹”的旗号回川，耳闻萧楚女才华出众，聘萧楚女任秘书。萧楚女认为可以利用这一身份更好地开展活动，于5月上任。他撰写了一篇《杨森对川人的宣言》，文中揭示川人受兵多、匪多、腐败官僚多的痛苦，直率提出了整顿地方财政，建设内地交通，发展实业和教育事业等方面的治川方针，并且提出如果要完成这些变革，条件是必须“确定人民法权”。

实际上，杨森“拯救全川父老兄弟姐妹”只是为了“装门面”。打败熊克武后，他立即露出了原来的反动面目，许下的动人诺言全抛到脑后了。萧楚女愤而辞去秘书的职务，欲回万县省立第四师范学校继续任教。可此时的校长刘明扬已投靠了杨森，阻挠萧楚女回校任教。

万县当局和国家主义派分子，借机串通万县驻军司令唐式遵，以萧楚女行为过激为由，勒令他于 1923 年 6 月离开万县。

面对反动势力的迫害，萧楚女泰然自若。他对革命充满信心，慷慨赋诗一首与友人告别：

东风浩荡志未酬，慷慨长啸几度秋。

幸是神州多辽阔，揽辔驰驱任遨游。

重庆女子二师国文教员

1923 年 6 月，萧楚女应重庆女子第二师范学校教务长蒙成裁的邀请，前往该校，担任国文教员。

上第一堂课时，蒙成裁课前向学生作介绍，当讲到萧楚女的学历时顿感语塞，两眼望着萧楚女，因为蒙成裁只知道他才华过人，却不知道他是哪个学校毕业的。萧楚女立即圆场，用手指着自己的鼻子说道："兄弟是自身大学毕业的！"学生们笑了，气氛顿时活跃起来[①]。

萧楚女有超强的记忆力。给新生上课，第一天点名时很留意地看学生一眼，以后每次上课就能随口叫出每个学生的名字，一下子就与学生拉近了距离。对此，学生们很欣赏。

在重庆女子二师的日子里，萧楚女除了认真备课，每天天刚亮他就跑到学校后山僻静的地方，把一面镜子挂在树枝上，对着镜子练习演讲，从镜子里面观察自己的表情、口形和姿势是否正确，以此来提高讲课的技巧。实际上，他更多的是考虑在街头、厂房和工棚，向工人和民众演讲的时候，能收到更好的效果。

萧楚女爱学习，知识面广，而且讲话风趣幽默，能极好地调动听众的情绪。一次民众集会上，轮到萧楚女演讲时，听众的情绪非常低落，一个个昏昏欲睡。萧楚女走上台先停了一会儿，突然"哈哈"一声笑，昏昏然的听众本能地一愣，他们都从各自梦幻的状态中惊醒过来，一个个交头接

---

① 邓寿明等：《四川青年运动史稿》，四川人民出版社 1990 年版，第 90 页。

耳，互相打听咋回事。霎时，整个会场显得乱哄哄的。这时萧楚女对着交头接耳的听众发出第二次的“哈哈”大笑，台下不少人露出会心的微笑，但大多数听众仍显晕头转向，愣愣地望着这一位演讲者。略停片刻之后，萧楚女对着听众第三次发出“哈哈”大笑时，全场听众被调动，都跟着他哄然大笑了。

就在这大笑声中，萧楚女开始了慷慨激昂的演讲。顿时台下笑声嘎然而止，大家静静地听他演说。萧楚女就是这样，在短短的时间内采用这种办法，来调动他人已经疲乏了的精神，从而使自己的演讲获得成功。

在重庆女子二师学生中，与萧楚女接触最多的要数游曦和李伯钊。游曦在课余时间就一些难解的疑问经常请教萧楚女。而李伯钊与杨尚昆的妹妹杨义君是女子二师非常要好的同学，她常到位于重庆二府衙的杨家去做客。萧楚女、刘伯承、吴玉章和重庆中共地下党领导人也经常应杨闇公（杨尚昆之兄）之邀出入杨家，分析时局，探讨一些社会问题。李伯钊最喜欢听萧楚女讲革命道理。在萧楚女的指引下，李伯钊参加了平民学社组织的马克思主义研究学习小组，积极参加萧楚女和杨闇公定期向重庆社会各界的公开演讲会。在萧楚女、杨闇公的认真指导下，李伯钊、游曦等一些具有进步思想的同学也组织起来集体上街演讲了。

李伯钊在与杨家的交往过程中，受到潜移默化的影响而走上革命道路，是中国工农红军中一位三过草地的女战士。她也是在这种交往中与杨尚昆相识、相爱，成为患难与共的一对革命夫妻。

为了更好地熟悉民情，传播革命道理，萧楚女多次来到江北县蚕桑局、浙江亭和治平中学，向工人、农民、学生宣讲新思想。在治平中学，萧楚女用通俗易懂的语言讲述了中国为什么贫穷落后，劳动人民为什么受剥削、受压迫，并号召广大青年学生去了解社会，主动关心国家大事，积极投入到变革社会的活动中去。

萧楚女在重庆的公开身份，是重庆女子二师教员和《新蜀报》主笔，所肩负的任务，则是向青年学生和广大民众宣传革命理论及新思想，促进重庆地区革命形势进一步高涨。

第八章　革命情侣——游曦

出身贫寒的女子想上学

1908 年 3 月 26 日，原名游传玉的游曦，出生于重庆市巴县（今属重庆市渝中区）太阳沟一个普通家庭。父亲游正华，织造土布为生，母亲则帮人缝缝洗洗，一家人艰难度日。因为穷困，家中六个孩子，只有她和大哥游传禄被养活，其余的孩子不是饿死就是病死了。沉重的生活压力，致使父亲积劳成疾，因无钱医治，过早离开人世。

为了生计，游曦的大哥游传禄很小就去食品店铺做童工，赚得微薄的工钱，帮助母亲艰难撑起这个家。年幼的游曦还不懂事，看着家境好的孩子上学，她跑回家嚷着也要去学堂念书。旧时的中国，“重男轻女”“女子无才便是德”的封建主义思想根深蒂固，况且家里的生活都难以维持，像她这样的女孩哪有条件念书。母亲也是不可能答应她去念书的。

游曦的大哥游传禄后来说服了母亲，他宁愿自己多卖力挣钱，也要供妹妹念书。就在游曦七岁时，她如愿以偿地进了村里的私塾念书。游曦聪明又能吃苦，白天在学堂里念书，晚上帮助母亲做家务，两头不误。在她刚满 13 岁时的 1921 年，进入当地的太阳山职业学校念书。

这所学校有两个好处：一是收费低；二是在学文化的同时，还可学裁缝手艺，为今后的生存打基础，能有一技之长。此时的游曦不惦记自己生活的困苦，专心念书特别用功，每天晚上回到家中，尽量多地帮助母亲缝衣服洗衣服、料理家务。在太阳山职业学校念书三年以后，游曦顺利毕业。

穷人的孩子早当家。贫困生活磨炼、培养出了游曦吃苦耐劳、爱学习、为改变自己受奴役命运而积极抗争的品格。

进入女子学校读书

在太阳山职业学校念书时，游曦认识了同学童毓英的哥哥童庸生。后来她才知道，童庸生是一名共产党员。童庸生逐渐发现，游曦聪明好学，能吃苦并有远大的志向。1924 年，童庸生介绍刚从太阳山职业学校毕业的游曦进入四川省立第二女子师范学校读书。

当时，这所学校的校长是一位进步人士，他聘请了许多共产党员在该校任教，其中就有萧楚女。此时的萧楚女，还兼任着重庆《新蜀报》的主笔。

萧楚女靠自学而积累的知识功底、天才般的演讲口才，通过精彩的课堂讲授一一地展示出来，深深地吸引了爱学习的游曦。时间稍长，游曦竟然不由自主地爱上了萧楚女。

游曦除了爱听萧楚女的课，也喜欢看《新蜀报》上萧楚女的文章。有一次，游曦趁萧楚女讲完课正要离开学校时，上前请教他国家主义派刊物《醒狮》上的观点是否可信？萧楚女严肃地剖析了国家主义派的实质，指出其所谓“外抗强权、内除国贼”的主张，实际就是反对社会主义的俄国和中国共产党，千万不能受其表面宣传上的蛊惑。言谈之外，萧楚女对这位关心国家时政、善于动脑筋想问题的女学生很是注意，而且另眼相看。这一对男女师生之所以能够互相吸引，也许就是因为人与人之间的那种美好的缘分使然。

此后，萧楚女在工作之余，自然很乐意与游曦在一起，回答她在学习中遇到的疑难，并且探讨时政方面的有关问题。爱情，静静地开始萌发、生根、开花。在萧楚女的熏陶和引导下，游曦的政治觉悟逐渐成熟，已树立起坚定的马克思主义信念，而且二人发展成为一对革命情侣。

爱情的火花

萧楚女的人生历程中，在遇见游曦之前，曾经有女子表达过对他的爱慕之心，最痴心的要数湖北汉阳鹦鹉洲头老家街坊的一位赵姓姑娘。其实，那位赵姓姑娘也很不错，聪明伶俐、漂亮能干，美中不足是不愿意学习文化知识，还有些贪图享受。在她眼里，萧楚女很可能出人头地而且不会花心，若能嫁他，将享受荣华富贵。这样的人生观，显然与萧楚女迥异。对赵姓姑娘的情况，萧楚女心里比较清楚，深知人生观不同的男女如果结合，将来若非不欢而散就是彼此折磨一辈子。况且，萧楚女长期东奔西走看似风光，赵姓姑娘可能陷于一种误区，多半不会是真正爱他。

赵姓姑娘，是萧楚女老家邻居朋友胡文叔老师的对门。赵姓姑娘那时看上了身材高大的知识青年萧楚女，就向父母宣称："除了萧家的那个儿子，我谁也不会嫁！" 赵姓姑娘很任性，说得出做得出。她父母没有办法，只好托胡文叔说媒。平心而论，赵姓姑娘的父母也比较喜欢知识青年萧楚女。他们担心，如果不同意，女儿就会寻短见。况且，女儿也到了出嫁的年龄，女儿大了，有自己的主张。胡文叔深知萧楚女的秉性和志向，自己不愿意开口，便支使自己的学生去传话。萧楚女听后哈哈一笑，告之学生"不要管这些事，自己好好读书吧"。这种结果，是在胡文叔意料之中的。萧楚女不愿意，敏感自尊、性格非常倔犟的赵姓姑娘也没有强求。她想，自己要找一个某些方面胜过他而且非常爱她的男人。人若没缘，即使走到一起也难以相处长久。

其实，萧楚女总有一种非常自卑的阴影笼罩在心头。自己是一个麻脸，长得很丑，人家女子多半不会真正看上，除非贪图享受以为他能升官发财。如果没有爱情，男女两人结合也不会幸福。萧楚女每想到这些，就会告诉自己没有必要在爱情问题上给自己添麻烦。当然如果遇到志同道合的女子，那也可以另当别论。身为革命知识青年的萧楚女，考虑爱情问题时内心深处往往非常复杂矛盾。

萧楚女既然是这样的复杂矛盾心理，为什么能够接受游曦投来的爱意呢？

原来在日常的文化知识学习和时政问题探讨过程中，萧楚女展现在游曦面前的是那么有学问，并且有坚定的革命理想和执着的追求，是一个值得她爱的人。而在萧楚女看来，游曦热爱学习、刻苦耐劳、性格耿直，有志向、有追求，并且与自己一样，也是在苦水中长大的。他们两人似乎不仅情投意合，而且志同道合。

相仿的个性和人生经历，共同的革命理想和追求，使这一对互相吸引的年轻人自然而然越走越近，撞出了浓烈芬芳的爱情火花。

转为中共党员

1924 年初，萧楚女被团中央调往上海工作。于是，他和游曦只能够靠书信联系。而游曦经常去找萧楚女在报刊上发表的文章来读，以此来了解他的情况，寄托对恋人的思念。这年的秋季，游曦踊跃地加入了社会主义青年团的外围组织平民学社，积极参加革命活动。

五卅惨案发生后，游曦组织宣传队上街，进行爱国救亡宣传，愤怒声讨帝国主义侵略中国的罪行。1925 年初，四川省立第二女子师范学校人事变动，国家主义分子黄尚义取代了原来的校长。黄尚义品行不端，不仅抽大烟，作风也不检点，而且刚一上任就排挤学校有进步思想的老师，压制进步学生。面对这种情况，学校的共产党组织开展反击黄尚义的行动，游曦是这场斗争的积极分子，一直走在前列。黄尚义见学生竟然要赶走他，就把游曦等 20 多名领头的学生挂牌开除。游曦没有惧怕，又带头把那块布告牌砸得稀巴烂，并组织同学堵住学校大门，不让黄尚义再进校上班。

四川省立第二女子师范学校校长黄尚义迫害学生的消息传出后，立刻引起重庆各校的声援，甚至上海、山东的一些学校，也派人或致函、致电声援。为平息这场风波，重庆教育当局只得让黄尚义辞职走人。

游曦经过这场斗争的洗礼，得到锻炼，不久，被批准为共青团员。入团那天，她把自己的名字改成游曦（之前一直名为游传玉），意即她从此看见了初升的太阳。她要努力迎接革命的曙光，为无产阶级革命事业奋斗终生。

这场学潮风波，虽然赶走了校长黄尚义，但游曦和几名带头的学生，还是被学校开除了。党组织随即安排游曦进入吴玉章任校长的重庆中法学校继续学习。

这所学校是共产党人开办的一所革命学校，游曦同学童毓英的哥哥童庸生还是该校的教务主任，重庆地区著名的共产党人杨闇公、李嘉仲等都在这里任教。进校不久，游曦就被转为中国共产党党员，并且担任校青年团书记，思想进步很快。

1926 年初，游曦参与重庆市妇联的筹备工作，同年 4 月 1 日，被选为新成立的重庆市妇联宣传部主任。从此，她把更多的精力用于做女工的宣传、教育工作。

与游曦分开的几年间，萧楚女受党的指派，奔波于上海、河南和广州等地。1926 年 11 月，萧楚女受命担任广州黄埔军校政治教官。游曦则在重庆发动群众、宣传革命，在学校给同学们介绍进步书刊，如广州黄埔军校出版的《国民革命》《农民运动》等期刊读物，特别是萧楚女在广州黄埔军校编写的《社会科学概论》讲义。在她的鼓动下，一些青年学生积极地阅读革命文章和进步刊物，努力向上，并积极报名参加团组织。

考入黄埔军校第六期

1926 年 12 月，重庆传开了一个消息，黄埔军校武汉分校在全川地区招生，考点就设在重庆。游曦很高兴，立刻主动去报了名。经过初试，全川共录取了 300 名学生，其中女生 30 名，游曦幸运名列其内。

1926 年底，游曦、李淑宁（赵一曼）、陈德芸、罗瑞卿、陈伯钧、陈季让（陈毅之弟）等，在重庆文庙院坝集合，倾听国民党四川省党部负责人、共产党人杨闇公的训话后，背起行装，齐声唱着“打倒列强、除军阀”的国民革命歌曲，高呼口号，集合在朝天门码头，登上了去武汉的轮船。

轮船上，游曦的心情如滔滔的江水一样不能平静，她心爱的人就在黄埔军校。

在黄埔军校的历史上，以往只招收男生，而黄埔军校武汉分校则破天荒地招收了女生，而且女生队共有 213 人。这是黄埔军校历史上唯一的一期女生队——被列为黄埔军校的第六期，这是共产党人下决心在军校培养妇女骨干，为参加领导中国妇女翻身解放的斗争而准备的人才，是与国民党右派和封建势力作斗争的结果。

此时的游曦知道，进入军校，意味着将来要上战场，上战场就必然会有牺牲。为了表达自己的坚定决心，她第二次改名，叫作游牺。顾名思义，她那是为了革命，即使牺牲自己的生命，也在所不惜。

招收的女学生进入军校后，与男学生同样的严格要求。她们每天清晨 5 点半起床，梳洗、叠被，十分钟内必须完成；吃饭也不能超过十分钟。每天八堂课，晚上还有自习课或结合时局的政治讨论会，到了晚上 9 时半，按照规定准时就寝。

在军校里，课程分为军事和政治两大类。军事训练课有步操、射击，还有实地军事演练等。军事操练相当严格和艰苦，以致有些女学生操练完上楼时累得抬不起脚，一些年龄偏小的女学员经常累得哭鼻子。而对于从小就在苦水中长大，并且有思想准备的游曦而言，不仅能够适应军校新环境，而且她日常训练很刻苦，进步非常快。

武汉分校政治课程内容非常丰富，有三民主义、共产主义、建国方略、社会进化史、中国农民运动、俄国十月社会主义革命研究和妇女解放运动等 31 门课程。其中，《妇女解放运动》课程专为女生队开设，由沈雁冰（矛盾）主讲。

女生队中，有不少来自各校的大学生、中学生，她们都有主见、有个性，军校的氛围使她们的思想更趋活跃。入校时，女生左臂上佩戴一臂章，绣着英文字母“W”（woman），以示区别男生装束。游曦、胡筠、李淑宁、胡兰畦带头反对这样区别男女学生，学校最终取消了原来的规定。

黄埔军校武汉分校招收女学生，这在中国军校历史上为第一次，可谓开了近代中国军队女兵建制的先河。对于有幸成为黄埔军校女生队的学生而言，她们得到了男学生享受不到的一些“特殊待遇”。

很巧，女生队隶属于军校政治部，共产党人恽代英担任分校政治总教官，并分管女生队。在军校里，恽代英具有非常高的威望。

为了开拓女学生的视野，增加其社会知识，有利于她们日后更好地开展革命工作，学校经常邀请一些著名国民党左派领袖、进步人士到校授课或者演讲，如宋庆龄、邓演达、郭沫若等人；还有共产党人如陈独秀、李达、李汉俊、毛泽东、周恩来、董必武、萧楚女等。对于游曦来讲，能在萧楚女的家乡见到他本人，并且亲耳聆听他的教诲，充满了幸福感，那可算是人生中一种莫大的心理安慰。

更让人想不到的事情是，黄埔军校武汉分校招收女学生的创举传到苏联以后，得到斯大林的极大赞赏。他通过苏联驻中国湖北汉口领事馆的加拉罕转告黄埔军校，要女生大队在三八国际妇女节前，拍一张集体照给他作纪念。1927 年 3 月 5 日，军校政治部特别请武昌显真楼摄影师在武汉分校校内的东首，为女生大队拍下了一张具有历史意义的照片。

黄埔军校武汉分校女生大队的学生们，以她们崇高的革命志向和不屈不挠的革命精神影响着世人。恽代英当时评价女兵们是“中国妇女解放运动的先锋和榜样”，徐向前后来也称赞她们不愧是“中国民主革命中一支坚强队伍，妇女解放运动的模范！”

血洒珠江

1927 年，蒋介石发动四一二反革命政变，汪精卫接着发动了七一五反革命政变，公开发表声明反共，赤裸裸地叛变革命，黄埔军校武汉分校于 1927 年 7 月被迫解散。游曦等 30 名女生执意跟随革命队伍，被编入军官教导团，由叶剑英带领东征，到达羊城广州。

萧楚女早在 4 月在广州被捕最后牺牲，游曦在武汉时就听到这一噩耗，当时只能强忍悲痛，默默流泪。一到广州，她马上请假来到珠江边，祭奠心爱的人的英灵，并默默地发誓：在天愿作比翼鸟，在地愿为连理枝。为了革命、为了消灭阶级敌人，必定战斗到自己生命的最后时刻！

1927 年 12 月 11 日凌晨，在中国共产党的领导下爆发了广州起义，游曦奉命率领 17 名女兵驻守长堤，阻击李福林的反革命军队渡过珠江。由于敌众我寡，加之敌方有帝国主义军舰火炮的支持，为了保存革命实力，起义军指挥部决定撤出战斗。但激战中的游曦女兵班与起义军指挥部失去联系，没有接到撤退的命令，仍顽强地死守长堤，奋力与敌人拼杀。

游曦她们已两天两夜滴水未进、一点食物未沾，子弹所剩无几。除派出一名女兵突围和总指挥部联系以外，其余女兵没有一个后退，仍坚守阵地，打退敌人一次又一次地疯狂进攻。

在人人已经负伤的最后时刻，游曦指着飘扬在阵地上的红旗，坚定地高喊：“同志们，只要有一人活着，我们就要保卫这面红旗，高举这面红旗！”她们各向敌人射出最后一颗子弹，甩出最后一颗手榴弹，冲上去拼刺刀，英勇地献出了她们年轻而宝贵的生命。敌人惨无人道地把游曦的遗体分割成了数块，放在天字码头“示众”。

游曦实现了她考上军校后“献身革命”的诺言，也在她心爱的人——萧楚女曾经战斗过的地方，为了全中国劳苦大众的翻身解放，同样洒尽了最后一滴鲜血。

第九章 战斗在《新蜀报》

兼任《新蜀报》主笔

1921 年 2 月 1 日，由昔日少年中国学会的主要发起人陈愚生担任首位社长、刘泗英担任总编辑的《新蜀报》在重庆诞生了。

《新蜀报》以传播“新文化，交流新知识”为宗旨，特别注意新闻的来源和言论，刊登的文章受到不少市民，尤其是广大知识分子和青年学生的喜爱。

1922 年秋天，《新蜀报》继任社长兼总编辑沈与白离开重庆去北京，留出了两个职位，由周钦岳接任了总编辑。

为了充分发挥报纸的引导作用，周钦岳进行了多项改革：革除新闻界原有的停版陋习，坚持每日出报；改变本地报纸从不发社论的历史，不仅每天发社论，而且每逢重大纪念日，如“二七”“五一”“五四”等日子还出专刊；实行编辑轮班工作制、记者外出采访制；改革版式等，使得《新蜀报》内容更充实、版面更新颖。

1923 年 6 月，经恽代英介绍，原本就与《新蜀报》

创办人陈愚生有过交往的萧楚女，在担任四川省立第二女子师范学校教员的同时，还兼任《新蜀报》的主笔。

每天清早，萧楚女把头天晚上写好的稿子送到报馆，交给总编辑周钦岳，以便发表。遇到版面缺稿时，编辑就去找萧楚女帮忙应急，而萧楚女问明所差的文稿字数，就爽快地答应："好，过一会给你送去。"时间一长，这就成了编辑们应急的通用惯例。

别看萧楚女是个急性子，平时显得有点儿大大咧咧，可他写的稿子字迹清晰、流利，极少有涂改的地方，排字工都喜欢排他的文章。他利用自己的课余时间，几乎每天都要写一篇社论或评论，同时写副刊诗文，读者需要什么就写什么。他的文章论点新颖、秉笔直言、尖锐泼辣，又朗朗上口，深受读者的欢迎，尤其是受学生、青年教师和青年店员的追捧，使《新蜀报》的发行量猛增几倍。在很长一段时间里，《新蜀报》就成了四川重庆地区最抢手的报纸，萧楚女也成了重庆的新闻人物。

萧楚女利用《新蜀报》这块阵地，宣传反对帝国主义、反对封建军阀的主张，揭露和抨击地方上的腐朽黑暗，同时较系统地宣传马克思主义，支持工运、农运和青年学生的"择师运动"，积极反映工农和市民生活的疾苦。他写的文章语言深入浅出、通俗易懂，笔锋犀利，引起社会的广泛共鸣和极大关注，使得《新蜀报》名声大震，就连当局控制的那些报刊也不得不由衷赞叹萧楚女的文章"字夹风雷，声成金石"。

总编辑周钦岳经常说萧楚女写的稿子是"一气呵成，下笔千言，流畅犀利"，"他的言论在青年中脍炙人口，深受推崇"，并且由衷地称赞"萧楚女是一个很出色的宣传家"。

发表《帝国主义侵略中国的实况》

五四运动以后，四川各地民众曾经大张旗鼓地掀起了一场反对袁世凯与日本帝国主义签订"二十一条"卖国条约的空前爱国运动。对售卖的英国货、日本货，统称为"仇货"。广大学生、市民上街游行，喊的口号是反对洋人、洋货，打倒洋鬼子。唱的是打倒列强！打倒列强！除军阀！除军阀！为配合广大民众的爱国热情，萧楚女随即在《新蜀报》发文响应，公开提出反对帝国主义、打倒帝国主义的主张。他在文中指出：检查仇货或抵制仇货，必须要打倒帝国主义，而且要联合世界上被压迫被剥削的民族和人民团结起来，才能共同打倒帝国主义。

紧接着，萧楚女又在《新蜀报》连续发文，指出什么是资本主义以及什么是帝国主义。

爱国热情高涨的四川省立第二女子师范学校和重庆其他学校的学生，想利用暑假到四川各地，向民众宣讲中国受帝国主义压迫掠夺的实况，以及“革命之必要”的道理，请求萧楚女提供这方面的内容。萧楚女应学生之要求，专门写了一篇《帝国主义侵略中国的实况》。

他在文章的开篇就指出：“国际资本帝国主义，对于中国所行的侵略，可从三方面观察：一、政治上；二、经济上；三、文化上。”

在政治上，他们利用他们的优势国力，采取种种或明或暗的“不友谊”行动，此中方法很多：（甲）嗾使武人互相屠戮，以促中国之分裂。有时同一国家且可以暗助两个交战势力——日本就每每如此。（乙）勾结中国官僚卖国，把中国所有重要财源尽行攫入他们手中，以便乘势达到共管。现在中国所欠外债，统共已达二十万万元。关税，盐税，路矿产业及其收入以至什么东西都已抵押罄尽，则他们无论何时，都可藉口于他们的债权之保全而实行共管我们国家的财政。（丙）私售军火接济军匪，益增中国扰乱之局，使之多出山东临城劫案一类之事，他们更可执为理由以相凌夺。（丁）藉口于条约束缚中国国家之自由。例如去年中国欲禁止棉花出口以保护本国纺织业，他们则硬不承认，终久逼到我们取消禁令。纸烟税本为任何国家应当重征之奢侈税，他们也是硬抗。（戊）滥用治外法权。他们的使馆界可以袒护帝制罪魁；他们的兵营可以为安福祸首逍遥法外之地——留得此等捣乱叛逆之徒，不愁中国不闹得国亡种灭。至于租界上贩卖鸦片、军火、吗啡等类违禁品，那更是尤其方便了。（己）硬以军威迫胁，使我们不得不望风迎降。英法在外交上动不动以兵戎相见，去年为粤海关事外舰集中于广东，美国特意为我们添造了六艘所谓“驻华”炮舰，列强已经有提议共同组织三大舰队，来分驻中国南北洋面。

在经济上，其侵略的步骤，约为三期：第一期是把他们的货物硬卖与我们，以渐开辟他们的商品市场；第二期是把我们的原料买去，制成熟货又来卖给我们，以博蓓蓰之利；第三期则移植其资本于中国内地，利用低廉的原料与人工，以便榨取更大的剩余价值。他们正在第三期之始，现在满洲一带的豆油业，长江一带的纺织业，东北部的采林业，江浙的丝业，以及采矿，造船，制造日用品如火柴、洋碱等业，均已经有外国人的工厂，而且一天一天加多。

在文化上，他们的侵略情况尤其严重。近年来，他们把这种文化侵略之野心，暴露得更明白了。上海三育大学校长美国人对学生说：“教会学校是没有国家的，在教会学校的学生是不许爱国的。”广州圣三一学校学生组织学生会，校长英国人说：“未得我同意，敢擅自发起学生会……本校是英国人开办的学校，有英领事在广州，断不能徇你们的情，容许你们中国人自由！”

萧楚女在文中悲愤地指出：“徐州培心中学、福州协和中学、南京明德女学，都为‘五七’纪念国耻，被各校的教会洋人所压迫；现在培心、圣心、协和学校正在罢课争持，明德学校则已有九位女志士因无法抵抗自行退校了。目下这种教会学校压迫中国学生的空气，很是普遍，窥其内幕，似乎他们的总教主或罗马教皇会有了动员令给他们——今后对于中国学生无须委曲求全了！是的，中国学生现在已将觉悟了！中国学生现在已经不但反对日本，并且反对一般的帝国主义——尤其是反对英美更加厉害了！所以伪善的牧师神甫们，从前曾帮助——鼓励——我们排日的，现在却不能不来极力压迫我们了。读者且不要以为我们现在已经觉醒，对于他们便可以看轻。他们的势力还大得很——且还向前发展得凶哩！在他们势力之下而尚未觉悟的中国人——中国青年，人数还多得可惊哩！”

在文章的结尾处，萧楚女提醒学生们：“帝国主义侵略中国的实况，便是如斯！现在是暑假当口，青年们正复逍闲无事，柳荫之下，竹榻之上，大家不妨把这个‘实况’过细咀嚼一下！”①

萧楚女在这篇《帝国主义侵略中国的实况》文章的后面，还附载有《驳心史君的帝国主义》一文，当时就在重庆府庙新文化社印发专册暂时进行宣传，之后才刊登在《中国青年》第35期特号《帝国主义与中国》专刊上，对于四川乃至全国掀起反对帝国主义入侵中国的新浪潮产生了重大影响。

而《驳心史君的帝国主义》一文产生的原由，是当时上海《申报》登了一篇以“心史”为笔名，题为《帝国主义》的文章，萧楚女一针见血地指出：心史文章的要害，在于把帝国主义用各种不平等条约来钳制我国主权，夺去一切权力的现实情况，同中国古代也是帝国的名称混淆起来，不让人民反对帝国主义，对于我们国家民族和人民是大大不利，尤其有害于当时大多数爱国青年学生革命思想的树立②。

萧楚女这种鲜明透彻的批驳，非常及时地帮助广大民众，尤其是青年学生明辨是非，识别真假，端正爱国反帝思想。

除了极有影响的《帝国主义侵略中国的实况》一文外，在1923年间，萧楚女在《新蜀报》上不断发文，揭露帝国主义在中国各地屠杀中国民众的各种惨案，以及封建军阀为争夺地盘而互相残杀给民众带来的深重灾难，或直接荼毒民众的种种罪恶事实，让整个中国社会对帝国主义侵略中国的面目看得一清二楚。

戳穿“吃屎教”的骗局

1923年7月，重庆居民在炎热的盛夏又听见了枪炮声。交战双方是占据重庆的杨森军和黔军，与进攻重庆的熊克武军和滇军。守军下令全城通夜亮灯，而长江和嘉陵江实行封渡。粮食和蔬菜断了来路，致使食物缺乏、

① 中央党史研究室《萧楚女文存》编辑组、广东革命历史博物馆编：《萧楚女文存》，中共党史出版社1998年版，第96页。

② 四川省政协文史资料研究委员会：《重庆文史资料》第16辑，1983年，第149页。

物价高涨。而街上兵来兵往，他们趁机欺凌百姓，随意抓丁拉夫，稍有不从者就遭到枪托、扁担的毒打。就在居民生活艰难、社会秩序混乱之时，突然冒出了一个自称世界宗教大同会的会长、统一六教之主，来自夹江的秀才唐焕章，在重庆嘉陵江南岸设坛聚众收徒传教。

唐焕章声称，世界即将发生战争，全为争食而起，他“特奉上帝钦旨，传人以不食之法”。不食之法有一个雅号叫“辟谷”，其大意是：传道的“教导使”先让“受功者”吃泻药，大泻之后，每天只吃糯米或糍粑，称为“筑基”，排粪以后，“教导使”取来做成“草还丹”，令“受功者”吞吃，这叫作“考功”，以后就用每天排出的粪便作食。人们吃了这些“仙丹妙药”后，可以不饥不饿，延年益寿。这种说法，简直荒谬极了。因此，人们形象地讥称之为“吃屎教”。

唐焕章还扬言，农历的八月十五即中秋之日，将发生“自开辟以来未有的空前大地震、空前大日食、空前大震响、空前大陨星、空前大海啸、空前大风雪……自是日以后，五日五夜日月无光，天下万国一律成为黑暗世界，所有人类大约死三分之一。”如欲免劫，除非信教“辟谷”，是日须潜伏在家，不可妄动。反动的《民苏报》此时也发文，为唐焕章的妖言推波助澜。“吃屎教”的信徒在四川发展到 1 万多人，并且波及北京、上海、南京和山东等地。一时之间，妖言弥漫整个重庆山城，人心惶惶自危。而军阀趁人们生命危殆之时，控制市场，抬高粮食及各种生活物品价格，大赚昧心钱，一天之内，全城所有的粮食和食品的价格高涨到了十倍乃至几十倍。

毕竟粮食和食品有限，有许多略有积蓄的人一点都买不到，靠做工度日的穷人没有积蓄，只能坐以待毙。以致有些穷人想投江自尽，有些穷人想悬梁自杀，甚至有些穷人想把全家集中在一间屋子里死在一堆。老百姓不想活，多么悲哀！此时的整个山城混乱不堪，惨状难言。

面对“吃屎教”的妖言和山城惨状，萧楚女既气愤又心痛，在总编辑周钦岳和经理宋南轩的支持下，撰文发表连篇专论《“吃屎”的社会根源》，抨击惑众妖言，公开辟谣；并驳斥《民苏报》等无耻帮凶，强烈要求当局取缔“吃屎教”。

杨森考虑到“军事时期”，稳定后方要紧，果然在8月3日查封了《民苏报》，并禁止“吃屎教”的书籍流传。正当《新蜀报》准备乘机发动攻击时，“吃屎教”竟疏通了关节。官方撤销了禁令，《民苏报》挟持重庆报界俱乐部在8月18日召开有21家报纸、通讯社参加的新闻会议，其社长在会上指责参会的《新蜀报》代表周钦岳和宋南轩“倾陷民苏”，使得《新蜀报》现场非常孤立。最后，还是《工务报》代表出来打圆场，劝两报捐弃前嫌重修旧好，“至于宗教的争执，俟中秋后有无应验，再定真伪”。第二天，《民苏报》再次复刊，而且增加了“宗教”篇幅两大版面。

《民苏报》的复刊，给《新蜀报》带来了极大压力，萧楚女心里更是难受。可《民苏报》好像是故意挑战似的，竟派人专门给《新蜀报》送来了一套丛书，名字就叫《揭开宝印》，分成《霹雳一声》《唐公得道记》《犹太教旧约纲要》《基督教新约题解》《儒教论语微言》《依麻尼解中解》等。

萧楚女翻了翻这些书扔在桌上，骂道：“乌七八糟，比街上的厕所还臭！”

周钦岳接过话头，说道：“看这样子，人家是下战书来啦！”

萧楚女点头说：“来得正好，我们欠了这样多的人情，是该还礼的时候了！”

周钦岳一拍桌子，走过来大声说：“楚女！你尽管写文章，我来负责发出去！”

于是，萧楚女在《新蜀报》开辟《社会黑幕》专栏，利用送来的“吃屎教”书中的材料和掌握的内幕情况，作系统的揭露、批判。同时，萧楚女利用自己在第二女师兼课，并与重庆各校进步青年相识的便利条件，让他们每天就《新蜀报》发表的这些文章在市民中间广泛作宣传，把“吃屎教”的丑恶嘴脸暴露在公众的视野之下。

事有凑巧，9月中旬传来了一个令人窒息的爆炸性新闻：日本东京和横滨在9月1日发生了空前的大地震，横须贺一带发生了剧烈的海啸。“吃屎教”牵强附会，顿时活跃起来，有的暴徒高叫道：“捣毁《新蜀报》！刺杀编辑！”而且整个山城立刻大乱，糕点烧饼之类的熟食被抢购一空。“吃屎教”还广设道场，大收教徒。有的一家老小抱头痛哭，准备死在一起。兵痞、流氓则是趁火打劫，假扮“天兵天将”四处为非作歹。熊克武军和滇军也已逼近重庆城下，看来重庆这座山城真的像是末日来临了。

中秋节马上就要到了，此时的萧楚女仍要继续驳斥这些妖言，他打算在那一天发表题为《请看吃屎教所说的今天》的文章。宋南轩有点儿犹豫，万一被“吃屎教”说中了，《新蜀报》还会惹来大祸。周钦岳则力排众议，坚定地支持萧楚女撰文，他还是那句话：“楚女你尽管写文章，由我来发！”

9 月 25 日，中秋节的日子，山城的居民是在一种惶惶不可终日的心态之下等来了。其他报在这一天都停刊放假，唯独《新蜀报》印发了特刊《请看吃屎教所说的今天》，文章开头直言：

今天是什么日子？亲爱的读者，今天就是中秋佳节。“吃屎教”预言这一天将要大难临头。但是读者们清早起来。照常看见红日朗朗，长江和嘉陵江照样奔流不息着，涂山照样稳稳当当地立在江边上，我也照样地在写文章。今天，这个活生生的事实，就是驳倒了“吃屎教”的狗屁预言……

山城居民看到这篇文章，个个喜笑颜开。人们争相传阅着《新蜀报》这份特刊，在大街上高声朗读萧楚女的文章，痛痛快快地大骂“吃屎教”。

在科学真理面前，当局不得不下令驱逐主教唐焕章立即出境。当时的社会舆论认为，《新蜀报》才是代表民众利益的报刊，萧楚女才是真正为民众说话的人，值得称赞。

开辟“社会青年问答”专栏

五四新文化的出现，使中国大地从过去几千年沉闷的空气中慢慢苏醒过来，众多思潮以及新式观点，首先冲击了青年人的思想。尤其是“革命”二字，这意味着要与旧的社会决裂，要与自己的家庭决裂，要与自己的过去决裂，这一步迈出去是何等的艰难。而青年人的这些疑虑、苦恼，又直接反映在与个人命运息息相关的读书、就业、婚姻，以及家庭生活等方面的诸多事情。

萧楚女，这位思想敏锐、观察力极强的《新蜀报》主笔，又身为教员与广大学生有着密切联系的青年导师，时刻注意和把握青年学生的思想脉搏，对他们的疑惑和苦恼是再清楚不过的。为了引导学生乃至整个青年界抛弃传统的旧观念，怀着积极的心态走向革命，萧楚女适时地在《新蜀报》开辟了“社会青年问答”专栏，解答青年们提出的有关读书、就业、婚姻和家庭等各个方面的诸多疑难问题。

为了使解答的问题更具有针对性，而且是广大青年人普遍关心的，萧楚女凭借担任主笔的便利条件，特别留意信息的采集、汇总及稿件的处理。同时，他利用教员身份直接听取学生提出的各种问题，还通过其他学校那些具有进步思想、比较熟悉的学生，收集到大量的实际问题。

正是由于萧楚女这些细致而独到的做法，《新蜀报》每期的“社会青年问答”，成为青年们争相传阅的必读内容，这为迷失方向的青年指出了光明的前途和具体的行为路径。重庆知识界称赞萧楚女为“青年的百科全书，黑暗社会中的开路人”。

除了做好专栏的问题解答外，萧楚女曾多次到江北县蚕桑局和治平中学等处，向工人、农民、学生宣讲新思想，直接解答他们心中的疑问。在受邀到治平中学讲演时，萧楚女用通俗易懂的语言，向学生们悲愤地讲述了中国为什么贫穷落后，民众为什么受剥削、受压迫的根源，号召广大青年学生要关心国家大事，主动去了解社会，积极投入到变革社会的活动中去。

在治平中学，有两个初步具有科学、民主思想的青年教师——喻凌翔和陈晓寅，在萧楚女的影响和熏陶下，开始笃信马克思主义。他俩在学校配合着实施教学改革，组织读书会，引导学生阅读进步刊物，并邀请萧楚女到校演讲，带领学生到工厂里参观，参加反帝爱国的集会活动，号召青年学生要积极关心国家大事，勇敢地肩负起拯救民族危亡和国家衰败的重任。

1925 年 1 月，治平中学建立了江北县第一个共青团支部，喻凌翔任支部长。同年的夏秋之际，喻凌翔、陈晓寅成为江北县历史上最早的共产党员。他俩发展了一批具有进步思想的青年学生分别加入了中国共产主义青年团和中国共产党，成为当地动员和组织民众反帝反封建、参加革命斗争的中坚力量。

《新蜀报》旗帜鲜明地抨击邪恶势力，伸张正义，明确倡导爱国主义思想，并且真诚地帮助青年正确对待工作、学习、生活，成为重庆青年和民众最喜爱的读物，为四川最具影响、最畅销的报纸，其销量从几百份增至6000多份甚至突破了1万份大关。

正是由于《新蜀报》，还有《星期日》《四川学生潮》《川东学生周刊》《半月刊》《新四川报》和《人生报》等报刊，一齐宣传新思想、新文化，抨击黑暗腐败的社会现状；明确地提出反帝反封建口号，介绍马克思主义，而唤醒了青年一代救国的觉悟和斗志，推动了重庆乃至整个四川地区共产党、共青团组织的广泛建立。以至后来黄埔军校武汉分校在四川重庆地区招生的时候，萧楚女曾经教过的学生和重庆学校的学生报名者最多。

“楚女启事”

在担任《新蜀报》主笔的日子里，萧楚女几乎每天都以“楚女”的笔名发表文章，其文字流畅、潇洒俊逸、逻辑性强；而且真挚的情感流动在字里行间，极富鼓动性，“楚女”这个名字很快传遍了整个山城。“楚女”这个名字，引起了山城重庆本地乃至四川不少男青年产生遐想，以为他一定是一位“楚楚动人”的漂亮女子，于是求爱信像雪片似地飞到了《新蜀报》编辑部。萧楚女看见了这些接连而至的求爱信后，禁不住哈哈大笑起来。他想，这种事情真可以算是天大的误会。

萧楚女原在武汉《大汉报》做编辑期间，也曾经遇到了同样的情况。不少的男青年读了署名“楚女”的文章，以为作者是一位才华横溢又漂亮的年轻女子，纷纷寄出表达自己内心真情实意的求爱信。求爱者中，不乏诚意者来登门求见。那种尴尬的情形，让人哭笑不得。

萧楚女没想到，才时隔几年，这种情形在重庆又发生了。萧楚女只好在报上刊登“楚女启事”一则：“本报有楚女者，并非楚楚动人之女子，而是身材高大、皮肤黝黑并略有麻子之大汉也。”然而有人未见这则启事，于是精心修饰打扮后，前来《新蜀报》编辑部约会“楚女”。当来者见到他竟是一黑大汉时，瞠目结舌地说道：“啊！搞…搞错了，搞错了！”来者只能带着满脸羞涩慌张地离去，在他的身后，自然引来编辑部里的人们笑声一片。

从容面对诽谤和恐吓

萧楚女在担任《新蜀报》主笔期间，用他那饱含激情的笔，几乎每天为该报写一篇社论或时评，其内容要么是反映工农和市民的疾苦，要么是揭露当局的黑暗和腐朽，斗争的锋芒直指帝国主义和封建军阀，这引起了军阀官僚和封建余孽的极大不满。他们以当局的名义下令，禁止萧楚女发表文章，并勒令报社将他辞退。当市民发现《新蜀报》上没有萧楚女的文章时，便纷纷表示：“既然没有萧先生的文章，我们也不订这份报了。”三天之内，《新蜀报》销量大减。后来，报社为了声誉，又把萧楚女请了回来。报上又有萧楚女的文章，订户较前更为增加。《新蜀报》的日销售量超过3000份，在当时，这个数目几乎占了重庆全部报刊总销量的三分之一。

对于报纸，市民的支持是最大的力量。当时处于军阀内战、政局不稳阶段，把持重庆的军阀还不敢轻易违背民意，也就闭着眼装糊涂，只能采取另外的办法。一些御用报纸和文人对萧楚女开始进行人身攻击，明目张胆、有恃无恐。

首先在笔名上做文章。当萧楚女的文章署名为“楚女”时，有的就在自己攻击文章上署名“齐男”；萧楚女用“野马”署名时，他们就署名为“钢鞭”。有的无聊文人还造谣说，萧楚女之所以用“楚女”为名，是对二女师的女学生有“野心”。面对这种卑鄙无耻的行为，萧楚女勃然大怒，找到诽谤他的《合力周报》主笔刘蔚芊质问：“刘蔚芊，你如此攻击我，你作为一个报社的主笔，竟不知道我这个名字的来历。既然如此，我就来教你知道。注意，你要认真听我的教导啊。”

接着，萧楚女念了《离骚》中的两句诗：“忽反顾次流涕兮，哀高丘之无女。”并解释说：“朱熹《楚辞集注》中讲，‘女即神女，盖以比贤君也。’鄙人是湖北省人，参加辛亥革命后，看到很多人后来变坏了，投降了，我读《离骚》时深有感触，当时以为楚地无可为之人，便以屈原的这两句诗，取了‘楚女’的名字，愿以有为者自励，有何不可？”

刘蔚芊顿时自感才疏学浅孤陋寡闻而面红耳赤哑口无言，脸上表情显得极其难堪。

萧楚女遭到诽谤的同时，收到的匿名信就装了一抽屉，几乎都是“如不敛迹，将身首异处”之类的恐吓字句。由于撰文，他有了冤家对头。其中一封署名为“颜直”的人，用虚伪的言辞写道：“先生文章极好，惟所结之怨毒太深，为先生设想，不如三十六计，走为上计”。

萧楚女在《新蜀报》公开答复，并将来信作附件一并发表，并说：“楚女何人？汉阳鹦鹉洲一穷光棍，赤条条来去无牵挂，死又何惜？到处青山可埋骨。”并且将“回敬”军阀威逼的文章《萧楚女的生死观》刊发在当年的《新蜀报》上，明确地提出自己的革命宣言：革命者早已经抱定革命必胜之信心，投身革命必死之决心。

第十章　深入社会　唤起民众

川南“擂台”论战

萧楚女在《新蜀报》的活动，引起了反动当局的不满与恐惧，诽谤和恐吓对他无效后，准备采取致命手段。党组织获悉这一情况以后，立即指示他暂离重庆，前往泸州从事宣传活动，并且检查团组织工作，对外身份是川南师范学校教员，兼任《新蜀报》记者。1923年12月，萧楚女遵照党组织的指示来到了泸州。

萧楚女在川南师范学校执教国文，虽是初来乍到，却给学生留下了深刻的印象。他经常是比学生早到课堂，端条凳子坐在教室门口。铃声一响，学生们必须进教室，不得迟到。教室里鸦雀无声后，他才开始讲课。一节课过半时，他会根据学生们的精神状态，运用笑话、师生教学互动等方式来调节课堂里面的气氛。

在此，不得不提到卢作孚。新中国成立后，毛泽东评价他是“中国近代史上万万不可忘记的人”。蒋介石当年曾经称他为“孚兄”，卢作孚后成为近代著名爱国实业家、教育家和社会活动家。此时的卢作孚任泸州永宁公署教育科科长职务，正在积极开展通俗教育与新教育试验活动。萧楚女早年经恽代英引荐就与卢作孚相知，1922 年又同时执教于重庆联合中学。萧楚女这次来到四川泸州，卢作孚立即邀请他参加自己在白塔街治平寺开办的通俗讲习所。

这个通俗讲习所，类似于旧时的擂台比武，代表新旧两种文化的演讲者，就同一题目或某一内容；或事先不定题目和内容，由开讲者说出论点，后者“接招”，双方亮出各自的论据以驳倒对方，并且让听众来评判。萧楚女觉得，这是向大众宣传新文化和革命道理的一个极好机会，因此，他欣然答应了卢作孚的邀请。

到通俗讲习所演讲的有川南各界名流，可谓是群英聚会。其中演讲最多的为萧楚女对阵李赦虎。李赦虎是清末举人、国子监讲师、泸州孔教会主持，长期对新文化很是抵触。而萧楚女也不是等闲之辈。两人的说战甚是精彩，听众尤为多。

李赦虎讲《温故而知新》，萧楚女也讲《温故而知新》；萧楚女讲《中国文化科学落后的原因》，李赦虎也讲《中国文化科学落后的原因》。虽然他们是谈论同一讲题，但两种思想、两种风格截然不同。李赦虎引经据典，之乎者也，摇头晃脑，而台下不时发出啧啧之声。萧楚女则用通俗易懂的白话，讲出民众关心的贫穷与饥饿，列举封建礼制束缚人们思想、行为带来的悲惨案例，介绍十月革命的成功与美好，讲得台下的听众一会儿义愤填膺，一会儿豪情满怀。他们两人演讲的效果，从听众的表情和声音就能分辨出上下。显然，萧楚女远远胜过了李赦虎。

给云生先生的信

彭举，字云生，四川人氏，古典文学研究专家，曾经先后在重庆联合中学、重庆女子师范学校，以及国立四川大学等任教。彭举交游极广，与柳诒徵、梁漱溟、汤用彤、章太炎、马一浮、钱穆等有交往，还与共产党人恽代英、萧楚女交往颇深。1923 年 6 月，萧楚女到四川省立第二女子师范学校任教时，正值彭举任教务主任。萧楚女、彭举经常因为思想分歧、对学术的看法和处理方式不同而产生矛盾和不快。

同年 12 月 19 日夜，身在泸州的萧楚女提笔给彭举写了下面这段文字：

云生先生：

为了人类的缘故，我要求你饶恕我！

我们都是现代的教人者，而且我们都是今日中国的改革者，所以我们万不可留一点痕迹给青年们做印象！

本来我们俩，因为学派的见解不同，而致分道；原是一个高尚的友谊。然而旁人或不解，辄以为我们之间存下了什么怨恨。本来我们在第二次见面时，并无一毫芥蒂，然而因有过那么一回事，不经过一次披肝搁胆的彼此谅解，似乎总不足以示他人以我们的人格之高尚。喻孝权来信，说“先生与云生先生之怨不解，则不免大有影响于青年”。云生先生，“怨”！这个字，在我们之间果然存在么？我相信彭云生决不是因学术上争论而遂积怨的人；而我自己也是这样——我若是因此遂和云生成怨，那么，我就真正不配同云生争，而且玷污云生厚矣！但我实在畏惧“大有影响于青年”这句话，我不能不首先把我的手，形式的递给先生，在我们的精神的友谊之外，再添一层形式的保证，我不问你究竟对我到底如何，我在向你宣告说：

“我和彭云生先生，应该洗净已往的事迹，使青年们十分了解我们之间，并无一丝一毫的人身对敌的意思。”

已往的事，我自然不能不有些错——然而我的亲爱的协作者，你也错了！我不敢对于你再说什么，但我自己今后将矢定了要改革我的“伪勇”，而努力于养成“真勇”！

文通兄来一信，我想也不妨呈给先生一看！我现在早已经给信文通、效春，告慰他们——说我们已经在相片的十字架前面，热烈的接吻了！

真正的友谊，出于友谊的隔阂中，先生如何看法，我且不问——尽我心之所安，这样地写了而已！不日轮船通行，即便来渝相谈！

我希望此函，及致文通函，能向全校的同事同学公开——但除开足以惹起无谓之嘲笑的邓、罗两君。

附上喻、蒙两函，请阅信代为保存，来渝时再取——此两函我将留作一种纪念也！

希望你努力加餐饭！

楚女　十九日夜三更

萧楚女与彭举两人虽然都曾是少年中国学会的成员，然而此时的萧楚女已经是共产主义者，而彭举则倾向于国家主义派的学说，正是这两种主义的根本对立，使得他俩的信念、理想截然不同，而反映在日常事务中就往往产生某些分歧和矛盾，这就让其他教员以及学生产生一种错觉，好像是他们两人之间的积怨导致的不良结果。

为了消除误解，避免给青年们带来不良影响，同时让教员和学生们从纯属“学派见解争论”之中去思考，分析共产主义和国家主义的性质、区别等，进而明白中国该走什么道路。萧楚女真诚地表达摒弃与彭举之间的分歧与矛盾的心愿，希望能够彼此谅解，重新建立友谊。

12 月 23 日，彭举收到了萧楚女从泸州那边寄给他的信。彭举有一大嗜好，即爱写日记。他把萧楚女写给他的信一字不拉地抄写下来，从工整、隽秀的字体就可看出，彭举已接受了萧楚女提出的彼此谅解、重建友谊的要求[①]。

返家探母见闻

1924 年 1 月间，萧楚女接到母亲病危的消息，即刻乘坐巴江轮离渝回汉。当船行至距宜昌约 40 千米、名叫南沱这个地方时，未靠岸却抛锚停下。萧楚女不经意间看到，几条小舢板迅速向轮船靠拢，从船上卸下大批用美孚牌煤油罐密封的东西，转装小舢板运到码头后再由工人搬上岸。从经常乘坐这条水路轮船的旅客口中得知，卸下来的密封品，都是从四川运

---

① 《荣宝斋》2016 年第 7 期，杨健《新发现〈彭举日记〉述略》。《彭举日记》现被湖北收藏家陈琦收藏。

来的鸦片烟土，海关的外籍人员与鸦片贩子在岸上共同清点，再由军队士兵和警察保护离开，旅客对外国人毒害中国人的这种行径是敢怒不敢言。

萧楚女向轮船上的水手打听情况并且得到证实，从重庆开出的船只，都要在南沱转运鸦片，今天大概有 100 多石。

萧楚女脸色突变，他震惊了！在光天化日之下，外国列强与军阀、买办商人相互勾结，毫无忌惮地用鸦片烟土残害中国人的身心，去赚取越来越多的昧心钱，久而久之，还要完全把中国政权控制在他们手中谋取更多利益，这是何等的卑鄙！

此次回汉，主要因为母亲病危，萧楚女的心情本来就很伤感、沉重，今天又看到外国人如此欺凌中国人，心中填满了激愤。

萧楚女赶到家里，忙着抓药、熬药，日夜守候在母亲床边，尽儿子的一份孝心。可他无力回天，母亲不久便离他而去。回想母亲年轻守寡，艰难地拉扯他和几个妹妹度日，而这些年自己又奔波在外，没有尽到做儿子的孝道，萧楚女泪流满面，悲痛欲绝。

亲友和邻居赶来家中吊唁，表示哀悼。当场有人提出按旧习俗“打斋”招魂，布置排场。萧楚女婉言谢绝了这一建议，只举行了简单的仪式便算办完亡母丧事。

母亲已经走了，入土为安。萧楚女想利用在家停留的这段时间，做社会调查，以便进一步了解社会民情。

赴襄阳、荆门做社会调查

教育，一直是萧楚女十分关注的一个重要问题。陶行知致力于研究西方教育思想与中国国情的结合，提出了“生活即教育”“社会即学校”“教学做合一”等教育理论，尤其特别重视农村教育，认为在 3 亿多农民中普及教育至关重要。为此，他先后与蔡元培、晏阳初等人发起成立中华教育改进社和中华平民教育促进会，主张反对帝国主义文化侵略，并且组织人员赴各地开办平民识字读书处和平民学校，来推动平民教育运动的开展。

武汉三镇，就已经开设有了平民读书处。

一天上午，萧楚女见到邻居的一个少年，挑着菜担回来，便问他为什么不到平民读书社去识字？这位少年平淡地回答："我要是不卖菜，家里就没有米下锅，父亲就得骂我哩！"萧楚女无言以答，穷孩子饭都吃不上，怎么可能有时间去识字念书呢？事后，萧楚女把武汉平民教育调查的见闻写成《陶朱公的"平民教育"》一文，揭示出"平民教育"不能很好实行的根本原因在于社会上存在着剥削制度，指出："现行制度若不经过一番彻底的'翻砂'功夫，搞平民教育么？我觉得恐怕不止像汉口今天这样，只能够留下几张纸招牌做做样子。"

1924年春，湖北荆门籍的国立武昌高等师范大学学生、共产党员胡孟平，陪同萧楚女从襄阳来到荆门城关了解学生、青年情况，在当地龙泉中学学生赵龙家中，向城区具有进步思想的学生介绍革命形势，启发他们要投身革命。同为龙泉中学学生、后成为著名共产党人的杜永瘦，和后来担任过中共荆门县县委书记的刘继汉等，当时一起聆听了萧楚女的演讲，从而带动了荆门一带大批进步学生走上革命道路。

农民是中国社会不可忽视的一个庞大群体，萧楚女对此有清醒的认识。他利用这段时间，赴襄阳、跑荆门，深入到乡村了解农民的生活状况，于1924年7月和8月分别写下了《中国的"农民问题"》《青年与农村教育》两篇文章。

在《中国的"农民问题"》一文中，萧楚女开篇指出了农民的重要性。他写道："中国，是一个农民占全人口百分之七十以上的国家。自来国家的全部生产组织，便托根在农业上面了。农民生活之丰啬，实绾着全体国民经济之盛衰…… 农民问题，在中国便自然尤其是一个与社会治乱有关系的根本问题了。"

接着，萧楚女用农商部公布的调查结果，列出了四年间全国农业户数和耕地面积的减少，以及荒地面积增加的数据，而导致这种情形的一个重要原因，就是农民入不敷出、生活陷入贫困之中不得已为之。文中列举出由他调查分析出来的各项开支、赋税与收入的对比数，进而从内心里面发出“试问世界上还有哪种人比中国农民的生活过得还苦”之沉重呐喊。

农民现今生活之苦痛，并不是农民自身造成的。萧楚女在文中，从六个方面即外国商业的侵略、赋税繁重和征收手续的苛虐、耕地分配不敷农民家口的生活、现行佃租制度的不良、缺乏农事上扶助与指导机关和政治上直接间接的影响，剖析造成农民苦痛的真正根源。

如何切实解决中国农民生活之困苦、农业之衰败？萧楚女分别就“农地”“农业”“农民”三个方面，较详细地提出了自己的想法。

在《青年与农村教育》一文中，萧楚女鲜明地指出：“不谈改造中国则已；若谈改造中国，忘记了农人，那便是不期望他的改革获到成功，因为‘农人之醒觉’，实关系于民生与民权两大主义之能否实现。”

怎样才能够使农人觉醒呢？萧楚女以为，其中方法之一，“对于农民施以补习教育，使他明白他自己的痛苦，与痛苦之来源”。当然，这种补习教育，不能只限于学校式的书本教育，要根据农民的需要和适合他们的方式来组织，“力求与农人的生活同化”，“我们施教于他们时，不可以‘我教他’为中心，不应该以我的知识所有灌输于他为念；我们应当以‘了解他们’为中心，以应他们的要求为念——他们需要什么，我们便给他什么”。

萧楚女热情地期望青年们，以天下为己任，利用长夏的假期到农村去，开始农村教育这项实验性的工作。他不仅期望青年们去农村进行教育工作，而且认真地寄语：“朋友们，努力罢！”

第十一章　二进襄阳

再次任教襄阳二师

萧楚女回到武汉后，时任襄阳省立二师校长的单家燊发来电报，热情地邀请萧楚女再到二师任教，因为萧楚女昔日在那里留下了好名声。在众多的邀请中，萧楚女特意选择曾执教过的地方——襄阳省立二师。经党组织同意，他接受了单家燊的邀请，于 1924 年 3 月来到了古城襄阳。这也表明，萧楚女与襄阳二师有缘。而事实上，他很珍惜这种缘分，充分利用三尺讲台，传播文化知识和革命理论。

与第一次到襄阳二师执教不同的是，此时的萧楚女已是一名中国共产党党员。他的马克思主义修养更扎实系统，政治上更成熟。他一到襄阳二师校园，就急迫地向老朋友秦纵仙了解学校的变化和学生的学习、思想状况。虽然这次来是专讲新文学，但他决定还要讲授社会科学知识，向学生们介绍马克思、列宁、圣西门、费边、考茨基等人的著作，以及俄国十月社会主义革命以后的社会制度和经济状况等。

课堂上，萧楚女直接地向学生介绍《共产党宣言》，他将其贯穿始终的基本思想概括为：人类从原始社会解体以来全部历史都是阶级斗争的历史；被剥削被压迫的无产阶级，只有进行反对资产阶级的斗争，才能使整个社会永远地摆脱剥削和压迫，消灭阶级，解放全人类，才能够最终解放自己。他还向学生讲解了马克思和恩格斯在《共产党宣言》中系统、集中地阐述的观点：“消灭私有制”，“推翻资产阶级的统治，由无产阶级夺取政权”；共产党人的目的，“只有用暴力推翻全部现存的资本主义制度才能达到”；共产党是实现无产阶级历史使命的领导力量等。萧楚女第一次在课堂上公开地向学生亮出了自己的马克思主义观点，并希望学生们用这种观点思考中国问题，进而去改造社会、改造中国，解救处于困苦之中的广大劳动人民。

为了让学生更好地理解马克思主义理论观点，萧楚女建议学生们能够自觉多阅读《中国青年》等进步书籍和报刊。同时，为了进一步扩大革命思想的宣传和影响，他还自费在襄阳城内的“过盛发”笔墨店设置了一个半公开的革命书刊代销处，那里专门出售《向导》《中国青年》《新青年》《共产主义 ABC》《社会进化史》和《三民主义》等进步书刊。

母亲活着的时候，她是儿子萧楚女最大的心理牵挂；母亲去世的时候，萧楚女悲痛欲绝；母亲已经永别，萧楚女除了怀念不必牵挂。在他看来，自己认真工作生活，为红色信仰而努力奋斗，就是怀念母亲的最好方法。他对校友们说：“我的母亲已经逝世，我没有包袱了，只要每个月有几块钱，就可以够生活了”。

重组学生会

在萧楚女 1921 年离开襄阳以后，襄阳二师的学生自治会已处于涣散状态。萧楚女返校后，再次提出学生自治的口号，他对刘子谷等几个学生说：“学校是属于学生的。学校的教学和一切设施，都应该以学生为主，为学生设想，否则，不成其为学校。”

刘子谷问：“那么，我们应该怎么办？”

“首先，组织起学生自治会。学生如果有了自己的组织，事情就好办了。”萧楚女热情鼓励学生们马上行动起来。

有一位学生被选为学生会委员，可是他又不愿意接受这份工作，找到萧楚女，说道：“我并不是不肯为大家效力，只是自觉知识不足，须得到有了相当的知识后，才可担任此职。”

萧楚女耐心细致地启发这位学生要正确认识学习与工作的关系，端正学习目的。他耐心地讲道理，指出：“你的学习，根本上是为什么而学习？你的这种态度，岂不是为了‘做’而学习吗？正确的态度应该是一边学习，一边做；一边做，一边学习。而人应该永远是学习的，活到老学到老，死的时候，才是毕业的时候”。

这个学生听了萧楚女用心开导的话语，愉快地接受了学生自治会的工作。

在萧楚女不懈努力下，襄阳二师新的学生自治会很快成立了。萧楚女认真起草了《襄阳省立第二师范学生自治会章程》。

学生自治会的日常活动，有利于学生们的身心锻炼。更加便于萧楚女向学生们宣传马克思主义。在学生自治会的日常活动中，学生们争相传阅从萧楚女那儿借来的《共产党宣言》《向导》《东方杂志》《小说月报》等进步书刊，能够更多地认识社会，改造社会。萧楚女还经常用自己的薪水订阅报刊，送给学生们阅读，进一步启发学生的思想觉悟，激发青年蓬勃向上，追求革命真理的热情。

《新聊斋志异》风波

襄阳道尹熊宾，经常借口办慈善事业为名，搞“扶乩”求仙的封建迷信活动，大肆搜刮民众的钱财装入自己口袋。

就在萧楚女到襄阳二师不久，熊宾有一天突然异想天开，放出风去，说是古隆中在某月某日有神仙降世，昭示全襄阳祸福。如果想要避祸得福的人，就必须在这一天带上财物和贡品前去隆中求拜。一时之间，全城的百姓都在议论着熊宾的这种封建迷信活动，整个襄阳古城人心惶惶。

襄阳镇守使张联升也是一个贪官，喜欢捞钱中饱私囊，平日他因与熊宾分赃不匀，矛盾很深。张联升听着熊宾散布的谣言，就知道那是一个招摇撞骗的鬼把戏。

到了那天，熊宾率领着衙役和摩肩接踵的百姓队伍正要出城门时，遇到麻烦，被张联升带领手下的士兵拦住了。

"张镇守使，请你赶快让路。"熊宾当然不把张联升放在眼里，扯着嗓子喊道。

"熊道尹，你也得守规矩！今天我要例行公事，检查！"张联升毫不示弱地叫道。

"奇怪，你有什么权力敢查我？"熊宾瞪着圆眼睛，问道。

"今天我就是专为查你而来的。开箱检查！"张联升边说边把手一挥，手下士兵强行打开了抬着的两个大木箱，当场从木箱中揪出了两个扮成"神仙"的无赖闲汉。两个无赖供出了内幕，揭穿了熊宾捞钱的鬼把戏。这下激起了老百姓的愤怒，人们纷纷唾骂着。熊宾见势不妙，由衙役们护着灰溜溜地离去了。

萧楚女听到这件关于贪官鱼肉百姓的事时，他立即想到了重庆"吃屎教"的事。他对学生们说："这本是狗咬狗的事，但却是一个极好的反面教材，我们要用它来教育更多的人，不要轻易上当受骗。"

几天以后，《中国青年》期刊发表了萧楚女亲自撰写的《新聊斋志异》文章，把襄阳发生的这件丑闻公诸于众。熊宾看到这篇文章以后，火冒三丈，立刻与本地封建势力商议，散布萧楚女是"过激党，要阴谋造反"等舆论，拟采取行动置萧楚女于死地。熊宾用心何其毒也。

校长单家燊首先得知这一消息，悄悄地告知了几个学生。他是校长，需要顾及面子，不便直接找萧楚女。

这天晚上，萧楚女正在灯下写讲义，学生刘子谷、殷乾山突然跑来找他。

"萧先生，外面传说当局要抓您，您赶忙走哇！"刘子谷急着说。

“谢谢你们两个人！我把这课的讲义写完，就走。”萧楚女说完这话，眼睛又盯在讲义上。

“萧先生，您还是快走吧。”学生们异口同声说。

“好！明天我们三人去照张相留个纪念，你俩愿意吗？”萧楚女答。

“萧先生，这样太好啦！我们早已经想过了，但是不敢给先生说。”学生们同时回复着。

萧楚女站起身，送走了自己喜欢的两位学生，刚回到室内，正要坐下。这时，听见门外又有人敲门。

萧楚女转身走了过来，动手拉开了门。抬头一看，原来是学校同事国文教员杨立生。

与杨立生结为挚友

杨立生，与萧楚女同在襄阳二师执教。他是当地有名的秀才，同时称得上是位开明士绅。课余之时，喜欢就哲学问题与萧楚女争论，虽然每次都是他处于下风，但口头绝不认输，可内心非常佩服萧楚女的博学多才。萧楚女并不计较，反倒喜欢他这个性格，尽量主动、热情地接近他，没事的时候，还到他家串门，并把新出版的《向导》《中国青年》送给他阅读。一来二往，他俩竟然成了挚友。杨立生今晚刚听到对萧楚女非常不利的消息，心里觉得难受，马上赶过来报信，顺便忠言劝告，三十六计走为上计，同时真诚送别这位好朋友，祝福他前途珍重、鹏程千里。

杨立生进门就喊：“萧先生，幸好你在家里！我有急事，这么晚来打扰了！”

萧楚女笑答：“杨先生，真是稀客！你有什么事吗？快进屋里坐下慢慢道来。”

杨立生坐下后，赶忙讲：“刚刚听说，当局为那事可能这两天要对你下毒手，你必须赶快离开襄阳。另外，我有件事拜托你。最近仔细看了几期《中国青年》，我很喜欢，愿为它尽点力。听萧先生说，《中国青年》期刊经费十分紧张。这笔钱请你务必转交给《中国青年》杂志的恽代英先生，只能算我私人的一点心意。”说着，他伸出手，从怀里掏出一个装钱的布包，郑重其事地递给萧楚女。

萧楚女被感动了，他立马站起身，双手郑重接过布包。

“杨先生，我替恽代英先生谢谢你！你的这笔款子，我一定转交到他手上。”

萧楚女接受了好朋友们的劝告，赶紧离开了襄阳省立第二师范学校。见到了恽代英，萧楚女转交了杨立生个人捐助的那笔钱款。恽代英接过钱款，情不自禁地直点头，认为杨立生虽然不是共产党员，却是共产党的好朋友，这样的好朋友，应该受到共产党人和共产党组织的格外尊重。

后来，恽代英亲自写信给杨立生，表示了自己内心深深的谢意。

就是这样，萧楚女于 1924 年 5 月初再次离开了襄阳第二师范。他临走时，面对送行的好朋友们，意味深长地说：“我人虽走了，但是炸弹已经准确丢下了。”好朋友们听罢，当场点头表示赞同。的确，萧楚女没有虚言。他这次离开襄阳第二师范不久，那里就爆发了声势浩大的学潮。

播下的革命火种在燃烧

萧楚女虽然离开了襄阳，但是他播下的革命火种不久便成燎原之势。1924 年上半年学期快结束时，襄阳二师校方按当局的意图，以开除所谓“领头闹事”学生为由，前后开除六批学生，共 36 人。面对学校和反动当局的迫害，学生们没有屈服，而是积蓄力量，等待时机进行反抗。过了不久，襄阳二师爆发了驱逐反动政客单家燊的学生运动。

1925 年，上海五卅惨案的消息传到襄阳，激起了襄阳学生的极大愤慨。襄阳二师组织的襄阳学潮声势越来越大，很快发展成为抵制美、日货，反对教会奴化教育，声援上海五卅运动的爱国行动。萧楚女昔日在二师播下的火种，已经燃烧起来。

为了让广大民众更清楚地看清帝国主义的滔天罪行，1925 年夏，襄阳二师、十中和鸿文中学学生组建了襄阳学生联合会，并且携手创办了学生联合会的刊物《襄阳学生》，专门发表反帝爱国的文章。同时，鸿文书院也创办了一个刊物叫作《稳健》。这两个刊物接连不断向帝国主义发起新的进攻。

在襄阳学潮中，仅二师学潮就持续了一年半的时间，前后赶走了五位校长和一位教育厅长，并且影响到周边20多个县都发生了学潮。学生的举动，沉重地打击了鄂北的帝国主义和封建势力，唤醒了民众的民族与社会解放觉醒，并培养和锻炼了一批先进分子。其中，从襄阳二师走出去的有：新四军抗日英烈罗忠毅，毕业于黄埔军校第五期的共产党员毛庭芳，中共秘密党员、长期潜伏在国民党要害部门的潘文郁等人。

正是萧楚女等培养和造就了一批学生运动的领袖和骨干，从思想上、组织上为掀起大革命运动，以及为鄂北地区党组织的建立和发展奠定了比较坚实的基础。黄火青晚年在回忆这段革命斗争史时说：“襄阳学生运动是从萧楚女同志到襄阳湖北省立第二师范当班主任开始的。以后鄂北各县共产党和共青团的创始人大多数都是当年襄阳学生运动的积极分子。可以说，襄阳学生运动是鄂北革命运动的萌芽。”①

① 湖北襄阳昭明小学萧楚女纪念馆提供。

第十二章　提出革命教育主张

革命教育与革命的信仰

20 世纪初的中国大地，满目疮痍。在这个半殖民地半封建社会里，广大劳动人民饥寒交迫苦不堪言。

“怎么样救治现在的中国？”这是当时一代热血青年其中包括有不少新型青年知识分子争论的话题。他们一派主张“革命”，另一派相信“教育”。

萧楚女也是关注和参与争论的青年之一，他鲜明地对教育说出“不行”二字！“虽然不得不承认教育是一架创造文明，把人类历史向着无穷之未来伸展开去的发电机”，但对封建主义和帝国主义双重压迫下的中国而言，教育救国是行不通的，无数事实已经证明了这一点。唯有“革命产生‘新时代’，而革命的教育则产生革命，这是一切过去的历史所告诉我们的定律”。

为此，萧楚女致力于革命教育这一主题，从 1923 年 12 月在《中国青年》发表的《诗的生活与方程式的生活》一文开始，到 1927 年在《中国青年》发表的最后一篇文章《革命党人底基本质素是什么》，在《中国青年》以及《学生杂志》《新建设》《觉悟》和《黄埔日刊》等报刊，围绕这一主题不断发表自己的言论，以引起革命者尤其是革命领导者的关注和重视。并且从他在重庆等地学校、《新蜀报》报社，到广州第六届农民运动讲习所和黄埔军校的活动来看，无论是课堂上还是演讲中，都在进一步地阐述这一主题的内涵和行动要求等。

在《革命与“革命教育”》一文中，针对为什么要提出革命教育这一主题，萧楚女指出，如果要使革命摆脱盲目性、浪漫性，成为“科学的理智的未来时代之创造”，也就是要遵循客观规律科学地改造社会，就“必须要把你的革命施以一种革命的教育；把你的运动，施以一种有条理有训练的组织。”而革命教育的内涵应当包括两个方面，一是革命政党必须创立一个“完全的事业体系”，即以“科学的唯物史观”为基础的理论体系，已经确定革命运动的“进行方向与目的”，而且要立足于当前的现实。这就表明，萧楚女在1924年就提出了把马克思主义的普遍真理同中国革命的具体实践结合起来的科学观点。二是必须培养具有“完全的人格”的一代革命家。他特别强调，“一个真正伟大的革命家，那是不但在他的人格上要有一定的信仰、一定的人生观，而又富于有实际的社会阅历与技能的；并且在他所从事的运动上，也要有一定的哲学的理想，与其所处的时间空间中的一切事实的基础。”“切实地以民众为中心”，为民众而革命，并且发动民众自觉地为民众自己而革命，“才算是一个完全的人格与一个完全事业之体系相融合了！”

萧楚女在致力革命教育主题中，更是把培养一代新的革命者作为重要课题来研究。他不遗余力、不惜笔墨通过广泛的社会调查，写下了大量关于培养新一代革命者方面的文章，帮助青年革命者正确地去认识社会，树立革命的信仰，“去创造那创造未来的民众意志，以开辟我们的新时代！”

萧楚女的这种思想和愿望，仅从1924年他的几篇文章中就可看出。

1924年，中国社会生活中，肩负着开辟一个新时代重任的青年们，大都没有人生的正确信仰，他们往往把自己遇到的一切烦恼、沉闷、悲哀、痛苦等，归结于自己的命运而忍受。离渝回汉途中，萧楚女一直在认真思考这个问题并写下了《革命的信仰》一文。

他在文中真诚地告诫青年朋友们，“一个人底内心没有信仰，就是那个人没有‘人生观’。没有人生观的生活，等于没有甜味的蜜，没有香气的花”。

他提醒青年人：“追忆我们几年之前的那些‘五四朋友’，和我们那几十年、几百年、几千年前的许多‘人类之表率者’。我们可不可以问一问梭格拉底[1]何以能那么从容而死？颜真卿、颜杲卿何以能那么抗贼不屈么？文天祥怎么不怕死呢？史可法怎么不愿生呢？马丁路得何以有如此大胆？克林威尔何以得那样魄力？徐锡麟底手枪，何以放得那样快？秋瑾底血，何以流得那样红？黄花岗的烈士们何以死得那么齐整？五四朋友又何以打得那么高兴？”

缘由！他们都有一种革命的信仰，即要创造一个“新时代”而不惜抛弃自己的一切！革命的信仰，是人们内心的红色灯塔，它指引前进的方向，多么光明美好！

萧楚女平静地指出，他们能这么做，“都只为佢们各人的内心，各有个充实其自我之意义的信仰而已！有所信仰，所以内心充实；内心充实，所以没有一隙可以为外来客气所乘——佢们的人格就成了一个勇气与决心相结合的结实物了！”正因为有了这种革命的信仰，“徐锡麟相信满清必倒，汉族必能光复，所以徐锡麟很快的射击了！梭格拉底相信真理永在，所以梭格拉底从容死了！五四的朋友，和黄花岗的烈士们，相信中国一定可以从佢们底呐喊声中解放出来；所以便一口气地演了那大打大杀的全武行了！我们底怯懦，我们底畏首畏尾，我们底容忍苟活，容忍得军阀、帝国主义……横行一世：都只因我们没有像梭格拉底去相信真理，没有像徐锡麟去肯定自己底力量罢了！”

萧楚女热切地期望青年朋友们行动起来，“请看今日之域中，竟是谁家之天下”“朋友，我们读书也读够了，我们理在应当不管他是什么，要各自

---

① 今译为“苏格拉底”。

赶快去找一个合乎我们现在的生活，和我们对于人类前途所负的使命的需要之物，以为安身立命之地——以充实我们的生活，把自己和自己所居的社会，一齐从那无边的黑暗之中，拯救出来。”

学成了再做事么

萧楚女第二次去襄阳二师任教，在指导学生重建学生自治会过程中，一位被大家选上干事的同学不想担任。他的理由是：自己觉得知识还未学好，等到学好后再来为公众效力。虽然这位同学经过萧楚女的开导，后来愉快地接受了大家的推举，但事后萧楚女想，从安徽到重庆再到襄阳，有这种想法的学生还有不少啊！并且有不少的教员也振振有词地说道：“你们现在是学生，宜静心用功”。这些观点势必左右他们的思想从而影响周围青年人，使他们在行动中迈不开步子。因此很有必要澄清这种“做事须待学足”的谬误观点，萧楚女便情不自禁地挥笔写下了《要学成了再做事么》这一篇开启学生思想之窗的文章。

他与朋友促膝谈心，用学生们熟悉的“老八股”语言道来，古人云：“待有余而济人，必无济人之时；待有暇而读书，必无读书之日”，意思就是：“等学成而做事，必无做事之时”。萧楚女进而又问道：“科学究竟是什么呢？”他以学生回答的口吻说：“他是以往的人类生活之经验的誊清帐”，所以“无论什么科学，没有一种不是起于我们的生活之实际要求，也没有一种不可以说是从我们的‘做’中生长起来。‘你做的时候，便是学习的时候’。”从实际情形看，都是“一边学习，一边做；一边做，一边学习——你的那学习的意义，才算完全；你所学习的，才是实在的，才是有用的，才是足以应付你的未来生活的。……人永远是要学习的，死的时候，才是毕业的时候。待到学好了再去做，那么，所有的世界只好托之于‘鬼’了！”

萧楚女看得很清楚，方今中国之学校，让学生读死书，死读书，一点儿也不与生活相关联，不让他们与社会实际相接触，是一个很普遍的问题。照此下去，人人心中只是想着：“我现在是读书的时候，将来才是做事的时候”，“哪知‘将来’的那天到了，却只落得个乡下人吃汤圆，不知从哪里下嘴”。

正确的态度是，学中做，做中学，这才是人生的真谛。

对民众应持的态度

只有革命，才能拯救中国，这已成为中国先进知识分子逐渐明白的道理。但是如果要使革命成功，必须建立在广大民众拥护、支持并积极参与的基础之上，而这个动员和组织民众的使命，当前最合适的担当者应该是广大的青年学生。

广大青年学生对民众抱一种什么态度，决定了他们实施革命行动的效果。

现实之中，不光青年学生尚未搞清楚，就是革命的组织或领导者对这一问题也没有足够的重视。于是，萧楚女写下了《革命中学生应持的态度》一文。

中国历史上，社会动荡、朝代的更替之时，往往给老百姓带来的是恐惧甚至灾难。现在说的“革命”，与他们有什么关系，尤其是能给他们带来什么好处？萧楚女在文中告诫青年学生们要明确：“我们革命，要是为他们而革命。革命的中心，要是民众所真正需要的东西。”深入到民众之中去做宣传、动员的工作，“便是怎么样使他们信仰他们所望的好生活，只有革命能够给他。”

萧楚女提示青年学生们注意：“从前一般革命党，都只以自己为中心，所有的革命运动，都只是在那里发泄他们那知识阶级的不平。他们尽管抽象地引了许多学说，论那什么宪法，民权，共和，实际上一点儿不与一般民众底生活发生关系，所以他们就从兴中会时代一直闹到最近的国民党改组以前，总不能在民众中间得到真实的地盘；所以他们底革命，革来革去总还是个不成功，而反惹得人民嫌恶。人民所需要的，只是‘和平与面包’；真的革命，只是个‘胃的问题’。”

在此基础上面，萧楚女进一步地指出：“中外古今的历史都教训过我们，哪一个时代，哪一个民族，哪一个国家的革命不是这样地起于人民底实际要求，不是这样地成功于人民底生活迫切？”因此，他要求青年学生们，“少发些抽象的哲理高论，多注重于具体的实际问题”，“今后应该切实地钻入民众间去，研究他们底实际痛苦是些什么？他们所希望的何在？什么东西，才是他们所以感觉着必需革命的？”

如果大家很好地做到了这些，就如恽代英所说：“倘若我们能有一个切实的方法——可以马上把一切物价减低下来的——提供民众之前，以为革命的保证，则民众之乐于革命，勇于进前，当较我们过之百倍”。

青年学生是国家未来的希望，当下动员和鼓舞广大民众的工作更多的是需要依靠他们去努力进行的。萧楚女寄予青年们殷切希望，并且让他们千万切记：“我不是一个革命的知识者，我只是一个革命的你们民众的仆人。这便是我们革命者在今日所应持的唯一态度！”

注重了解社会现实生活

了解现实生活情况、注意研究社会问题，是青年学生们担负动员民众，创造新时代责任的重要前提，也是改变自我而迈出的第一步。萧楚女在1924年5月5日发表的《我们应该先求了解现实生活》一文中就指出，我们青年学生中还有不少是埋头书本里的书呆子，“对于我们现在所要改造的那个对象——社会，却不了解”。

“怎么样才能了解我们的现实生活呢？我的直觉是：公民、史地、社会经济、文学——应该混合起来，而以社会上最近所发生的事实为材料。新闻、杂志的记事，便是一种每日发行的讲义。”必须清楚地看到，“我们的学业之根基，只在这唯一的现在——现实生活”。

萧楚女了解到，虽然学生们已经开始明白接触社会实际的作用和必要性，但是仍有不少青年学生对了解社会生活的什么，以及如何去了解感到茫然。于是，他不厌其烦地在同年7月14日写下了《我们应当注意实际的社会问题》一文，细致耐心地进行引导。

要了解哪些社会问题呢？他在文中细细地道出：“譬如说，我们要对于农人底生活加以改善，这自然是改造社会的一种工作了。但是我们中国底农人究竟有多少？他们现在所过的生活，又是个如何情状？其中，有产的农人和纯粹无产的农田雇工，又是个怎样的程度不同？大地主、小地主、自耕农、佃农以及他们底各自的家属，对于社会上究竟需要些什么？举凡这些问题，若我们不去仔细的研究，则单只问题底目录，便可列至数十乃至一两百个。我们若不先把这些问题弄清楚，而漫言改良农人生活：则不但我们底努力是白忙而无效果可收；恐怕农人们就在我们底运动中过一百年，他们也还不知道我们究竟是在做些什么？对于农人如此，对于其他各方面，也必一样地如此。所有的社会情形，我们都当于无论什么情况之下，随时随地加以研究。自然我不是说我们应当抛了学业，去像游方和尚一样，专做那种事业。我是说，我们应当在黑板、课本、讲堂、研究室之外，同时注意于社会问题。”

那么，究竟应该如何去注意社会问题呢？

萧楚女提出了分两步走的办法。第一步，要重视并且知晓认识社会的常识。“譬如南京城里，街道上沟渠底污秽，荒地里青草的茂密，在懂得相当的卫生学的人，便会知道他是与南京市人底暑期生活有关系；而成为南京人死亡率中一原因的。如没有这相当的社会常识，对此必不明其因果关系，而不认他为一种社会问题之材料，去加以研究了！”

第二步，留心调查社会上一切实际所发生的事实。“这应当如我们在研究植物、解剖动物时一样的耐烦。大至于一个国家的政治上之变动，小至于一个小孩之死亡——都应当像照相一般实地把他——记录下来。记录的结果，是集许多材料而分门别类的加以整理。整理中，便可以分析的或综合的统计起来，而找出他底抽象的变化之规则，因果之关系，而制成你所研究的那个问题的定律。这样，你将不但感着你底研究并不减于任何学术之研究的兴味；而且你一定可以对于‘社会’这个东西得到一个全部的或一部的真切明瞭的概念。于是你当对于社会有所议论或着手做一件什么事情时，便自然不会与世相违，而一定总有些可期的好效果可以得到了。”

在文章的结尾处，萧楚女大声地疾呼：“朋友们！中国现在是水深而且火热了！我们既属于一国之知识阶级，对于一国的存亡盛衰，便应担负绝对责任。我们现在是正处于这个不贷的地位；我们若不研究社会，我们又如何能去担负？一切学问原来是为了生活上的应用，我们才去学的呀！埋头于为学问而作学问的朋友——尤其是一般脑筋疲神于所谓‘国故整理’的朋友，你们且把你们底有用精力，有限光阴，向着社会罢！”

如何对待脱离家庭及拒婚问题

有一位署名叫“日章”的青年，就困惑于心又不知如何处理的问题写信求教于萧楚女。这位青年人在信中道出内心的痛苦：“我觉得一个纯洁的青年所以终至于堕落的，完全是由于家庭的累赘所致。有了家庭，就发生饭碗问题；一为饭碗做事，就自然堕落了！因为个人生活好混，一家生活难混——而家庭的需索又是无厌的。所以我对于维持自己底人格，就决定是‘脱离家庭’。但要想脱离家庭，那就须先从拒绝婚姻做起；所以我又主张‘独身’。……另一方面，我又预备去找些关于涵养心性的书读读，使心地旷达，眼光放大一些——这种书，我想只有在中国古书中去寻找，你以为何如？我现在读书，偏重文科，除学习英文外，其余的时间，就读你所指给我的那些关于研究现实社会的书和文学的书。再，便是读我自己认为修养所必要的古书，预备把子书都涉猎一下。”

这位青年，很可能是萧楚女教过的学生。古训云：“百善孝为先”“父母在，不远游”，个人婚姻，听从的是“父母之命，媒妁之言”，而敢冒天下之大不韪的叛逆行为，该有多大的勇气才敢说出来，当然他只能向自己的先生更视为朋友的萧楚女倾述一下。

家庭也好，婚姻也好，怎么与“革命”扯上关系了呢？不错，在不少青年人看来，要革命，就意味着必须要与自己的家庭决裂，并且婚姻也将拖自己的后腿而停滞不前。虽然只是“日章”这位青年提出了心中的苦恼和痛楚，但是他代表了有这种想法的青年群体。如果不正确对待并处理好，就不利于他们投身革命，也将影响他们的未来生活和成长。针对学生提出的这个问题，萧楚女提笔写下《脱离家庭及拒婚问题》这篇文章，以帮助他们从苦闷中解脱出来，轻装前进。

萧楚女在回信中说："青年人容易堕落，并不单只由于家庭的累赘。如虚荣心，生活上之贪恋，友朋的引诱……都足以使人堕落。不过家庭的累赘，要算是一个很大原因罢了！自然，在现在这种生活压迫最高的时代，我们要想保全我们底纯洁而不致为了饭碗去堕落，总以少负家庭系累为好。何况我们是已立志要为社会作一番事业的？那是更其有一个相当的脱离之必要了！然而这也须得看势，第一，须你自己确有独立供给你自己经济的能力（在学生时代，学费即是一大问题）；第二，也须得你底家庭在事实上确可以让你脱离——倘若事实上万不容你脱离（譬如父母具老而又毫无手足且甚贫苦），则殊不可；因为我们为社会而脱离家庭，原是出于一种舍己救人的博爱观念。自然，能够脱去是最好，但也要知不脱离，也还是可以为社会做事的；不过所作的或许不及完全无家累的那样自由罢了！"

"结婚一层，那更是个人的私事，须得自己去决定。旁人是不便代你说话的。……纵然不必立即决定终身独居，而延迟结婚也是应该的。"

"摩顶放踵，以利天下，无非是由于他时时刻刻只记得他人，不记得自己而已！以读书而旷达胸襟，放开眼界，那不是中国古书——什么子书所能获得到的。……你若真要开放你底胸襟与眼界，与其在那些散乱浪漫的中国子书中去埋头，则不若去读进化论与唯物史观的社会学。从科学的领域里，才可知道宇宙之伟大而得到自己所居的地位。然后才能有一个有条理而且是科学的进取的人生观；才不致陷于那乌托邦的迷途。你可把研究社会学与这一要求合在一起，同时去做。凡关于生物进化（如物种原始，一元哲学之类）及马克思学说，都看一下，那便胜于读五车子书。至于文学一门，我向来自己不很抬举它。我以为把它作为私人生活上一种欣赏的享受，和课余去公园以遣倦一样看待即可；若当一件事业做则不可。在我们现在这个时代，我们需要墨翟，不需要陶潜、李白。"

第十三章 青年人的指路明灯

担任《中国青年》主编

1924 年 5 月，萧楚女奉党组织指示离开襄阳来到了上海。

根据组织的安排，萧楚女来接替恽代英担任《中国青年》主编。当他找到位于法租界萨波赛路朱衣里 4 号的《中国青年》编辑部时，刚巧碰上身穿长衫、从里面走出来的恽代英。两位好友又是久别重逢，他们自然喜不自禁互相拥抱。

“代英，你好啊！”萧楚女扯起了嗓子，惊喜地叫道。

“楚女，可把你盼来了！”恽代英紧紧地握住萧楚女的手，把他带到了房里。

“这下好了，《中国青年》以后主要靠你了。”此时的恽代英是团中央委员，并且担任团中央宣传部长。萧楚女的到来，让恽代英非常高兴。

“知道你事太多，忙不过来，如果我能够替你分忧，我很高兴。你放心吧，我一定会按你制定的方针和要求把这个刊物办好的。”萧楚女很有信心地表态。

恽代英一边听着，一边笑着点头。

1923 年 10 月 20 日，共青团中央机关刊物《中国青年》诞生在上海萨波赛路朱衣里 4 号。从一开始，《中国青年》刊物就具有鲜明的红色背景，确定了其为中国革命、为中国青年发声的使命。在发刊词中就大声疾呼“打倒一切魔鬼，为中国前途开启一个新纪元”。《中国青年》刊物所提倡和鼓动的“红色时尚”，引领了无数革命青年投身于革命的伟大洪流里；那些振聋发聩的呼唤，让无数个年轻的心灵怦然而动。

《中国青年》的刊名由邓中夏题签，恽代英为第一任主编。从 1922 年冬天起，萧楚女就开始为《中国青年》刊物撰稿。恽代英、林育南、邓中夏、萧楚女、任弼时、张太雷和李求实等共产党人分别发表文章，坚持以爱国主义、共产主义思想教育青年，把广大中国青年救亡图存的心声呐喊出来，引起了广大中国青年和民众的广泛共鸣。

《中国青年》初刊时 16 页、印发 3000 册，属半公开的周刊。后来迅速达到 3 万多册的发行量，与《新青年》和《向导》一起，成为当时那些具有革命思想的年轻人欢迎、喜爱的文字读物。

今天，萧楚女来到了《中国青年》编辑部，并将接任主编的重任。对萧楚女来讲，这件工作既重大又光荣。他以高度的责任感，全身心地投入到工作中。

萧楚女每天写稿、编排、校对、发行，没有白天黑夜之分，有时应急需要，一期《中国青年》中，几乎全是他用各种笔名，如：楚女、丑侣、楚侣、野马、匪石、抽玉、初遇等写的文章。在办好《中国青年》周刊的同时，萧楚女还要尽量挤出时间来为《向导》《新建设》《学生杂志》《教育与人生周刊》《上海民国日报》等报刊撰稿。此次在上海几个月的时间里，他先后发表了 50 多篇文章，从人生信仰、学业与社会、家庭与婚姻、西方列强入侵、中国的命运与前途等各方面，进一步提出了自己的思想看法以及对青年朋友的建议和希望，使广大青年逐渐从困惑中醒悟过来，同时使自己成为广大青年的良师益友。萧楚女主编的《中国青年》刊物，是明确指引革命青年前进的指路航标。

提出“艺术反映论”“艺术上层建筑论”

1915年以来，一场新文化运动在中国悄然兴起。这是由陈独秀、李大钊、鲁迅、胡适、蔡元培、钱玄同等一些受过西方现代教育的知识分子，以《新青年》刊物为阵地，发起的一次“反传统、反孔教、反文言”的思想文化革新、文学革命运动。新文化运动的主要内容为：提倡民主，反对专制；提倡科学，反对愚昧；提倡新道德，反对旧道德；提倡新文学，反对旧文学。

新文化运动，使封建思想遭到前所未有的冲击和批判，尤其是激发了广大青年追求新思想的热情，促使人们冲破封建思想的禁锢，去探索救国救民的新出路，在近代中国掀起了一场思想解放的风暴，从而为五四运动的爆发作了思想准备。

但以当时的文学革命而论，虽然提出了建设“国民文学”的口号，然而当时的文学活动也只限于一部分知识分子，还没有可能普及到工农群众中去，即没有把新文化运动同工农运动结合起来，同时回避当时对军阀政府的实际斗争，也还没有正面提出反帝的任务，文学的来源以及服务于什么都模糊不清。此外，对事物的看法具有明显片面性，即对中国古典文学一味批判，同时对西方文学又是全盘肯定。这些错误的思想认识如果不及时得到纠正，就会使这场所谓“国民文学”的文学革命走上歧途。

1923年前后，萧楚女与恽代英、沈泽民等首先提出了“革命文学”一词，以推动无产阶级文学的发展。他们撰写文章，宣传马克思主义的文学主张，极力倡导“能痛切地描写现代中国大多数民众的生活，且暗示他们的背景与前途”的革命文学。

萧楚女运用马克思主义理论，提出了“艺术反映论”和“艺术上层建筑论”的观点，在很大程度上影响了中国马克思主义文艺理论的发展，可谓意义深远。

在发表于《中国青年》第11期的《诗的生活与方程式的生活》一文中，萧楚女明确地表示，反对“回避现实”“和‘诗’之成立于想象的构造之虚幻一样”而脱离社会的文学。

在萧楚女看来，文学是社会学的一部分，是认识社会的有效途径，不可能与社会割裂开来。因为在人世间，只有社会学是唯一的、根本的、真实的学问，文学艺术必须和社会发生密切的联系，文学是完成社会学的工具，而非单一的政治工具。

而在《艺术与生活》一文中，萧楚女最早运用马克思主义唯物主义观点对艺术进行分析，他指出：“艺术，不过是和那些政治、法律、宗教、道德、风俗……一样，同是一种人类社会底文化，同是建筑在社会经济组织上的表层建筑物，同是随着人类底生活方式之变迁而变迁的东西。只可说生活创造艺术，艺术是生活底反映——艺术虽不能范围一切，却能表现一切。只可说艺术的生活，应该要求表现一切的自由，却不可说艺术是创造一切的。”

由此可见，萧楚女提出了影响中国马克思主义文艺理论发展的理论命题，即：艺术反映论、艺术上层建筑论。

同时，萧楚女的文艺思想又充满着辩证法。他在讨论新旧文学关系时说：“新旧文学的根本区别，不在于用文言还是用白话，而在于精神内容各自不同，创立中国的新文学，必须完全离绝了旧有的文学观念，是件‘觅泥营巢，重新另抱’的事情，但是，又不能把传统的文学一笔抹煞，因为新文学的发生，实际上又不能不承认它有沿革的关系。对于传统文学，我们还得要进行研究，以便决定弃取。”①

在这里，萧楚女采取的是一分为二的唯物主义分析方法，没有将传统文化完全舍弃，而是强调要吸收其精华，丰富新文学，这对于当时新文化运动的发展，乃至无产阶级革命文艺思想的形成和完善，起到了很好的促进作用。

---

① 胡言会：《论萧楚女的文艺社会学思想》。

多学点马克思主义

20 世纪初，西方的各种“主义”、新思想被陆续传入中国，引起中国年轻知识分子的狂热追捧和宣传，其中影响较大的为“无政府主义”和“实用主义”。

无政府主义最早出现于 19 世纪上半叶的欧洲。20 世纪初期，中国旅居日本和法国的留学生，将它当成一种“社会主义”思想传入国内加以传播。它的主要观点为：反对一切剥削、压迫和权威，要求个人绝对自由；宣扬总同盟罢工式的“革命”，反对革命政党的领导作用；反对科学社会主义。

无政府主义在本质上是一种空想的社会主义，发展到后期，势必要分裂工人运动，成为中国革命运动的障碍。可当时中国的部分知识分子片面地强调它积极的因素，却没看清它的本质以及将带来的不利影响和危害。萧楚女旗帜鲜明地反对无政府主义，指出它的本质和极其反动的一面，祈望青年人多学习革命理论，深入了解广大民众，研究社会现状。他在《革命与“革命教育”》一文中指出：“对于全社会的革命分子应该信什么主义，取什么主义为旗帜，虽不敢说；而对于足以产生各种反强权的主义底那个近世的科学精神，则可标以为任何派别之革命者所由之公路。这便是科学的进化论，与科学的唯物史观。在进化论与唯物史观底研究结果中，你可以信仰达尔文，你也可以信仰马克思；你可信仰社会主义，但你也可信仰民主主义。不过你总要是从这两个科学的哲学求得而不是从那‘五百年而圣人兴’与那‘七日创造世界’的胡说而来的。故在革命的教育里，进化论与唯物史观是每个从事革命者‘传戒’的第一本经典。进化论显示了宇宙生长之过去的状态；唯物史观解剖了社会变迁之必然的因果。从这样的透明的了解里，才会生得出清醒明白而有条不紊的人生观来。有了这样的人生观，然后才有那做革命家底起码资格——因为他底一生奋斗的精神与其事业底意义，皆要从这里抽出条去。明白了进化论与唯物史观，你便自然会定出你底革命的哲学的逻辑的基础，和理想的目的；而你自己底信仰也便从此而立了。”

萧楚女希望青年学生们认识到，学习马克思主义“是一种时代的要求”，是“青年在今日所应持的唯一态度”，“因为中国改革的责任，天然的只在我们青年身上；所以我觉得我们在目下有切实研究这两大哲学的不可缓的必要！”

解答青年来信

生活中，人们自有不如意尤其是疑惑的问题。有些青年怀着对《中国青年》刊物的信赖，经常写信求助。萧楚女总是不厌其烦地根据来信人的提问以及当时的社会思潮，热情地予以解答。

一个偏于左派思想的青年，来信反映他目前的“处事态度”不知是否正确：“我对于同学，有许多不交言的；对于教职员，是没有一个能与之妥协的。同学们有一个对我说敷衍话的，我就以后再也不同他谈话。因为我在不管什么时候，不同人谈话则已；一同人谈话，句句都是诚意的；一听人家对我说非诚意的话，我总觉得是亏本——以诚换了非诚。所以我宁可孤陋自守，也不愿多与人交谈”。

当时有这种“亏本”思想的青年还不在少数，萧楚女写了《“亏本”与革命》一文公开回复，他解答说：“现在这种社会，是在任何时间空间里也难找到那纯然‘诚意’而也一点不‘亏本’的交接的。只要我们底‘大节’不变——我们底根本的哲学的体系，我们底‘主义’与人生观不变，稍微差不多的小事，是可以‘出’‘入’的。”

萧楚女以孔子和个人的情形进一步说出：“孔子曾见了南子，但只要孔子没有犯色情狂的罪，与孔子底人格并不生关系。我自己不吃纸烟，但是我与吃纸烟的人谈话，并不能就算是犯了什么罪。”

他就此提示青年们：“我们是要‘兼善天下’的去改造社会。吃纸烟的人——过敷衍的虚伪生活的人，说非诚意的话的人，已经算是一个要我们去改造他的‘社会问题’了！我们连这一个起码的社会问题，都不能设法使之解决，而只能以‘甯孤陋’的态度敬而远之，则我们还配说什么改造，革命？……我们方且要入地狱去从井救人，奈何对于同学们几句非诚意的谈话之‘亏本’生意都不愿做？这样，我们还能出了学校，去干革命的伟大牺牲么？勇敢的革命家，是不怕现实之丑恶而去回避的；他要从丑恶的现实之中一直通过，把丑恶拿来美化。”

萧楚女在文章的结尾处提出希望：“青年们！革命原是一种传教的事业。在我们自身还未为革命而死去的前一分钟，我们还走在一个纯粹‘亏本’的过程里，死了，然后我们底宏愿——亏本的意义才算完满。你若不愿做个革命的志士便罢！你要有所从事于革命，则你应当时时对于社会去找‘亏’吃——这便是说你应当以你底全部身心贡献于那亏本的工作中去。至于和同学们谈话，要从‘亏本’中收得我们底教徒，扩展我们底革命成功之途径，那不过是一个全‘亏本’过程底开始而已！”

1924 年 5 月，《中国青年》刊登了燕日章写给萧楚女的一封信。信中提到他因为家庭以及婚姻的累赘，徘徊于是否脱离家庭与拒绝婚姻的两难境地，萧楚女给予了他中肯的建议。

襄阳二师学生程钦写信给《中国青年》的萧楚女，他对社会现实不满，想过隐居的生活。萧楚女公开答复他：在帝国主义侵略、军阀横行的时候，是不能过也不可能过着隐居生活的，要改变社会状况，就要斗争，“做个永远奋斗的人”。并且指出：“方今中国‘民众的沉闷’已达极点，必须到民间去，做启发和组织工作。”

就连鹦鹉洲老家邻居、好朋友胡文叔也写来了信，由恽代英转交给萧楚女。胡文叔说他自己看了《民声》杂志以后，终于迷途知返，仿佛是“得见天日”。萧楚女给胡文叔回复了一份公开信，明确指出《民声》杂志是无政府主义的刊物，希望他摆脱无政府主义不良影响，并且“再去深思一下”马克思主义。

青年人来信中，除了直接涉及个人家庭与婚姻之外，还有学业与前途，以及如何与朋友相处等问题。由于《中国青年》“通信”专栏受版面的限制，不能刊登每一封来信，所以大量来信提到的问题，萧楚女既像先生更如朋友逐一回复。

开辟“新刊批评”专栏

为了切合实际，《中国青年》还专门开辟有“新刊批评”专栏。此栏目由萧楚女担任主笔，向青年介绍国内外出版的18种期刊，其中，就有周恩来、陈延年等人在法国出版的《赤光》杂志。萧楚女重点对其进行了详细介绍，并对《赤光》杂志评价很高：“系留欧中国学生中持左进主义者所办。对于欧洲方面的时局观察，颇能予人以一种明确了当的观念。”

同时，萧楚女对周逸群、李公侠在上海出版的《贵州青年》的评价也很高：“它是贵州人民为了要求贵州前途的光明而办的，它的宣言是：促进真实的民主政治；唤起民众的阶级的自觉，以与权力阶级对抗，不持狭隘的地方主义，于解决贵州问题时，并企图解决国家问题”。

萧楚女负责的《中国青年》期刊之“新刊批评”栏目，对于现代各种思潮学说之研究、介绍与批评，作用很大，能给青年以选择读物的指导，引导广大青年趋向于正确的革命之途。

由于“新刊批评”这个栏目篇幅短小，有时能够以补白的方式，简评书刊，批评论点，一目了然，省事省时，很符合广大青年阅读口味，受到他们的喜爱。

任教上海大学

萧楚女主编《中国青年》的同时，还在上海大学任教。

上海大学，由国民党元老于右任担任校长。于右任上任初，曾向李大钊提出，把上海大学交由共产党来办。李大钊考虑再三，认为共产党刚刚创立不久，学校还是由国民党出面来办比较好，但是共产党一定会尽力帮助国民党将上海大学办好。他派出了两位中共优秀的领导人到上海大学参与办学，一位是邓中夏，担任上海大学总务长；一位是瞿秋白，担任上海大学的教务长兼社会学系主任。同时，中共中央派了一批党的教育家、理论家到校讲课。教员有蔡和森、恽代英、安体诚、张太雷、萧朴生、萧楚女、董亦湘、韩觉民、李汉俊、周建人、李季等，萧楚女担任《中国农民问题》和《外交问题》课程的教学。

学校创办之初，就建立与现实社会的关系最为密切的社会学系。当时，任何一个大学都没有以系统传播马克思主义理论为教学任务的系，也没有一个系能够从系主任到教员，集中了那么多的共产党的教育家、理论家讲课，而且上海大学最有特色的就是社会学系。这是由于中国共产党坚决认为上海大学应当具有革命性、时代性所致，故格外尽心竭力。

对于萧楚女而言，编辑、教学可使二者互补，更好地发挥两者的各自作用，它更是萧楚女确定的人生主题——培养新一代革命者的具体落实，有利于推进马列主义理论和中国革命实践相结合的研究和探索，更好地教育和培养一代革命青年，他乐此不疲。在繁忙中，萧楚女还挤出时间到其他地方和学校从事革命活动。他曾应邀到上海复旦公学、国立同济大学附中、苏州东吴大学、苏州学生联合会，以及苏州青年会等，向学生和市民作演讲。

1924 年至 1925 年间，萧楚女经常应苏州第一师范学生会之邀请，与恽代英、侯绍裘等去该校讲演，传播马列主义。并且与恽代英一道，多次到松江、嘉兴一带从事革命活动，扩大马列主义的宣传范围。

经过革命的宣传和教育，许多青年把恽代英、萧楚女看成自己的良师益友，而把《中国青年》看作为生命中的指路明灯。经常阅读《中国青年》的读者悚祥说："五四运动后，中国出版界最足唤醒青年的沉闷，告诉青年以革命的理由、步骤的——以余所知，当推《中国青年》第一。读了《中国青年》而犹不动乎中——而犹漠然于国事者，除非他是个生来的蠢夫！"

恽代英的夫人沈葆英在回忆录中，这样写道：

1923 年，有一天，我无意地从二哥代英那里看到一本《中国青年》杂志，里面的文章说的是："什么升学呀、选择职业呀、女子参政呀、马克思学说呀、剩余价值呀……都是青年所关心的问题。""《中国青年》成了我不可缺少的精神食粮，每篇文章都看，特别注意看代英写的文章，我看了，把它秘密地压在其他同学的枕头下，挨房子挨床地传阅，就这样，《中国青年》在我们学校广泛地传开了。进步的同学都纷纷参加党的外围组织‘读书会’，我也参加了。每天阅读《马克思主义浅说》《共产主义 ABC》等书籍，有了问题，就写信给《中国青年》编辑部，代英或萧楚女总是给人满意的答复。《中国青年》使我受到革命的启蒙教育，共产主义理想在我的思想上慢慢树立起来。”①

① 沈葆英：《同代英生活在一起的日子》，《中国青年》1957 年第 6 期。

第十四章　肩负重任　重庆整团

奉命赴渝

四川的重庆、成都、泸县三地，1922年就建立了地方的社会主义青年团组织。他们公开宣称："我们信仰唯一的主义——马克思主义；我们取用唯一的手段——经济革命；我们达到唯一的目的——无产者国家。"[1]并且就地开展宣传马克思主义、发展青年团组织以及发动工人和群众运动等活动，对当时沉闷的四川大地产生了不小的震动。

由于初创阶段缺乏经验，加之四川的团组织地处西陲，与党中央、团中央联络不便，得不到经常的指导，陆续暴露出了一些问题。至1924年上半年，四川的团组织有些问题更表面化，显得比较严重。总起来看，有如下几个方面的问题：

首先是组织涣散，重庆尤为突出。重庆地方团的主要筹建人唐伯焜，曾两度担任过重庆青年团地委负责

① 《中国社会主义青年团重庆地方团宣言》。

人，但此人“办团”不是为了干革命，而是为了出风头。他在名片上印着“S.Y. 书记”的头衔四处招摇；他经常不参加会议和活动，眠花宿柳生活糜烂，尽干无聊勾当，影响极坏。团员中大多数为学生，寒暑假回家，或升学就业，便退团而去，使得青年团的组织和活动陷于了半停顿状态。

二是领导之间不团结，内耗大。成都青年团的王右木与童庸生个人间闹矛盾，童庸生带一批团员退出而加入重庆青年团。之后，重庆青年团还因个人间的矛盾，向团中央屡屡攻击成都青年团领导人王右木，这无疑影响到了成渝两地青年团之间的关系。

此外，青年团的活动大都限于组织学习和节日纪念宣传，范围狭窄，缺乏广泛的群众性，没有真正形成较强的力量。

对于四川地方青年团组织的这种状况，恽代英以及重庆和成都地方青年团组织的童庸生、张霁帆曾经向团中央报告过，请求多给指导，或派员驻川加强领导。当时已是成都团地委书记的张霁帆曾向团中央建议：“派员驻川”，“一面调和各方面使联络一致，一面督促各方面组织完善，进行工作”，“如中央能为川团所请该员驻川，则萧楚女同志恰可任此委托。因其驻川有年，甚熟悉川状，而川中同志或读其文，或曾经与面会者均甚服其为人”[①]。

而促成团中央下决心立即整顿四川青年团组织的，则是“吕潘缔约”问题。

1923 年，萧楚女得知一桩严重违反组织纪律的事件：重庆青年团一个叫潘学海的团员与川军军阀吕超订立了协定，吕超向成都、重庆、泸州三地的团组织每月接济 100 元，补助每个工作人员每月五元。此事一旦属实，三个地方的团组织必定沦为军阀附庸。由于事件重大，萧楚女立即向团中央作了汇报。

团中央当时的主要领导人是林育南、邓中夏和恽代英，鉴于四川地方的团组织整顿之迫切，团中央即派萧楚女入川，为了摸清情况，解决问题，

---

① 中共重庆市委党史研究室编:《胡康民党史研究文集》，重庆出版社 2009 年版，第 43—44 页。

其公开身份仍然是《新蜀报》的主笔和重庆第二女师的教员。

1924 年 8 月初，萧楚女离沪入川。

萧楚女一到重庆，便私下了解“吕潘缔约”问题。经查明，重庆等三地的团组织与此事无关，完全是潘学海的个人擅自行为，萧楚女随即向团中央作了汇报。但仅“吕潘缔约”问题，使得重庆地方团组织的不少团干部和团员对萧楚女十分不满，因为重庆地方的团组织曾经声明绝未参与此事。就在萧楚女向团中央汇报此事之前，团中央已经在 7 月下旬就收到了重庆地方的团组织不欢迎萧楚女赴重庆负责整顿之事的信函。

1923 年，正式担任青年团重庆地委书记的唐伯焜，把重庆地方的团组织视为己有，颇有“我必终身任事之势”。虽然 1924 年初经团中央批准，重庆的青年团地委改选，被称为“江湖中人”“大投机家”的何星辅当选为委员长（书记），但实际“指导者”仍然是唐伯焜。

唐伯焜从何星辅口中得知，重庆第二女师和《新蜀报》已多次去信给团中央，真诚邀请萧楚女再到重庆工作。同时他知道，重庆和成都地方团组织均已经向团中央建议，应该派员到四川整顿团务，十有八九的人选是萧楚女。唐、何二人只要团中央的信任，却不需要团中央对他们两人真有了解。可见，这两人的道德品质欠佳。

唐伯焜清楚，萧楚女担任第二女师教员和《新蜀报》主笔期间，曾经以犀利的文章和雄辩的演说，热情地宣传共产主义科学、民主思想，猛烈抨击封建主义、军阀政治、国家主义和各种各样的反动势力，在青年中有很大的影响力。如果萧楚女真的到四川整顿团务，就会非常可能夺走其势力范围，那唐伯焜“指导者”的地位就没有了。唐伯焜便立即煽动何星辅、童庸生联名，于 1924 年 7 月 24 日上书团中央，对萧楚女曾经在四川的活动进行恶意攻击。

攻击点为两方面：一是萧楚女不该在属于进步系（进步党一派政客）管理的《新蜀报》工作，视为投靠了进步系；二是萧楚女不应该受聘任杨森军部秘书，投靠了军阀，这给四川青年造成了《新蜀报》和杨森同属于革命营垒的错误印象。

实际上，《新蜀报》是当时重庆具有进步思想的报纸，由少年中国学会主要发起人之一陈愚生创办，后继的总编辑周钦岳也曾经担任过重庆的团地委书记，陈毅从法国回四川也曾经在《新蜀报》工作过。萧楚女利用这块舆论阵地，开展反帝反封建的斗争，在唤醒民众尤其是广大青年方面，产生了积极的影响和作用。萧楚女之所以受聘于杨森军部秘书，无非是创造条件，便利开展革命工作。何况，唐伯焜曾经在余际唐部队担任过军法官，他自己也曾经声称获得了很好的发展机会。看得出来，这些强加于萧楚女的所谓罪名是根本不成立的。

正是在这两点“罪名”的基础上，何星辅、童庸生联名信中，不同意萧楚女任团中央四川特派员。如果需特派员，“可就治平及女师校，或他校教员可也”。

恽代英在重庆等地工作过，对四川地方青年团情况和唐伯焜的品行是基本清楚的。同时，团中央和恽代英个人，对萧楚女的忠诚度、为人和能力非常了解。9 月 1 日，团中央讨论了四川青年团组织的问题，作出决定：四川三个地方的团组织立即停止缔约活动；命令重庆地方团转知泸县，“以后不得中央命令，不得以本团名义与任何方面缔结任何条约”。

同时团中央决定：解散四川各个地方青年团组织；特别委任萧楚女为驻川特派员，重新组织青年团，并且给予调阅文件、教育同志、整顿组织的全权。

萧楚女知道，四川一些违纪的团员以及受蒙蔽的团员是不欢迎他的。若接受了任命，自己将陷入极端被动的困境之中，何况自己身体有病，实难担此重任。9 月 18 日，萧楚女用暗语致函“宗菊”（团中央）：

“知兄欲委弟任成、泸、渝三地义务学校（指团组织）全权办学之事。弟因成、渝两地远隔数百里或千里，彼处情形及办学人员一概不识；目下又因川战初平，道途多匪；自己又无川资，不能前往调查，请兄收回成命。”“盖唐君（指唐伯焜）办小学（指青年团）颇有此校必我终身任事之势。观其最近表示，对弟已有必加害之意，大概吾等若一表示收回学校管理之权，彼必从根本谋倒学校。校中生徒多数为生活关系与彼共生死，一旦有所陷害，牺牲弟个人名誉及地位事小，牺牲社会文化机关事大（指青年团）。”

萧楚女心有余悸地表明：“弟此次在渝遭人排击，百分之五十即由彼以老朋友资格散布谣言所致。”自己“日来病魔缠身，饮食步履均艰难”，恐难完成所托之事。

接手整团任务

由于团中央局没有改变原决定，萧楚女最终服从组织安排，即使赴汤蹈火，他也要奋勇向前迎难而上。

整顿四川地方青年团的决定，团中央局直接告知了萧楚女并附有通知，并且要他转达重庆青年团地委。但是萧楚女对整团的具体方法和步骤有不同的意见：一是只接受指导重庆地方青年团组织整顿的任务，而谢绝了青年团中央局对全川青年团工作的委托，并且推荐廖化平负责指导成都青年团组织的整顿。二是不同意骤然采取解散青年团组织、收回印章文件等激烈办法，而主张循序渐进。为此，萧楚女当时没有把青年团中央局的决定直接通知重庆青年团地委。

起初，萧楚女计划另起炉灶，重新组建一个重庆地方青年团组织，待到时机成熟，即由青年团中央局割断与原地方青年团的关系，不予承认。可在实际斗争中，萧楚女了解到，重庆地方青年团的大多数团员都是好的，包括一些对他本人有误解的主要骨干成员，认识上虽然有偏颇处，但都是忠于革命事业的有为青年。因此，他放弃了原先的打算，立足于团结多数、依靠多数团员，去集中反驳唐伯焜的攻击，批判唐伯焜的错误言行，使多数同志逐步清醒起来。

而唐伯焜见自己上书青年团中央局的“意见”无效，变本加厉，竟然与何星辅、杨闇公、童庸生等“共议对楚女的方法”，进一步展开对萧楚女的攻击。

1924 年 9 月 21 日，在中国社会主义青年团重庆地方青年团的会议上，萧楚女严厉批评了唐伯焜，团员张恺也发表了相同意见，使得“声势更大”。杨闇公身患重病，见此情形，他也曾经抱病发言：“振神指其奸谋，众为不惑”。他强烈怀疑萧楚女的意图就是破坏重庆地方团，误认为萧楚女、唐伯焜之争实质上是权力之争，为此叹息：“事情的本质尚未完备，就起内争，真是令人伤心处！”这次杨闇公会上表现出愤怒态度，会议最终毫无结果[①]。

杨闇公内心并不认可唐伯焜。杨闇公先是发现唐伯焜缺乏领导能力，进而发现他工作草率，很多工作没有完成，还经常不参加青年团的活动；让杨闇公痛心不已的是，后来发现他居然堕落到嫖妓，“我每见到他，心为之痛！吾道中又失去一人了！”[②]

虽然瞧不起唐伯焜，但杨闇公与他是留日同学，私交曾甚好。加之“盆地意识”作祟，萧楚女是“外来户”，不是本地、本组织的人。出于门户之见，杨闇公在一段时间内受唐伯焜的挑拨，但杨闇公是一个有坚定的革命志向、有见识有魄力的人，并且非常重视重庆地方青年团内部的团结，“一个团体的精神，全在工作的表现，并且在内部的人能否团结得坚固。这两点，后者较前者尤其重要”。

而萧楚女并不介意于杨闇公在会上表现出的愤怒，毕竟自己没有公开身份，何况整顿重庆地方青年团组织，靠的不是特派员这块牌子，而是自己的工作能力与作风，以及重庆地方青年团全体团员的态度。

直到 10 月下旬，当团中央得知萧楚女还没有转达整顿地方青年团的决定后，马上通知重庆青年地委。罗世文首先表态，既然团中央已经委任萧楚女为特派员，自当与他合作。但杨闇公仍然耿耿于怀，“青年团中央局竟任萧楚女为特派员了，今后吾人更非留意不可”。

萧楚女不计较个人得失，全然不顾这些不好听的话，以及还有不少同志的不理解，注意团结广大的青年团员，细致而谨慎地做好整顿团务工作。在萧楚女的积极推动下，重庆地方青年团改选了领导，经杨闇公推荐，年

---

① 简奕：《党史笔记》，载《中国纪检监察报》。

② 《杨闇公日记》，四川人民出版社 1979 年版，第 206 页。

轻的罗世文担任了重庆地方青年团的书记。

当重庆地方青年团改选后，青年团中央局来信，要求唐伯焜不要再干预重庆地方青年团的工作："嘱其无干渝事"[①]。

转折点——"德阳丸"案

1924年11月19日，日本商船"德阳丸"号私运伪币到重庆，想以大量的伪币换取我国的银元，借以扰乱金融市场，造成中国市场恐慌，物价高涨，以达到他们从中渔利的大阴谋。

重庆军警督察处接到情报，派谍查员上船检查，船主拒不配合，中国谍查员抗议并依法搜查，搜出伪币小样两大箱和两袋。船主狡赖，竟狂妄地指使船员把谍查员四人推入江中，并打伤警员。军警督察处闻讯，立即派兵将船主石川熊藏、大副北神林造等人，以及伪币1750枚押回督察处究办。驻重庆日领事向重庆当局抗议，诬指谍查员上船检查是侵害日本主权，又说未通知日领署而擅行捕人，有违国际公法，要求重庆当局"处办肇事之兵，退还毫银，并保证以后不再有此事发生"。重庆海关监督江岳生竟然认为日领事"要求名节，尚非无礼"，将扣押的日本凶犯全部释放，毫银予以发还，并且向日本领事道歉。

重庆当局奴颜婢膝的外交行为，激起了广大民众的义愤。当夜，《新蜀报》收到东川通讯社发出的事件采访稿正在排印中间，忽然接到重庆军警督察处给各报的通知，要求"缓载"，声称对于此案"自有办法"。

20日上午，重庆地区各家报纸已经陆续出版，都没有刊登东川通讯社采访稿，以致《商务日报》由于来不及组版，不得已留出了一大块空白。

整整一天，未见重庆军警督察处或别的衙门采取什么有效措施。在此情形下，萧楚女首先在《新蜀报》发表了对德阳丸案的特著评论之后，又于21日专门用"匪石"笔名发表短评，指明官场应负之责任。仍未见动

---

① 《杨闇公日记》，四川人民出版社1979年版，第213页。

静，社会舆论及民情大为激愤。23 日萧楚女再用“寸铁”笔名写一时评，揭露“德阳丸”事件真相，向重庆民众呼吁：

亲爱的读者！你们应当睁起双眼，严重监视着官厅。从前万流案，明明是英国兵船一炮轰击万县城池，官厅却要说是开的空炮，试验火药。明明官场恭送洋人灵柩，是出于一种的屈服；他们却要向人民辩解，说是私人交情。中国外交失败，一半固然是由于国弱，一半也是由于当事官吏甘心媚外。这一层，我们的每个读者——每个爱国的国民，都请要牢牢防着！①

官厅的交涉结果仍未有半点音讯，却传来一个令人怒发冲冠的消息：官厅宴请了被拘留的日本人，还用军乐送他们回船。

“不能只停留在报上的呼吁了，必须有切实行动！”萧楚女断然决定，直接发动民众。

重庆青年团地委在杨闇公家集体商议后，领导团员们积极行动起来，分头去发动民众。杨闇公等虽对萧楚女仍怀有成见，但“因题目大了……非援助不可”，从而主动与萧楚女合作，捐弃前嫌并肩战斗。

11 月 27 日，杨闇公、罗世文和团员们 8 点多钟就赶到了夫子池巴县图书馆，在这里举行国民大会。但前一天夜晚出现了一个新情况，军警督察处和重庆关监督署分别发出通函，解释说：德阳丸案并未死人；该轮所运系劣币，非伪币；冲突双方都有不是，纠纷现已解决了。到会的代表中有人质疑问道：“如果真要像官方说的那样，国民大会还有必要开吗？”

将近 10 点，萧楚女满头大汗赶到会场。他带来一卷连夜赶写并且赶印的号外《新蜀报对德阳丸案所见的疑点》，散发给到会的 140 多位代表。号外对重庆军警处和关署的通函提出了 16 条质疑，关署说“二兵失足落水”，军警处却说是“受伤二人，落水四人”。军警处说：据关署复函，日本领事已将犯事人解送回国，处以监禁。而关署却根本不提此事。显然，官方的正式公文就一些重要细节，竟然各执一说，相互矛盾。

萧楚女站在石阶沿上问道：“军警处应当回答，解送回国者共有几人？

---

① 李畅培：《萧楚女传》，重庆出版社 1991 年版，第 119 页。

何名何姓？由何船解送？何日启程？监禁年限若干？军警处还应当回答，日本领事有还是没有即行判决该国侨民刑事罪的权力？如果军警处无知，那么，关监督署应当向我们做个解释。如果日本领事并无此权，那么，请官方回答，所谓‘处以监禁’是从何而来的？难道在一个星期之内，请注意，在一个星期之内，被解送者已经由重庆返回日本，由法庭判了罪？”①

顿时，全场哗然！

显然，这是官方在想方设法糊弄民众。

一个在太平门外案件发生地点住家的小学生报告了现场目睹的情形，大家同仇敌忾的情绪把官厅通函散布的迷雾一扫而光。这时杨闇公站起身，对今后运动提出了一系列建议。会场当即成立了德阳丸案重庆外交后援会。

事件后援会一面发表宣言，通电全国，争取省内外的支援；一面质询官厅，要求公布案件真相，并向日方提出严正交涉。萧楚女积极参与这些文件的起草，同时加紧研究案件涉及的法律问题。

随之，重庆各校学生几千人的游行队伍走上街头，他们高举“德阳丸案示威请愿”和“外抗侵略，内肃官方”的大旗，沿途散发传单，分头演讲。杨闇公负责组织学生到省长公署等处，进行请愿活动。

12 月 6 日，重庆各团体代表集会，强烈要求重庆当局于 48 小时之内，撤销丧权辱国、渎职媚外的渝海关监督江岳生职务，另委社会贤达担任，以严正态度与日领事交涉，向日领事提出惩凶赔偿等六项要求。与会代表声言，不达目的绝不休止。

12 月 13 日，江北、巴县、重庆等地各界 64 个民众团体几千人，齐聚重庆打枪坝，举行了声势浩大的示威抗议集会。

萧楚女和重庆青年团地委组织的一系列斗争，迫使四川省长邓锡侯派代表接见民众代表，并且接受民众提出的要求。当局撤掉了重庆海关监督江岳生的职务，日本方面也被迫调回了驻重庆的领事。至此，“德阳丸”事件以民众的胜利而结束。

---

① 李畅培:《萧楚女传》，重庆出版社 1991 年版，第 119 页。

走向团结

在整顿重庆地方青年团的日子里，尤其是在“德阳丸”事件斗争期间，重庆地方团的领导和团员终于了解了萧楚女，萧楚女也终于得到了他们的信任。

萧楚女受命整顿重庆地方青年团，不是闲着没事来找茬的，更不是个人争权，而是为了推动革命工作。他来到重庆之后，顾全大局，不计较个人恩怨，始终团结大多数。他在整顿重庆地方青年团过程中，着眼于从根本上提高整个重庆地方青年团的素质，大力推动重庆地方青年团走出“研究小团体”的圈子，在反帝反封建斗争中更有作为。正是有了这样一个比较高的思想境界，无论他人如何错误地看待自己、如何冷落自己，萧楚女都能坦然面对，毫不介意。他的所作所为，恰好验证了他以蜡烛自喻，“给人以光明，给人以温暖”，最终，赢得了重庆地方青年团上上下下人员的理解和尊重。

杨闇公倡导奋斗，自励“人生如马掌铁，磨灭方休”，“要求快乐，只有奋斗和自己创造！”正因为他有如此胸怀，才能在屡屡质疑萧楚女动机的情形下，始终强调团结。杨闇公对于萧楚女推动的工作，不分内外，全力以赴支持或参与。在“德阳丸”案斗争中，萧楚女发表时评，揭露真相，呼吁重庆当局维护国家主权；而杨闇公则组织重庆地方青年团的团员们在学生、民众中广泛宣传。他们两人配合默契，相互响应，共同领导反日斗争，并且取得了胜利。

正是一次又一次的斗争，使萧楚女和杨闇公彼此能够加深了解，两人以团结化解矛盾，以奋斗消解分歧[①]。罗世文在 1924 年 12 月 6 日给团中央的报告中说：“楚女及渝校同仁近已互相谅解，以后自能共同努力工作。”

1925 年 1 月初，重庆青年团地委再次改选，在萧楚女的指导下，杨闇

① 简奕：《党史笔记》，载《中国纪检监察报》。

公、童庸生、罗世文等忠诚共产主义事业的优秀分子被选进青年团地委，产生了一个团结的、坚强的、有作为的领导核心，对后来四川革命的进程产生了深刻的影响。

此次重庆青年团地委改选，标志萧楚女只身奔赴重庆，整顿青年团工作圆满结束。重庆青年团组织工作从此迈入了新的广阔天地。

第十五章　满腔热忱留丹心

重庆二女师读书会

萧楚女受命奔赴重庆整顿重庆地方青年团组织，其公开身份之一，是重庆二女师教员。重庆二女师是他比较熟悉的地方，为了让学生开阔视野，更快地成长进步，萧楚女在校内倡导成立课外读书会。经过他和学生们的共同努力，成立了重庆二女师课外读书会。

重庆二女师课外读书会的口号是："课程以外尚有学问，家庭、学校以外尚有社会、国家"。在萧楚女的指导下，学生们以积极的态度，利用课余时间阅读《中国青年》《新社会观》等进步书刊和报纸。在学生个人阅读的基础上，萧楚女指导他们定期举行研讨会，就阅读的心得、对某些问题的认识或有什么疑惑，各自谈出内心的看法。讨论会上，学生们各抒己见，甚至有时争得面红耳赤，谁也说服不了谁。然而参加讨论会的萧楚女，默默观察，或偏着脑袋，或用手支着腮帮子静心地听着。他之所以这样做，是为了让学生们尽量表达各自的真实见解。

最后，萧楚女来个简单点评。对尚未达成一致意见、分歧很大的问题，萧楚女按观点把他们分成几个小组，在小组会上讨论后形成统一意见，再在集中的讨论会上阐述各自的见解。用这种激烈的辩论形式，促使学生们更勤于读书，更进一步深入思考问题，发现对方和自己的缺陷和谬误，从而取得一致的认识。对于执意坚持自己观点的人，萧楚女从不采取简单、强制的态度，仍然给予鼓励，让他继续思考、探索。那些有独到见解、能积极影响青年学生们的思想、行为的人，萧楚女帮助他们运用文字整理成小文章，推荐到《中国青年》发表。

学生们在这样一种新型的学习方式驱动下，逐渐成长进步起来。在萧楚女、周弗棱等几位进步教师的热情支持下，1924 年秋季，重庆二女师组织起了五个这样的读书会，这些学生不仅自己成长进步，并且带动了重庆其他学校读书会的积极组建和读书活动的蓬勃兴起。

组建四川平民学社

1924 年 10 月，萧楚女积极倡导，并且与杨闇公、罗世文一起，以新组建的重庆青年团地委名义，成立了社会主义青年团的外围组织四川平民学社。

萧楚女正肩负着整顿重庆社会主义青年团组织的重任，而杨闇公仍然对萧楚女有较深的误解和不满。但误解归误解，杨闇公在工作上还是给予萧楚女积极支持。

四川平民学社以学习、研究社会科学和政治经济及参加一切改造社会的活动为主要任务，是一个遍及全四川的、带有革命性质的民众组织，总社设立在重庆，另在綦江、南川、内江、江津、成都、泸州、宜宾和南充等县市设立分社。参加这个组织的成员多数是各中等以上学校的学生，也有青年工人和店员。平民学社凭借组织内学生和教员多这个优势，创办了三所平民学校，给生活在社会底层的人，提供识字、生活中所需要的基本知识学习等帮助，并讲解通俗易懂的革命道理，有利于民众觉醒。

萧楚女经常组织团员和平民学社成员，利用星期日在夫子池巴县图书馆或国民师范学校等地举行演讲会。他深入浅出给青年人讲解马克思的“剩余价值”和“阶级斗争”理论，让听者懂得资本家是如何处心积虑剥削工人的秘密，吸引许多好奇的过路人有时停下脚步仔细聆听。为扩大反帝反封建的社会影响力，平民学社还组织团员和青年学生上街游行。

平民学社大张旗鼓地开展宣传工作，收到显著的社会效果。重庆各行业中觉醒的青年工人积极行动起来，组成劳工互助社，作为平民学社的姊妹团体，共同展开了有一定规模的阶级斗争。

萧楚女还忙着与杨闇公、罗世文筹办一个以平民学社名义发行、实为党团组织的刊物——《爝光》，其含义是：一个人的力量如同一只蜡烛、如同一团火花，而一群人的力量就可以视为火把（爝），高举火把，它的光焰就可以照亮黑暗的山城重庆。萧楚女对刊物赋予极大的热情，亲自拿起纸笔为该刊撰文。1925 年 5 月 1 日出版的《爝光》，其主体文章是萧楚女亲笔写的《暴风雨的五月——我们的狂飙运动的良辰》，它论述了“暴风雨的五月”在中国革命里面的意义。它以“暴风雨的五月是本刊的摇篮”而自豪。怎样才不辜负这个荣幸呢？“只有立在暴风雨的阵前，做一个‘狂飙运动’的尖兵！”

萧楚女怀着坚定的信念宣告：社会的发展一定会“在‘黑格尔辩证哲学式’的阶级斗争中，按着马克思之预言而前进。”[①]

萧楚女有个喜好，工作再忙，也总要抽出时间多接触民众，因为可以更好地了解民情。设在重庆市中心天主教堂（今青年路）的重庆书店，平日常出售宣传革命的进步书刊，萧楚女刊发的《爝光》杂志也在这儿和读者见面，所以萧楚女常到此处征求读者意见。从未见过萧楚女本人的读者原以为他是一位靓丽的女性，后来发现，萧楚女竟然是一位虎背熊腰具有阳刚之气的高个子大男人，而感到有些格外的惊奇，又似乎有所失望。

更奇的是，在一次集会上，有一位企盼见到他的读者对着萧楚女大声

---

① 李畅培：《萧楚女传》，重庆出版社 1991 年版，第 147 页。

问道:“今儿个萧楚女来了没有?”他听后觉得应该幽默一下，于是不动声色地回应对方一句:“等一会儿他准来!”认识萧楚女的人见了这情景，都不禁捂着肚子哈哈大笑起来[①]。那位读者莫名其妙，然后又恍然大悟，也不由自主地跟着大家一起笑了起来。

萧楚女对中国革命前途充满信心，也非常明白广大民众是真心支持革命事业。他满怀激情，借《爝光》发表《蜡烛与爝光》诗一首:

长江浪破蜀山风，
蜡烛爝光照壁红;
字挟风雷惊宇宙，
朝阳跃出最高峰。

一张明信片

1924 年 11 月 2 日，萧楚女收到远在江苏镇江的陈景福的一封来信。陈景福信中倾述了自己离开重庆后心中的郁闷，表达出对不平现实的愤慨，要求投身到火热的斗争洪流中去，参加党的活动，挽救国家的危局，“做有益于社会的事”，期盼着萧楚女能够给予他一些指点。

陈景福，江苏常熟东张人，1920 年前毕业于上海东亚体育专门学校，先后在上海、安徽、重庆和镇江等地学校任教。在重庆任教期间，与恽代英、萧楚女、杨贤江等著名共产党人交往甚密并加入中国共产党，因为宣传革命思想被军阀当局驱逐出重庆，1924 年下半年受聘任江苏省立第六中学体育部主任。陈景福虽然已经离开了重庆，但是内心仍向往昔日曾与萧楚女等朋友在重庆那种火热的革命生活，经过认真思考，终于鼓足勇气提笔向萧楚女述说心中的苦闷。

身处重庆的萧楚女，这个时期自己内心也很苦闷。他既要面对重庆地区青年团组织里同志们的许多误解和不满，又必须竭尽全力完成团中央交

① 《重庆晚报》2007 年 12 月 30 日。

给自己的使命。直到这年的 12 月，工作方面已经有了较好的进展和起色，萧楚女才抽出时间认真回函陈景福，写道：

景福兄：

十一月二日函悉。你在回乡的时候，伺候了一番八太爷，因此，愈令你想“不是致力中学教育就可救此危局，很想丢此无味之事，寻一较有益于社会的事做”。你要打破不平，看破了几十块钱臭东西，这是你很大的觉悟。

但是，你忽说欲办小学，这就错了。办小学能打破此不平么？此不平的事，根本由于外国资本的压迫，为中国造了许多游民，有了游民，野心家便招了作私人的军队，外人复助以款项、军械，于是大权独揽起来，一般恶劣绅董又倚附他们以作恶，要除绅董，根本要消灭军阀；除军阀，根本要消灭军队；要除军队，根本要消灭游民；要除游民，根本要打倒外国资本势力。

这怎样做呢？要有很多人都相信我们，而且要把这些人组织起来，组织为各种会社或党组织为国民党。已组织的，人人又出去宣传此意思，接受我们宣传的，又叫他们组织起来，我们这样的组织将要散布于农工商兵一切被压迫的人里面，便恃此推倒一切。

你若要如此做，你尽可在镇江做教员。但你做教员，不是因为赚洋钱（自然为生活亦不能不赚），而是在暇时多作上述之运动。要知怎样做运动，请看《中国青年》刊物第一至五十余期。我以为你最好寄两元于上海小北门上海书店，令其寄你，我现无钱寄赠。

楚女

现在重庆新蜀报

萧楚女用毛笔自右往左竖行，从明信片的背面书写，背面未写完，又转到其正面续写成文。

陈景福接信后深受教育和鼓舞，他抱定“一息尚存，吾绝不愿为革命之落后者”的信念，去上海找组织研究组建国民党的事，同时以个人身份加入了国民党。回到镇江以后，陈景福立即与杨植之、陈斯白等人联系，于 1924 年底建立了有五名成员的中国国民党镇江小组。当时国民党被视为非法组织，还不能完全公开活动，他们便以“三、五人研究国语、文艺”为由，用“三五同志会”的名义参加一些社会活动。那是第一次国共合作时期，为了打倒列强清除军阀，共产党帮助国民党工作，也是为自己工作。

陈景福在发展国民党员的同时，十分重视青年团员的培养和发展工作，理论结合实际，极大地促进了镇江地区革命理论的宣传和革命形势的发展。

指导重庆国民会议代表选举运动

1924年，北洋军阀内部发生重大分化，冯玉祥发动北京政变，以曹锟、吴佩孚为首的直系军阀政权迅速崩溃，皖系军阀段祺瑞临时执政。冯玉祥电邀国民党领袖孙中山北上到京，意欲商议国事。11月4日，孙中山果断决定离粤北上，并于10日发表“北上宣言”，主张召开国民会议，讨论全国统一之方略。为了大力支持孙中山的主张，中国共产党和国民党一起在全国范围内掀起了选举赴北京的国民会议代表的运动。

段祺瑞则主张召开对抗孙中山国民会议的善后会议，竟然得到国民党右派和官僚政客们的支持。就重庆而言，这股“黑色暗流”影响很坏。当时广州国民党中央派遣四川籍国民党元老朱叔痴，到四川负责选派国民会议代表工作却处处受阻，显得束手无策，准备返回广州。萧楚女和杨闇公得知这一情况以后，从巩固中国共产党和国民党统一战线的大局出发，他们一方面大力支持朱叔痴的工作；另一方面组织青年团员和平民学社的社员，深入到民众中进行宣传和组织发动工作。杨闇公率领团员们四处讲演，利用真武山的庙会向民众宣传召开国民会议、反对善后会议的道理，响亮地喊出了“打倒军阀分赃的会议！打倒帝国主义和军阀！”的革命口号，使四川国民会议促成会得以诞生。

为了揭露国民党右派的阴谋和澄清一些人的混乱思想，在1925年2月4日国民会议促成会召开的干事会上，身为干事的萧楚女明确地要求国民党光明磊落“发出宣言，表明态度，以释群疑”。并要求国民会议促成会对重庆工会的暧昧态度提出质问，加以处理。重庆工界立即发表了反对善后会议的“快邮代电”，明确表示：吾人本良心之主张，绝对承认国民会议促成会预备会，反对善后会议。

萧楚女还在会上提出，必须加强对国民会议的宣传工作，要将国民会议促成会的宣言所提出的各项条件用各种颜色的纸派人分别写明，张贴在各街各巷以警示民众知道详细情况。

由于萧楚女、杨闇公的共同努力，国民会议促成会最终履职选出了以共产党和国民党左派为主的 13 名代表。

2 月 27 日，重庆共青团地委在打枪坝举行由 120 多个团体 1.4 万多人参加的欢送赴京出席国民会议代表的民众大会，杨闇公主持大会。萧楚女在会上致欢送辞，他希望代表们力争民主，不惜牺牲个人，为民主自由而奋斗到底。

国民会议代表中的女代表（在德阳丸案反帝运动中成长起来的重庆二女师学生）致谢辞说道：

“同胞们！这次，我们受父老姐妹们的委派到北京去，为我们国民去向北洋军阀作死斗！如能达到目的，就是本会同仁和中国四万万同胞之幸；如若不胜，则鄙人愿以区区此身死于北京，无面目重见我全蜀父老！”①

毫不畏惧　迎头论战

萧楚女主笔的《新蜀报》，对经理宋南轩来讲，不断上升的报纸销量带来了不菲的收益，同时给自己增添了光彩。可萧楚女喜直言不讳，老捅“马蜂窝”，经常得罪当地军阀和有头有脸的人物。宋南轩不得不出面打圆场并且提醒萧楚女注意笔下分寸，不要惹来祸端。萧楚女则不以为然，义正辞严回答：“如果这样子，你这报还有么子意思？言论如不代表人民，我辞职不干了。”

宋南轩很精明，深知生命重于银钱，不能得罪那些军中老爷，否则自

① 邓寿明等:《四川青年运动史稿》，四川人民出版社 1990 年版，第 112—114 页。

寻死路，既然萧楚女这样桀骜不驯难以驾驭，他就只好顺水推舟。俗云，道不同者不相与谋。萧楚女执意要走，宋南轩也没挽留。

1925 年 4 月 3 日，萧楚女离开了《新蜀报》。应杨闇公的邀请，他搬到了二府衙街杨宅小住。共同的对敌斗争，增进了他们之间的友谊。曾经的误会，已冰释消融。

萧楚女是个有影响力的公众人士，他的言行时时被人关注。那些曾被萧楚女在报上“打压”抬不起头的人，认为还手的机会来了。4 月 4 日，《国是报》刊出一篇洋洋洒洒的文章《萧楚女与社会青年》，歪曲萧楚女的观点，历数萧楚女的“罪状”：“过激党”“宣传共产主义”“平民学社男女混杂，实行自由恋爱”，等等。萧楚女即以《言论上的道德责任与法律意识》一文，首先揭露了论敌们在选择攻击时间上表露出来的怯懦和凶心，揭露对手们论战所使用的卑劣手法。然后，他展示了敌方所加予自己、自己的战友和平民学社的诸种“囚帽”，逐一予以驳斥。

同一天，街上出现了署名“壁山公民”的传单，声称拥护孔子，反对萧楚女提倡“新淫化”。萧楚女奉上一篇《告诉所谓“壁山公民”》，文中从八个方面提出质问后，指出：“壁山公民！我告诉你们，反对我而要保存孔庙的这个传单，在你们自己的思想系统上，实在是矛盾已极！”他的斗争语言，十分犀利。

1925 年 3 月 12 日，孙中山逝世。4 月 7 日，重庆追悼孙中山大会上，萧楚女与《合力周报》主笔刘蔚芊各自发表了主旨不同的讲演，前者讲革命的三民主义，后者抽掉了新三民主义的革命精神而笼统地主张拥护国民党。其实，压抑的刘蔚芊总是想寻找机会在公共场合驳倒萧楚女。早年刘蔚芊在重庆联合中学任教时，在课堂上大肆散播国家主义观点，污蔑马克思主义，攻击中国共产党。许多学生已把他在课堂上的胡言乱语记录下来投寄到《新蜀报》，请萧楚女解答。萧楚女将学生的来信和他答复的长篇文章在《新蜀报》上发表。这篇文章观点鲜明，令人信服，使得刘蔚芊在学生和民众心目中声名狼藉，被迫离开了联合中学。

后来，刘蔚芊在《合力周报》发文，污蔑萧楚女“抬人包袱”（受贿）

替人办事。萧楚女登报质问，刘蔚芊则无法答话。刘蔚芊又在报上说萧楚女“以楚女之名招蜂引蝶，搅裹女生”，萧楚女来一篇“刘蔚芊，你读过屈原的《离骚》吗？”臊得刘蔚芊瞠目结舌，面如土色。

这次，他们两人的讲演辩论，仍以刘蔚芊处于下风收场，他灰溜溜地离开了会场。

4 月初，重庆二女师新上任一位袁姓女训育主任，羞辱一位女生而导致其自杀，却要发出“自杀者开除”的严令。4 月 21 日，在二女师校务会议上，国文教员周弗棱对袁训育不近情理的做法提出异议，而且主张“训育之责最好从积极方面指导学生，不必如老吏之断狱”。这下可激怒了“重庆教育界的神圣同盟”。神圣同盟成员们聚拢来异口同声讨伐起来，指使重庆二女师部分学生发传单驱逐周弗棱。

《合力周报》随之发表文章——《狗化的西洋道德》：“这几天女二师的风潮，闹得五花八门，煞是好看。从前有人揭穿他们的黑幕，他们是不承认的；并且还有那位想吃回头饭的萧楚女，公然强词夺理，抵死为他们辩护。现在如何呢？张闻天不是他的朋友吗？……周弗棱不是他的朋友吗？……他们方以类聚，他们打着西洋狗化的道德，合作了，他们到处狂吠，美其名曰‘联合战线’。”

《合力周报》上的另一篇文章，不指名地攻击萧楚女等人“假借集会结社的手段，以研究共产主义为名希图于中取利，去引诱一般中学生、小学生、甚至工人。”

刘蔚芊则发文——《中山先生死后之中国青年》，他在文中公然反对孙中山的联共政策，气势汹汹地要“所谓国民党而兼共产党之要人……脱离共产党之党籍，自去其跨党之嫌疑”。

此时的萧楚女正在忙着与杨闇公、罗世文筹办《爝光》刊物，本不想理睬这些言论，可他们步步紧逼。无奈，萧楚女只好借张闻天主编的《南鸿》发起反攻。

4 月 22 日，《南鸿》第四期发表了一篇号角似的文章《重庆青年界的危机》，文中指出：“德阳丸案与国民会议等都因为学生的努力得到了相当的成绩。……所谓教育家者流，看见学生方面表现出这种和军阀官僚，即是和他们自身不利的运动，不免大大地吃惊了。于是他们想出了种种方法来限制学生的活动”。文章号召重庆青年团结起来，“你们对于压迫你们的校长教职员，要划分出一条联合战线。……你们对于压迫你们的人没有什么情面，这是赤裸裸的阶级斗争！”

这篇署名青峰的文章，自然是出于革命战士萧楚女的手笔。

紧接着，萧楚女在 4 月 26 日发表的《神圣同盟下之重庆严格教育》一文中，列举了当时种种摧残学生身心事例的现状，痛心疾首地指出：眼下神圣同盟下之重庆教育，“至于学科是否完备？教员是否胜任？设备是否完善？思想是否恰当？教育上之主义与方针是否合于其所办教育之旨趣？所教学术是否为学生及国家教育目的之所需？图书仪器及一切体育美术用品是否勉强够用，是否足以应学生之需求？教职员是否勤于其职？他们是否并未无故旷课？这些事，是除外的——是则非严格教育之所有事，所谓‘而不与焉’者也，‘而不与焉’者也！”

针对《四川日报》起初发文跟着起哄，就二女师女生自杀事件而威胁周弗棱一事，萧楚女严正提出批评。自知理亏的《四川日报》当即改变了态度，在本报发表《记过与服毒》社评，转而抨击袁训育。萧楚女随即写了《补充〈四川日报〉之公论》，发表于《四川日报》，予以肯定和赞扬。

5 月 1 日，《爝光》刊物与读者见面了，加上《南鸿》，还有《四川日报》，萧楚女的文章不断地出现，这让《新蜀报》经理宋南轩心中不是滋味。萧楚女离开后，不少老订户也退订了，使《新蜀报》发行量锐减，而且江巴卫戍司令王陵基曾想把他的亲信陈学池派到《新蜀报》任主笔，结果遭到报社职员反对而挂了个总审核的头衔。如果萧楚女被《四川日报》挖走，将对《新蜀报》极为不利。于是宋南轩当机立断，找到萧楚女赔礼道歉，请他不计前嫌，仍回《新蜀报》当主笔。

本来萧楚女已经计划离开重庆了，面对宋南轩的邀请，既然斗争还在继续，那就再利用一下这个阵地吧。5 月上旬，萧楚女第三次进入《新蜀报》任主笔。

与张闻天并肩战斗

1924 年 10 月，张闻天（洛甫）由上海抵达重庆，在好友蒋锡昌的引荐下，担任重庆二女师英文教员。张闻天大力倡导新文化运动，利用学校讲坛和报刊，传播“五四”精神，宣传新文化、新思想，反对旧礼教、旧制度，促进了重庆思想启蒙运动向纵深发展。

张闻天，1900 年出生于江苏省南汇县（今属上海市）张家宅一个农民家庭里，五四运动时期，他求学于南京河海工程专门学校，积极投身于反帝反封建的新文化运动，曾经在《南京学生联合会月刊》上发表了一系列政治论文。其间，他还加入了少年中国学会。1920 年，赴日本留学。1922 年，他到了美国的旧金山，担任华文报《大同时报》的编辑。1924 年回国以后，他在四川重庆和江苏苏州等地教书，加入了郭沫若、沈雁冰、郁达夫组织建立的文学研究会和创造社。

受张闻天新文化、新思想的影响，重庆第一代新女性如李伯钊、郎铭钦和廖苏华迅速地成长起来，并带动一大批有志青年投身于新文化运动。这引起了军阀杨森、王陵基和重庆地方顽固守旧势力的极大不满，他们联合起来对张闻天进行大肆诋毁，欲置其于死地。在这种情况下，张闻天于 1925 年 3 月被迫离开了二女师，应聘到重庆川东师范担任国文教员。

川东师范曹民熙、巴县中学邵正纲等具有进步思想的学生组织成立了南鸿社，不定期出版小型油印刊物《南鸿》。张闻天到校后，热情地指导他们把《南鸿》改为定期出版的铅印周刊，并亲自担任刊物主编和撰稿人。

3 月 30 日，《南鸿》周刊第一期正式出版，张闻天撰写的《发刊辞》，明确宣告就是要“反抗一切压抑青年思想的旧道德、旧思想，提倡活泼的新文艺、新生活”。该周刊采取杂感、短评、散文诗等通俗易懂而又活泼的新文学形式，对帝国主义和军阀统治进行猛烈抨击，对封建制度和封建思想进行深刻批判。有的报刊给《南鸿》周刊的评价是：“它犹如一阵春雷，在这座西南山城轰鸣”。

张闻天接着在周刊的第二期上，发表了《追悼孙中山先生》的纪念文章，他把孙中山和列宁进行比较："列宁在许多地方却完全和孙中山不同的，他所领导的是代表农民、工人与士兵的利益的共产党，他们都有一致的信仰，他们对于资产阶级没有一种妥协的表示……所以结果俄罗斯在黑暗的资本主义的世界上最初绽放了异样的光芒！"张闻天还结合当时国内的现实局势，明确指出："要实现孙中山先生的革命理想，仅仅去依赖快要分裂的国民党是不中用的了。"

在《南鸿》周刊第三期上，张闻天又发表了散文诗《生命的急流》，为青年吹响了激进的反抗的号角，他鼓励青年"在这黑暗的世界上举起一点光明的火花来。""把你的生命变做狂风，变做暴雨，把世界上一切肮脏的东西扫荡一个干净。"张闻天的《生命的急流》这首诗，在青年学生中广为传诵。

在《南鸿》周刊第七期，张闻天发表了文章《认清我们的敌人》，号召青年"要想社会安定，只有努力社会革命，要想实现社会革命，只有使青年个个加入社会运动中来，大踏步地向着赤道之上、光明之途冲锋去呀！"

共产党人萧楚女和杨闇公早就注意到了张闻天，两人十分欣赏他的思想和才华。杨闇公四处组织党团员从舆论上支持他，萧楚女则撰文，在《爝光》周刊上热情洋溢地赞赏张闻天的进步思想和观点，大力宣传阶级斗争，抨击反动势力，支持革命运动，与张闻天一道联合作战，向各种反动势力发起坚决反击。

《南鸿》和《爝光》，激起了反动势力对张闻天和萧楚女的忌恨。1925年5月中旬，反动军阀王陵基以"败坏风俗，煽惑青年"的罪名，下令封禁了《南鸿》和《爝光》刊物，勒令张闻天、萧楚女于两周内离开重庆。

离渝前再放炮

对于王陵基下达的"逐客令"，萧楚女随即写成一篇回敬这位跋扈军阀威逼的文章《萧楚女的生死观》，交刊物《新蜀报》发表。他在文中把这位跋扈军阀强加于《爝光》刊物的罪名批驳得体无完肤，并且提出宣言：

革命者早已抱定革命必胜之信心，革命必死之决心；早已炼成富贵不能淫，威武不能屈之革命精神。尔等如欲取其头颅，洒其热血，则是尔等之惯伎。然而，伎止此耳！楚女自当馨香祷祝，斋戒沐浴以待。

同时，萧楚女写成《脱离〈新蜀报〉之声明》，并且自费印发，告知公众。

此时的萧楚女已把个人生死置之度外，他将刊有《生死观》的新蜀报，连同写好了的信，分别寄给了亲友们。

同志们担心萧楚女的安危，为他订好了离渝船票，可是船少班稀，一时还走不了。周钦岳只好派人把萧楚女的行李搬到报馆去，安排他暂时住三楼。

此时的四川，军阀之间交战不断，造成物价飞涨，米荒严重。重庆当政者竟想出铸造一种当 200 元钱使用的铜币以缓解危机。商界对此特别敏感，大小商人议论纷纷，骂不绝口，穷苦市民更是忧心忡忡，捉襟见肘艰难度日。

萧楚女了解情形后挥笔成文，题为《当二百铜币与迫击炮》，抨击军政当局为了进行攻城掠地的战争，竟铸造恶币来榨取民众的骨髓。他一针见血地指出，与其说军阀政府以当 200 元钱使用的铜币来换得打仗的迫击炮，倒不如说这些当 200 元钱使用的铜币就像迫击炮一般，首先打死的是成千上万的无辜百姓。

宋南轩允许《新蜀报》刊登了这篇文章。王陵基看到此文章之后暴跳如雷，痛斥了宋南轩一顿，派人查封了《新蜀报》报馆。萧楚女揭露军伐，抨击恶币的文章，使广大民众躲过一劫。

这时，萧楚女早已把重庆共青团的工作移交给了杨闇公，他已无牵挂，满怀豪情坐船顺长江奔向远方新的战场。

第十六章　投身五卅运动洪流中

为青年夏令营作报告

1925年2月起，上海22家日商纱厂近4万工人为反对日本资本家打人和无理开除工人，要求增加工资，先后举行了数次声势浩大的罢工运动。

5月15日，上海日商内外棉七厂资本家借口存纱不敷，故意关闭工厂，停发工人工资。工人代表顾正红带领部分工人与资本家论理，要求复工和开工资。日本资本家非但不允，而且向工人开枪射击，打死顾正红并打伤工人十余人。第二天，中共中央发出第32号通告，紧急要求各地党组织，号召工会等社会团体一致援助上海工人的斗争。19日，中共中央又发出第33号通告，决定在全国范围发动一场反日大运动。28日，中共中央召开紧急会议，决定以反对帝国主义屠杀中国工人为中心口号，发动各界民众于30日在上海租界举行反对帝国主义的游行示威活动。

5月30日上午，上海学生2000多人，分组在公共租界、各马路散发反帝传单，进行讲演、示威游行，支持工人斗争，竟然遭到帝国主义和军阀的血腥镇压，当场打死 13 人，伤数十人，逮捕 150 余人，制造了震惊中外的五卅惨案。

在中国共产党的领导下，全国各地民众纷纷集会抗议，发通电声讨帝国主义的罪行，形成了声势浩大的五卅运动。

五卅前夕，萧楚女由于劳累过度，疾病又犯，面容憔悴。但是为推动五卅运动，让广大民众更加看清帝国主义的狰狞面目，他撰写了大量文章，发表在《中国青年》等刊物上，深度揭露帝国主义侵略中国的罪恶；并且走上街头，与游行民众一道声援上海工人的斗争。

为引导青年学生更加自觉地参加到火热的反对帝国主义斗争中，萧楚女接受上海学生联合会的邀请，在青年夏令营作了题为《不平等条约下之中国关税》的报告，让青年学生们清晰看到帝国主义是如何在政治和经济上欺压和掠夺中国的事实，进而立志发愤振兴中华民族。

指导南京学生运动

南京地区在军阀吴佩孚的把持下，反帝运动阻力很大。为打开革命局面，党组织决定派萧楚女以全国学联代表名义前往南京，指导南京学生运动。以此作为突破口，推动南京反帝运动的兴起。萧楚女勇敢接受了党组织的派遣，前往南京地区。他顾不得路途劳累，初来乍到稍作歇息，立即投入对敌斗争。

6 月 2 日，萧楚女参加了在东南大学校园举行的南京各界抗议五卅惨案的国民外交后援会成立大会，在挤满了数百人的大礼堂发表演说：

“……如果这一次我们还不坚决地表示反抗，如果我们还不全国一致地团结起来，作破釜沉舟之举，那末再过几年，中国的土地上将没有我们的立足之地了！今天，他们在上海屠杀我们的同胞；明天，他们也会在南京屠杀我们。难道我们是任人宰杀的牲口吗？同胞们啊！”

“不能！坚决不能！”人群中发出愤怒的呐喊声。

“我们要下定牺牲的决心，全力掀起反抗运动。”萧楚女举起拳头奋力高喊:“赶快准备行动起来！学生罢课！商人罢市！工人罢工！”[①]

“好！”“准备行动！”会场群情激愤，异口同声表示响应萧楚女的呼吁。

东南大学是国家主义派把持的一所学校，学生的爱国行动受到阻挠。萧楚女采取迂回办法，发动学生辩论罢课问题。辩论会上，拥护罢课和反对罢课两种意见争执不下，萧楚女随即发言，阐述了五卅运动的性质和意义，指明帝国主义侵略中国的强盗行径和中国面临的严重危机，激发了学生们的爱国热忱，学生们一致表示响应全国学联的号召，作出了罢课的决定。

在此基础上，萧楚女组织发动东南大学学生举行反抗帝国主义侵略的集会，在集会上发表演说，唤起民众觉醒。最后，他劝告学生们赶快“出洋留学”，面对颇觉意外的学生们，挥着手高声说道：

“我说的出洋留学，不是到美利坚、英吉利去，而是走出学校门，到工厂和农村去。这种主张很浅薄，很荒唐，对吧？那末，谁能回答我，在中国四万万国民中占了百分之九十的是什么人？是学生吗？是商人吗？是教授先生吗？不是，都不是。那是农民和工人！他们有三亿六千万！这难道不是一个广阔无比，深不可测的海洋吗？离开了这个农工的海洋，我们能做什么呢？芝麻绿豆的事能做几件，讲到大事情，那就一件也做不成！”[②]

台下的学生们在默默地听着、思考着，感觉萧楚女的话很有道理。

在发动学生的同时，萧楚女为扩大对五卅运动的宣传，接受了国民党南京市党部陈君起的邀请，担任《人权日报》主笔。为了方便团结更多的国民党人士，萧楚女还在江苏省国民党宣传部兼职。

为动员更多的人参与反对帝国主义的运动，萧楚女还挤出时间经常深入铁路工会、黄包车工会等团体内，与处于社会底层的人交朋友，以便了解民情，研究进一步开展革命斗争的策略。

---

① 李畅培:《萧楚女传》，重庆出版社 1991 年版，第 158 页。
② 李畅培:《萧楚女传》，重庆出版社 1991 年版，第 158 页。

发动洋行工人罢工

南京和记蛋厂是英国资本家利用中国廉价原料和劳动力进行大规模剥削和掠夺我国资源的重要场所，有中国工人 3200 多名。其蛋制品每天产量 160 吨，最高时可达 300 吨，年产量为 5 万吨，占到全国同类产品的 60%。如果和记蛋厂的全体工人能够举行罢工活动，必将对整个南京市的反帝运动产生巨大的震撼力量。

萧楚女经与南京党、团组织商议策划：6 月 4 日上午，在抗议五卅惨案南京市民大会结束后，安排以南京各校学生为主体的游行队伍朝下关江边的和记蛋厂进发，从而影响蛋厂工人。

6 月 4 日正午 12 点，以学生为主体的游行队伍到达和记蛋厂大门口，等待工人放工。可是，厂方早已闻讯紧闭大门，给工人们准备午饭，一律不准工人出厂。

面对此情形，萧楚女与游行组织者——东南大学的宛希俨、河海工程专科学校的曹壮父等商议，留下一部分学生等候。直到下午 5 点钟，工人们才走出厂门。

晚上，萧楚女等几名组织者和部分学生分头找工人谈话。面对同胞被欺凌、被屠杀，同样遭受帝国主义剥削和压迫的和记蛋厂工人充满了同情和愤怒，他们赞成“罢工，援助上海同胞！罢工，向帝国主义抗议！”的主张。但他们感到为难的是，厂里没有工会组织，说话算数的是经常用硬头皮鞋踢工人的那些工头们，难办。

萧楚女和宛希俨不辞辛苦，连夜找这些工头们做动员工作。反复再三讲道理，萧楚女的嗓子都嘶哑了。最后，萧楚女给予承诺：“你们为救国而罢工，我们学生哪怕就是吃糊子，当裤子，也要接济你们这些人的！”这话，感动了工头们。工头们既然受感动，就能够发动工人们罢工援助上海同胞。

6 月 5 日清晨，终于达成了罢工协议。和记蛋厂工人宣布：“自今日起，我们全体人员罢工，为被害的同胞举行后援！”

6月6日，和记蛋厂的工人们都穿着一色短衣，排队喊着口号，从厂大门出发，走上街头。路边行人为之鼓掌、脱帽欢呼。当工人游行队伍到达鼓楼时，两支学生队伍迎接他们。于是，工人队伍与学生队伍汇合在一起。昔日当牛做马、饱受欺凌的工人们群情激愤，斗志昂扬。

当工人队伍到达东南大学体育馆休息时，各校学生把各商店运来的面包和茶水分送到工人们手上。萧楚女好长时间没有这么高兴过，心想，如果工人们觉悟了，那么资本家就不能够肆意压迫和剥削我们同胞了。

由宛希俨担任主席的南京各界救济罢工委员会组织募捐活动。南京的各街道、商店、酒肆、旅社和公馆等，都有学生在讲演、募捐。中共南京地委妇女委员、国民党南京市党部妇女部长陈君起为首的南京妇女协会联合其他团体，在东南大学举办游艺会，募捐援助罢工工人。就连小商贩、学徒、车夫、皮匠，乃至士兵、警察、小学生，甚至乞丐都踊跃地捐款，在所有人的心中，此时此刻都只有一个想法：“我们都是中国人，应该团结起来斗争那些洋鬼子！”

和记蛋厂工人提出了缩短工作时间、提高工资待遇等13项要求。和记蛋厂，这个从来没向中国当局缴纳过营业税、地价税的工厂；这个并非在租界，却设有巡捕房，随意拘捕、吊打中国工人的英国工厂，在工人罢工期间完全瘫痪了！罢工造成厂方损失100多万大洋，迫使英商接受谈判，答应工人提出的大部分条件。7月17日，工人复工。和记蛋厂这次大罢工前后历时42天，终于取得胜利。

中国共产党著名工人运动领袖邓中夏，高度赞扬南京和记蛋厂工人的斗争是“南京反对帝国主义运动最壮烈的一举，给予各地影响不小”。

指导全国学联大会

在南京已形成反帝运动高潮的时候，全国学联第七次代表大会准备在上海举行。这次大会由中国共产党领导，恽代英担任大会的党团书记。萧楚女风风火火地从南京赶到上海，和恽代英、任弼时一起听取大会的筹备汇报，研究有关事项。大会决议的要点，先由起草组人员草拟成文，再交给恽代英、任弼时修改、定稿，最后由萧楚女润色。

在准备举行全国学联大会的这段日子里，萧楚女他们不分白天黑夜地工作。往往从深夜工作到天亮，清晨的太阳又召唤着他们全身心投入到新的工作中。

1925 年 6 月 26 日至 7 月 6 日，中华全国学生联合会第七次代表大会在上海召开，出席大会的有 30 多个地区的 61 名代表。恽代英作为这次大会的党团书记，出席会议并作了题为《“五卅”后政治形势》的演讲。大会认为，帝国主义是中国一切祸乱的根源。这次大会确定，反对帝国主义及军阀乃是中国学生的历史使命。

学联的重要任务是：努力维护学生本身的利益，引导各校学生会切实参与校务运动。同时，为使学生积极参加民族解放运动，要求学生一方面在民主集中制原则下，力求本身组织的统一和健全；另一方面，要注意对全国工农的宣传和组织工作，与工农各界建立广泛的联合战线，以巩固和扩大民族解放运动的力量。为此，大会规定各地学生会组织中要设立工农部。

大会修正了中华全国学生联合会章程，通过了《改进学生本身利益问题决议案》《学生组织问题决议案》《反帝国主义运动决议案》《援助工人农民运动决议案》和《平民教育实施决议案》等八个决议案，并且发表了大会宣言及《致广州革命政府》《致全国各界》等十多个电文。

特别值得注意的是，《反帝国主义运动决议案》所附的《学生军组织问题决议案》是一个崭新的提案。

五卅反帝斗争的教训，促使中国共产党人深切地感到，赤手空拳是打不倒帝国主义的，必须武装起来。因此，决议案中要求全国中等以上各学校学生“组织学生军，讲求军事教育，以为领导农民工人武装起来，以革命手段，打倒帝国主义的准备”。

痛打帝国主义的“奴才”——“申新二报”

为了进一步发挥好舆论对革命运动的引领作用，全国学联第七次代表大会结束后，党组织把萧楚女派往 6 月 22 日创刊的上海《工商学联合会日报》担任主编。

6 月底，民众就发现上海街头的墙上、电车上、电线杆和影剧院等醒目的地方，张贴着一种奇怪的印刷品，刊名叫《诚言》，可又不具编辑人和发行单位名称。《诚言》的第一号刊载了英国外交大臣张伯伦 6 月 17 日在伦敦下议院演说词的全文，其中有：“以武器弹压人，不能当药石视之，吾亦深以为然，惟在乱时，不能不施弹压。……以枪击散乱党，乃是杀一儆百，辟以止辟。”这就是英帝国主义制造五卅惨案对外宣称的辩护词。紧接着，《诚言》的第二号刊载了所谓“证实”：沙基惨案是中国学生先放枪，并提出所谓证人——英国驻广州的领事。经了解，原来这个不敢正名的《诚言》，是帝国主义设立的上海公共租界工部局印刷的反动宣传品，民众对其所谓“事实”也就不以为然了，有的干脆脱口把“诚言”的“诚”字改成“谣”字或“谎”字，一笑了之。

然而，7 月 11 日的《申报》和《新闻报》居然以广告的方式全文刊载了《诚言》第一号内容，这下仿佛是捅了“马蜂窝”，激起了民众的愤怒。上海学生联合会立即组织发动学生、工人、民众，浩浩荡荡游行示威，在租界外扣留《申报》和《新闻报》，禁止其发行。

这两家报纸一向标榜自己“客观”“公正”，可是这次竟把五卅惨案里帝国主义屠杀中国人民的罪行，“客观”“公正”地同“闸北军官互击”事件合写成一条社会新闻。这实际上是蓄意用军官斗殴的枪声，来掩盖帝国主义巡捕屠杀中国人的罪行，混淆视听，转移民众的注意力。

萧楚女看了 7 月 11 日的《申报》和《新闻报》后，痛骂道：“表面上不着一丝色彩，几乎像一张死人面孔，实际上却是中国党色最浓的报纸。帝国主义的奴才！‘客观’‘公正’到没有一丝中国人的气味了！”这种语言，可谓切中要害一针见血。

7月12日，《工商学联合会日报》刊发署名楚女的社论，文章指出：

“昨日《申报》《新闻报》登有大幅《诚言》一则，系英外交大臣张伯伦抹煞英帝国主义在华横行之事实，撒谎答复英国工党对于华事质问之一种反宣传。该报刊此反宣传文字，乃于其旁赘以‘左系克劳广告公司送来纳费之广告’。意谓有此声明，即可以出售整个《申报》与英人作宣传机关，而不受国民之干涉。黄金戏足以买得活人倒地，买得死人复活。目下英国‘义和团’正苦于掩饰彼之残暴，得申新两报为彼作一忠实之唱片，自然肯出巨金以作代价。《申报》《新闻报》趁此卖国发财，正上海人所谓‘大宝号生意好’也！

吾人有一言，请申新两报当事者答覆。现有一广告：‘上海申新两报乃拆白党之机关报，专一造谣敲诈为能事，请一般社会勿阅该报，并即前往轰打该报之编辑’云云。贵《申报》、贵《新闻报》是否亦可以因其为某某广告公司送来‘纳费’之广告而为之刊出？……为大英帝国主义效力，立三马路中保护此英国在华之唯一汉文宣传机关耳！”

此社论一见报，立即在上海民众中迅速传播开了。

就在同一天，上海学生联合会在除《申报》《新闻报》两报之外的所有中国报纸刊登启事，将该联合会在《申报》《新闻报》两报所登的广告一律撤销；并且通电全国，呼吁以激烈手段对付两报，上海学生联合会的机关报《血潮日刊》还出版了《反对申新两报特号》和《辟〈诚言〉专号》。

《申报》和《新闻报》只得出面向上海学联讨饶。学联当场提出五项要求：（一）登辟《诚言》之广告；（二）登辟《诚言》之评论；（三）登启事向全国读者道歉；（四）印《辟〈诚言〉》10万份；（五）捐助工人10万元。

谈判结果，除第五项改为自定捐助数目外，其余四项，《申报》和《新闻报》都答应可以保证落实到位。

帝国主义操控的上海公共租界工部局本想歪曲事实，混淆中国民众的视听，花费的宣传费用每月达到4300两银子，其结果反而让中国民众看清了他们的险恶用心。他们气急败坏撕掉了伪装，干脆要求奉系军阀出面干涉。

7月23日，淞沪戒严司令部派出佩戴“保卫国民、和平处事”黄绫袖标的奉军，查封了工商学联合会、海员俱乐部和洋务工会。上海学联也被解散。

虽然经过全国民众的抗议和声援，工商学联合会于7月28日启封了，但是，《工商学联合会日报》再没有能够复刊。

此时的恽代英忙于其他工作，不再主编《中国青年》。党组织调回萧楚女，安排他主编《中国青年》。

放弃不切实际的主张

上海的五卅运动，到7月底出现了危机：帝国主义和军阀联合起来对付民众的反抗，大资产阶级和中小商人都退缩了，大多数学生也回家度暑假去了，只剩下20万罢工工人孤军抗争。

面对如此严峻形势，应该怎么办？革命队伍中出现了两种不同的意见，一种观点主张收缩，尽可能保存来之不易的革命力量；而另一种观点则主张以暴力开战来挽救眼前的危机。萧楚女是后一种观点的代表人物。他之所以这样，是有自己的道理的。

早在7月11日，他在《工商学联合会日报》发表的《笨拙的英帝国主义》这篇社论中，就提出了“对英宣战”的主张。7月25日，他在《中国青年》发表的《中国应对英宣战》一文中，从国际形势上分析的有利因素包括：

一、英帝国主义虽然想用武力来征服中国，但是由于受到各种矛盾的制约，尤其是各帝国主义利益之争的牵制，实际上是不敢同中国开战的。中国如果向英宣战，可以从策略上来维护中国自身的权益。

二、英国若对华开战，诸国都要“与之相角”。“日本绝不能坐视英国涨大，好去压迫它”；去“独得处分中国之无上发言权。”必“指英国行动为不然。”“俄国纵不袒华助日，但至少必是反英的。它一定要趁势鼓动各国及英属各地的工党，乘机大举”。“法国在欧洲虽因德国赔偿问题久与英国立于敌对地位，……消极的必对英宣告中立，而不予以助力”。而美国出于争夺远东霸权的目的需要，必“以武装调停自居”，英国不敢得罪美国，只好接受其调停。所以，英国是不敢对华开战的。

所以，萧楚女认为，倘若英国对华开战，反正中国目前民不聊生，若“激起国际战争，至多也不过还是个‘民不聊生’，除了失却身上的锁链，并不另牺牲什么！何况世界的情势，限定了英国一定不敢对华接受打仗的宣言”。

萧楚女这种主张对英宣战的观点，在很大程度上也是受到革命阵营内部思想的影响。

从6月19日起，中共中央的《热血日报》连续出现“对英开战”的主张。陈独秀、瞿秋白等也曾发表署名文章认为：“现在全国民众正在奋起，很可以自动地组织工商学农各界，推翻军阀的政府”。正是在这样背景下，上海工商学联合会成立了军事委员会，上海学联于6月25日发出了“准备对英宣战”的通电。

此时的恽代英头脑是清醒的，他坚决反对暴力开战的主张。他认为革命力量并没有积蓄到可以与敌对势力抗衡的阶段，主要是：国民革命的主要参与力量应为广大的农民，可是并没有发动和组织起来；同时尚未建立起一支足以进行革命战争的军队。所以，恽代英把“对英宣战”这种观点视为“左的空想”。他指出：

持“对英宣战”观点的人，“以为我们对英帝国主义宁可玉碎，不可瓦全，所以他们要与英帝国主义背水一战。对英宣战，如果只是为一种空气的作用，自然是可以的，若是梦想要与英国宣战，到底叫谁去战呢？假令我们要冯玉祥去战，张作霖会在后面打冯玉祥，那样的结果，又会是怎样呢？”

恽代英尖锐地指出：“左”倾空想是妨碍革命事业的。“叫人家认不清正当的工作是什么的。我们的真正的工作在于宣传民众、组织民众。”

在这两种观点激烈交锋的时候，党中央适时地举行会议，讨论、研究了当前斗争的策略问题，最后否定了武装暴动的主张，认为："武装暴动乃是群众奋起之最高潮，并且应该有全盘的计划的庄严工作，不应该在群众起恐慌之时，拿武装暴动当作一种浪漫的拼命办法，想借此以泄愤，或拿来替代现在困难的斗争。现在是群众的宣传及组织工作时期，是准备武装反抗的时期，还不是直接武装暴动的时期。"[①]

萧楚女静下心来好好地阅读了恽代英写的有关文章，以及分析了党中央会议作出的决议情形，放弃了自己头脑发热、不切实际的主张。从 7 月下旬至 8 月 1 日，他连续在《中国青年》发表了五篇有关反对帝国主义内容的文章，以进一步动员广大民众积极参与到反帝爱国运动中来。

① 代英:《中国民族革命运动史》,《我们的战略》。

第十七章　痛批国家主义派

把“醒狮派”的面目暴露于众

曾琦、李璜乃四川人，都是五四运动时期少年中国学会的成员。五四运动后赴法国留学。1923年12月2日，在巴黎建立中国青年党。1924年9月，两人回到上海极力鼓吹、标榜国家主义，人们称之为国家主义派。国家主义是以超越个人、民族、宗教、阶级、党派的利益而拥护整个国家的利益，其核心是“国家至上”“民族至上”“民族优劣”，并以所谓维护“国家”“民族”的利益为幌子，从根本上否认国家的阶级性质和社会各界及在国家中的不同地位。10月10日，他们在上海创办《醒狮》周报，作为青年党的主要宣传工具，故又被称为“醒狮派”。

《醒狮》出版后，“不到一年，不但畅销至二万份以上，而且南北各大都市的青年大学生纷纷响应”[1]。一些赞成国家主义观点的小团体也相继成立，如国魂社、

① 李义彬:《中国青年党》，中国社会科学出版社1982年版，第113页。

独一社、提社、国光社、复旦国家主义青年团、大夏青年团、孤军社和大江会，等等，竟多达 30 多个。在此基础上，1925 年 12 月成立了“全国国家主义团体联合会”。

“醒狮派”之所以能够得到青年学生的响应，原因是其口号的欺骗性。它标榜“国家主义是目前中国拨乱救亡之唯一良药”[①]，提出了“爱国救国”“革命救国”“全民革命”“全民政治”“内求统一，外求独立”“内除国贼，外抗强权”等口号。这些口号从表面上看是主张爱国的、进步的，很符合当时具有爱国热情的青年人救亡图强的期盼心理。

但“醒狮派”的实质是反对马克思主义的阶级斗争学说，反对无产阶级革命和无产阶级专政，把攻击的矛头对着中国共产党和社会主义苏联。因此，他们的言论又往往同自己的实际行动相矛盾。比如，他们高举全民革命的旗帜，却没有看见过他们参加何种革命运动；他们说对三民主义深表同情，但又拒绝加入国民党，而且反对孙中山制定的联俄、联共政策，这让众多青年困惑不已。

只有批驳“醒狮派”的谬论，才可以把青年学生从困惑中解救出来。陈独秀、瞿秋白、恽代英和萧楚女等共产党人，以《向导》《中国青年》刊物为主要阵地，同所谓国家主义的青年党“醒狮派”展开针锋相对的论战。

萧楚女作为这场论战中的主将之一，早在 1924 年重庆女二师任教时，就开始对“醒狮派”进行批判。曾琦等人主办的《醒狮》刊物曾在重庆女二师师生中散发传播，国家主义的观点造成了重庆女二师学生的思想一度混乱，部分学生请萧楚女予以指导。萧楚女找学生谈话，循循善诱，帮助她们分析国家主义的本质和危害，告诫她们不要被“醒狮派”欺骗。

为了肃清“醒狮派”对广大青年学生的不良影响，萧楚女还曾经特意编辑了一本名为《肃清》的小册子，散发给重庆二女师学生们阅读，以帮助她们树立正确的世界观。

面对“醒狮派”对国家主义的疯狂宣传，离开重庆刚到上海的萧楚

① 方庆秋:《中国青年党》，档案出版社 1988 年版，第 137 页。

女，就在任教的上海大学作“中山主义与国家主义”为题的演讲，他驳斥了“醒狮派”对孙中山革命思想的歪曲，指出所谓的“国家主义与孙中山主义相同”，其目的是他们想拉拢国民党右派结成“联合反革命的战线”来攻击共产党，并进一步迷惑民众，其实质：“国家主义是代表中国资产阶级、阻挠世界革命——反革命——的法西斯蒂，与中山主义完全立于相反的地位。”

同时，萧楚女继续利用手中的武器，在《中国青年》《评论之评论》等刊物上，连续发表了《这是何等赖皮》《国家主义的原形》《国家主义的长足发展》《国家主义和东方文化派的新同志》《好一个“更是国家主义”》等一系列文章，对国家主义的理论体系和具体观点作了全面而深刻的剖析，严正指出其主要错误为：

一是片面宣传“国家至上”“民族至上”，反对马克思主义的国家观。

二是主张社会改良，鼓吹“全民革命”“全民政治”，反对阶级斗争。国家是阶级统治的工具，世界上没有抽象的国家，萧楚女指出：“阶级一日存在，阶级斗争便一日不会消失，国家也便一日不得不被有力阶级——得胜阶级用为工具。有产阶级专政，是用国家这个东西保持自己的地位，役使他人——使阶级继续存在。无产阶级专政，是使生产社会化，废除私有财产，将一切生产工具归之社会公有——使阶级消灭。”而“醒狮派”却有意掩盖“阶级”和“国家”是两个绝对矛盾体、又共存亡的这一本质，完全是一种不切实际的空想主义理论。

三是歪曲“内除国贼，外抗强权”的革命口号，混淆革命对象。他们认为，军阀、官僚结成的黑势力是今日社会混乱的根源，却将主张“打倒军阀”的共产党列为主要的“国贼”。他们虽然提出了“外抗强权”的口号，但实际行动上不反对帝国主义，是源于其幻想以承认列强对中国的不平等条约，来换取列强对中国的支持，待消灭了国内军阀后，再去考虑收回主权的问题。所以，他们反对中国共产党和苏联，反对最受压迫的工农的解放，“完全成了帝国主义的走狗，中国国民运动的仇敌”，“是极端的反革命派”。其最终的结果，只能有利于帝国主义和封建军阀，其谬论完全是欺骗民众的鬼话。

1925 年 10 月，中国青年社出版了萧楚女著的《显微镜下之醒狮派》一书。编辑部特加了一个很高评价的按语："这是萧楚女君所给予醒狮周报第一期至第五十期的总批评，分二十七节，均用种种事实，或即就醒狮周报自己的材料，以说明醒狮派的谬妄，文笔简明有力。读者大可就国家主义者与共产党双方主张比较观之，那便醒狮派之丑态与野心，自无施逞的地方了。"这本书出版后，其影响遍及全国各地。

舌战余家菊、陈启天

余家菊，曾经参加恽代英创办的互助社，后在法国留学时结识曾琦、李璜，成为国家主义派领袖人物之一。陈启天与曾琦、李璜、余家菊等人创办《醒狮周报》，宣传国家主义。萧楚女、恽代英除了在报刊上发表文章批驳国家主义观点外，1924 年下半年，还同余家菊、陈启天进行了一次面对面的说理斗争。

余家菊问道："你们喊'打倒帝国主义'，总得先有帝国，才有帝国主义吧？"

萧楚女笑了笑说："余先生，你大概是想为美国解脱吧？美国的确是共和政体，但它的确又是帝国主义。帝国主义的表现是什么呢？对内进行剥削压迫，对外进行侵略，这是帝国主义的本质。"

余家菊则说："社会主义者大谈唯物史观，只讲物质，把人当物，忘记了人类的精神。"

萧楚女回答："唯物史观，社会主义，都在讲人的世界，确乎与基督教的神中心、神的世界是不同的。岂但不同，而且这一个要宣布那一个的死亡。"

恽代英也反驳余家菊，说道："景陶兄，你说社会主义太唯物了，这不正确。我认为社会主义不但重视物质世界，同样注意人类的精神世界。相反地，景陶兄倒是忽视了世界的根本——物质世界，忽视了物质关系，忽视中国经济的发展。光强调国家主义，就会掉进旧的国民主义里面去。”

陈启天见余家菊说不上来了，立即接着说：“我对代英译的那本《阶级争斗》很反感。你们讲阶级斗争，我们讲‘阶级合作’。老是斗争，斗争，多骇人啊！中国有什么阶级？只有大贫和小贫而已，顶多不过有个绅商阶级吧，也得让它存在吧？”

恽代英回答说：“《阶级争斗》这本书，还只是讲了些一般道理，还没有专门去谈中国。你说的那个绅商阶级是什么呢？这就是资本家啊！”

萧楚女接过话来：“资本家驱使工人，把劳动当商品，把工人当机械用。只有你们和资本家一个鼻孔出气。要说把人当物，那是你们！”

陈启天很不服气，说道：“你们的什么世界观、人生观，我不信那一套！人为什么生活？为自己！”

萧楚女是典型的性情中人，听罢激愤地说：“我是爱讲人生观的。我是个臭学徒，老母在堂，要靠我养活。我的表率是文天祥、史可法、秋瑾、徐锡麟。我认为，一个人没有人生观，等于没有甜味的蜜，没有香味的花。在这个人吃人的万恶社会里，我们怕苦？怕穷？怕失败吗？不！我们什么也不怕！我们就是要砸烂这个旧社会，不做奴隶，不做军阀和帝国主义的俘虏！我们要把人民从无边的黑暗中拯救出来。”

恽代英情不自禁，高兴地说：“楚女兄把我心里的话也都说出来了。”[①]

曾琦退出辩论会场

萧楚女和恽代英还利用各种演讲机会，痛批国家主义派的观点。曾求学于上海大学社会系、受恽代英和萧楚女的影响走上革命道路的阳翰笙后来回忆：“当时国家主义派和我们争夺青年，在上海、南京一带活动很厉害，我们和他们的斗争非常激烈。为了集中力量打击受帝国主义豢养的凶相毕露的国家主义派，我们作了大量准备。凡是曾琦、李璜、余家菊、左舜生

---

① 张羽、铁凤：《恽代英传》，中国青年出版社 1996 年版，第 395 页。

常去活动的地方，我们也都在那里做好布置，和他们唱对台戏。他们的人一讲完，我们就立即有人接上去讲，针锋相对，逐条批驳。经常在这种场合出现的，不是恽代英就是萧楚女。恽代英亦庄亦谐地批判他们，萧楚女嬉笑怒骂地驳斥他们。恽代英分析深刻，条理分明；萧楚女口齿清楚，坚定有力。我们驳得他们体无完肤。在一场一场的论战中，我们击败了这伙为虎作伥的国家主义分子，教育了广大的知识青年。”①

上海徐家汇的一所中学为了让学生了解马克思主义与国家主义的区别，曾邀请萧楚女、曾琦同时到该校演讲。曾琦先登台演说，肆无忌惮地污蔑共产党，结果引起学生们的不满，将他哄下了台。接着萧楚女在热烈的掌声中登台演说。他旗帜鲜明地表示：我并不畏惧险恶用心的“醒狮派”说我是共产党员，因为我早在四川期间已公开宣布我是个信仰共产主义的人。你们一方面大骂共产党，要用武力一刀两断铲除共产党；另一方面又为帝国主义和军阀涂脂抹粉，实质上是军阀、买办资产阶级、封建士绅的轿夫和卫士。

萧楚女的讲演慷慨激昂，掷地有声，使曾琦如坐针毡，十分尴尬，只好灰溜溜地退出会场②。

任弼时回忆：“从一九二〇年直至一九二七年的大革命时期，青年团在中国人民中特别是青年学生和知识分子中，有相当大的影响，恽代英、萧楚女等同志负责编辑的《中国青年》周刊，在中国学生知识界和各大城市的一部分青年工人中，发生了很大的影响，特别在介绍共产主义思想，在与反动的国家主义派（即现在的青年党）作思想斗争中起过重大作用。”③任弼时这段话，对恽代英、萧楚女在批判国家主义派斗争中的作用，给予了恰如其分的评价。

---

① 《回忆恽代英》，人民出版社 2016 年版，第 19 页。

② 黎显衡编著：《萧楚女》，吉林文史出版社 2011 年版，第 69 页。

③ 《任弼时选集》，人民出版社 1987 年版，第 489 页。

第十八章　批判戴季陶主义

戴季陶主义

在 20 世纪 20 年代，戴季陶是一位很有影响的人物，他早年留学日本，加入同盟会，辛亥革命后追随孙中山，作为中华民国和中国国民党的元老，又是中国近代的思想家和理论家。“五四”期间，他积极宣传马克思主义，成为中国马克思主义最早的研究者之一。1920 年夏，他曾参加筹建上海共产党早期组织，负责起草《中国共产党纲领》。国共两党合作后，他先后任黄埔军校政治部主任、国立中山大学校长、国民党中央宣传部部长，有蒋介石的“国师”之称。

从戴季陶本人早期的革命经历来看，比较光彩。清末民初之时，他以“天仇”为笔名，以手中的笔为武器，进行反清反袁的斗争，并且直言：“报馆不封门不是好报馆，主笔不入狱不是好主笔。”他早期的这种文人风度，足以惊世骇俗。

“五四”时期，戴季陶在上海主编了《星期评论》，积极研究社会问题和劳工问题。尤其是在研究劳工问题上，《星期评论》几乎每期都有关于劳工问题的重要文章，主要为:《介绍世界劳工运动》《中国劳工状况调查》《探讨解决中国的劳工问题的途径》，同时，《星期评论》是当时宣传马克思主义的重要阵地。该刊向读者介绍了马克思、恩格斯等国际共产主义历史上的重要人物，阐述了马克思主义基本理论的主要内容，并提出了马克思主义要与各国国情相结合这一命题。

《星期评论》在全国学生群众中很有影响，成为当时与《新青年》齐名的宣传马克思主义的刊物。经常有很多学生和工人投稿，就连陈望道所翻译出版的《共产党宣言》，也是由《星期评论》刊物约稿的。

农工是中国人口的主体，是革命的中坚力量。如何对待农工，反映一个人对革命的态度。在这一问题上，戴季陶曾认为:“现代革命是工农阶级自己要求解放的革命”，要以工农为“改革的中坚”，为“国民革命的真正基础”。因此，他强调，“必须一天到晚，用两只眼睛去看大多数农工阶级的疾苦，用两只耳朵去听农工阶级的呼声”。

可是，随着革命形势的发展，戴季陶的立场逐渐发生了变化，从拥护共产党而变为反对共产党。当时迫于孙中山联俄、联共的决心，他尚未有过激的表现。

孙中山逝世后，国民党右派的反共活动已是明火执仗。戴季陶马上从后台跳到前台，很快地成了国民党内“创作反共理论的第一人”。

1925 年 5 月，在广州召开的国民党一届三中全会上，戴季陶提出将建立纯正的三民主义作为国民党的最高原则。会议通过由他主持草拟的《中国国民党关于共产党员加入本党之训令》，确定孙中山的三民主义是国民党的最高原则，所有党员务必确实信守，违者即一律以纪律制裁之，以此来限制共产主义，约束加入国民党的共产党人的言行。6 月，戴季陶写了《孙文主义之哲学的基础》；7 月下旬，他又发表了《国民革命与中国国民党》的小册子。至此，戴季陶反对共产党的真面目完全暴露于众。这位早年书生意气豪情万丈的革命者，已经彻底走向反面。

戴季陶也可以算得上中国宣传马克思主义、倡导共产主义的先驱者之一，一度曾经在包括萧楚女在内的许多共产党人和进步人士中享有较高的口碑声誉。但是，以戴季陶为代表的新右派具有很大的欺骗性和危险性，他们一方面表示联合共产党，一方面又以限制共产党的方式反共，这不仅对于缺乏政治经验的共产党人难以识别，更使得不少追求进步、具有爱国思想的知识分子不能理解也不相信，然而戴季陶最终是完全蜕变为国民党右派的代表人物之一。

戴季陶的《孙文主义之哲学的基础》和《国民革命与中国国民党》，构成戴季陶主义的理论核心。戴季陶打着孙中山的旗号，借口在理论上建立了三民主义中心思想，却阉割了孙中山学说中的一切革命内容，而将孙中山思想中的消极方面极力加以利用和夸大，以维护国民党的纯洁为幌子，诋毁中国共产党，疯狂排斥和打击工农革命力量。戴季陶系统地提出了自己的一套反动理论，它的主要内容有：

1. 在思想上，把孙中山的三民主义歪曲为以仁爱为核心的道统论，反对马克思主义的唯物史观。戴季陶说，孙中山的三民主义是以中国固有之伦理哲学和政治哲学为基础的，其基本思想完全渊源于中国正统思想的中庸之道，完全是继承尧舜以至孔孟而中绝的仁义道德的思想。他认为孙中山之所以崇高伟大，就在于他用革命的功夫，把被埋没了几千年的孔子民生哲学理论，重新发扬光大起来。他认为以仁爱为核心的纯正三民主义，完全是中国的正统思想，它适合中华民族之迫切的需要，只有它才能作为指导国民革命的最高原则；而马克思主义的唯物史观，能够说明阶级斗争的社会革命，不能说明各阶级为革命而联合的国民革命，共产主义不适合于中国国情，不能指导中国革命。他攻击中国共产党人争得一个唯物史观，但是打破了一个国民革命。

2. 在政治上，鼓吹阶级合作，反对马克思主义的阶级斗争学说，反对工农进行阶级斗争。戴季陶说，仁爱是人类的共性，是革命道德的基础，即使存在阶级的差别，并不是能够绝对消灭人类的仁爱性的；况且，中国还没有阶级的对立，中国的革命和反革命势力的对立，是觉悟者与不觉悟者的对立，不是阶级的对立。因此，他认为中国的国民革命，不能完全取两阶级对立的革命方式，而应当用促起国民全体觉悟的办法，恢复他们的仁爱性能，可用仁爱之心感动资本家，使之尊重工农群众的利益。他攻击中国共产党制造阶级斗争，不把中国国家和民族的真实需要认清楚，单是一味的盲进、瞎闹。

3. 在组织上，宣扬团体的排他性，反对国共合作。戴季陶认为，凡一个主义，必定具有独占性和排他性，理论和政策不同，决不能成为真正的同志。他宣称，信奉三民主义是国民党的最高原则，共产党却信奉共产主义，则与国民党格格不入，共信不立，互信不生；互信不生，团结不固；团结不固，不能共存。他认为共产党人加入了国民党，就会使国民党同时有两个中心，成为一个畸形的团体，难以生存和发展。他把国共两党的党内合作视作瘤肿，主张切除。他提出：加入国民党的共产党员，要么退出国民党，去做单纯的共产党；要么退出共产党，做单纯的国民党员，绝不可跨党，一个人脚踏两只船，是完全不行的。

戴季陶主义反映了资产阶级右翼的利益和要求，为他们打击和排斥中国共产党、夺取革命领导权作舆论准备。它的出现是国民党内以蒋介石为首的国民党新右派势力抬头的信号。戴季陶主义一出笼，即遭到了中国共产党人陈独秀、李大钊、瞿秋白、毛泽东、恽代英等的严厉驳斥。他们指出，戴季陶的理论是对孙中山学说的严重歪曲，这“完全是要想把国民党变成纯粹资产阶级的政党”的论调。尤其是陈独秀 8 月在《向导》上发表致戴季陶的公开信，从理论和实践上批驳了戴季陶的反共理论，他指出：你所写的《国民革命与中国国民党》那本小册子，错误的见解非常之多，如叙述中国民族文化之消失，如三民主义的帝国主义观等。并反驳戴季陶：中国共产党决不像你说的那样，“只借中国国民党的躯壳发展”，而是真心实意地帮助国民党进行改组，更不会像你所说的那样，中国共产党“只单纯地利用国民党政治的保护力和经济的维持力，扩张自己的生命。”

瞿秋白也以极大的革命义愤指出，戴季陶主义是国民党新右派反共反工农的一面旗帜，而且实际是背离了孙中山的三民主义，必须最彻底地粉碎。他在一个晚上就写成了驳斥戴季陶主义的小册子——《中国国民革命与戴季陶主义》。

发表《国民革命与中国共产党》

鉴于戴季陶本人的特殊身份，又要考虑国共两党合作处于一种微妙关系阶段，如何站在维护国共合作大局的高度来驳斥戴季陶的反动观点，政治觉悟不断成熟的萧楚女考虑两方面：一是批驳的切入点，他决定紧紧地围绕国共两党共同制定、并应共同遵守的政治纲领来展开，这是国民党右派分子也是无法挑剔的。二是发表的时点。

针对戴季陶小册子的名字，萧楚女把反驳文章定为《国民革命与中国共产党》，离开上海之前已写好主要部分，回到汉口后，1925 年 8 月 10 日长文完稿。等到 9 月间，陈独秀和瞿秋白批判戴季陶主义的文章发表后，接受党指派的新任务、到达河南开封的萧楚女，署了一个极少使用的笔名——抽玉，于 10 月 20 日在开封印成小册子发行。

萧楚女在《国民革命与中国共产党》一文中，与戴季陶的反动观点针锋相对，痛斥以所谓孔孟“仁学”来反对阶级斗争的戴季陶主义，揭露国民党右翼分子的所谓“纯三民主义”的反动本质，深刻批驳了戴季陶对共产党的恶毒攻击和肆意污蔑。

针对戴季陶所说的，共产主义不适宜现在的中国，共产党不应该主张阶级斗争，这是贻害中国；而且主张阶级斗争是突过了国民之需要的观点，萧楚女直言：“戴先生若不是象醒狮派曾琦那样糊涂的人，当然晓得‘共产主义’是资本主义自然发展的结果；而阶级斗争是历史进化必然的事实。戴先生如认‘自欺’为可耻，即当切实承认共产党人在加入国民党之后，实在并没有在哪里主张过即时实行共产制；更没有在国民党中做过一点实施共产的政治设施。明明白白地除了照着中国国民党党纲，在那里高呼，在那里努力，做那‘打倒一切帝国主义，打倒一切军阀’，‘废除不平等条约’；组织农工群众，扩大国民革命之战线与势力，以为将来切实施行‘节制资本，平均地权’的民生主义之预备以外，试问戴先生，共产党人还另外做了一些什么强奸国民党，借国民党而推行共产主义的‘共产’工作。

难道国民党不要打倒帝国主义与军阀，不要废除不平等条约，不要去宣传组织农工群众么？难道共产党照着国民党党纲做还犯了法么？除非这些工作已被国民党声明放弃而仅为共产党党纲所独有，然后戴先生方可谓共产党人利用国民党，以突过国民需要之行动而贻害中国。然而戴先生竟无的放矢，造谣中伤，说共产党加入国民党，是'想要以工业的无产阶级专政，来达革命建设的目的'。硬指共产党在将来国民革命成功之后所要做的事，为现在在国民革命运动中，即要做的事。淆惑观听，一至于此！"

昔日戴季陶曾多次讲到，要进行国民革命，必须重视农工阶级。为此，萧楚女在文中指出："戴先生不是叫我们'认清楚中国国家的独立和民族的自由，是要国民中最大多数的农工阶级的人觉醒了，团结成功一个伟大的组织，作国民革命的真正基础，然后才可以获得'么？不是说：'也要是为最大多数的农工阶级的幸福而获得的国家独立，民族自由，才真正是独立，真正是自由'么？不是又叫我们要'一天到晚，用两只眼睛去看大多数农工阶级的疾苦，用两只耳朵去听农工阶级的呼声'么？不是叫我们要'更明白了解中国士大夫阶级，已经腐败到了极点，要想救中国，非把最诚实，坚忍，努力的农工阶级的人，唤醒转来，以他们作为改革的中坚，然后中国的民族方可以言救么'？"

而当共产党人努力于民众的阶级教育，号召广大的农工阶级要求解放而参与革命时，戴季陶却说共产党人主张阶级斗争是突过了国民需要，是贻害中国的行为。萧楚女一针见血地指出：戴季陶"在此时，骗取农工阶级的感情帮他革命，故意地说革命非农工不行，拍农工的马屁。等到革命成功，却是要丢却农工，让农工再来要求（革命）农工的'民权'？"

戴季陶认为，中国共产党加入国民党是"借中国国民党的驱壳，发展自己的组织"一说，萧楚女直言不讳地指出："共产党为什么才加入国民党的呢？为了是要先成就民族的国民革命，以便完成那社会革命中最必要的产业发达而集中的条件。为了恐怕国民党仍然如从前那样的只顾民族忘了民权民生。为了防止国民党右倾官僚化。为了要使国民党成为群众的党，成为不专只为士大夫派所垄断，不专只为代表资产阶级，而变为兼重农工阶级利益的党。”

这正是共产党人要加入国民党的原因，萧楚女问：“这样的共产党又有什么对不起国民党同志的处所？”“有什么共产党利用国民党而言？”而事实上，共产党人加入国民党后，不但没有损害国民党，而且使国民党有了很大发展。

文章遭禁

萧楚女《国民革命与中国共产党》一文发表后，在社会上引起了强烈反响，人们认为这篇文章是针对戴季陶主义的代表性文章，是专为《国民革命与中国国民党》而写的，“很有特色，战斗性很强，思想水平和理论水平也相当高，不愧是一份批判戴季陶主义的战斗檄文”。

但是，在 12 月 20 日，《向导》第 139 期突然刊载了一个以中共中央名义发表的《申明》：

“兹查有萧抽玉所著之《中国国民革命与中国共产党》一书，按其内容纯系萧之个人意见，所有言论，本党概不负责，特此郑重申明。”

这一《申明》，把好多人搞懵了。萧楚女这篇文章反击戴季陶对共产党人的攻击和污蔑，没有违反共产党的立场和方针，而且与陈独秀、瞿秋白等共产党人批驳戴季陶文章的观点相一致。既然如此，为什么会出现这一情形呢？

原来，这与当时国共两党互相妥协的政策有关联。

孙中山逝世后，国民党内部一度混乱，新右派逐渐形成，他们与以冯自由为首的老右派勾结，反对国民党和共产党合作，反对苏俄。而作为国民党新右派思想工具的，就是戴季陶主义。

戴季陶主义出现之后，中国共产党与国民党新右派之间展开了激烈的斗争。当时中国共产党人蔡和森、毛泽东、瞿秋白、萧楚女等都主张团结国民党左派，给国民党新右派们以坚决地回击，并写文章对戴季陶主义从理论上进行了批判。但是陈独秀受共产国际驻中国共产党代表维经斯基的影响，主张对戴季陶新右派妥协退让。他的这种主张，又直接影响了中共中央对国民党新右派的态度和政策。

当然，陈独秀于1925年9月也发文，从理论上驳斥了戴季陶的反动观点，但不久，他认为在国民党新右派中，戴季陶还是革命的。在陈独秀发表的《国民党新右派之反动倾向》一文中说："邹鲁等在西山开会，表面上虽是反对共产派，实际上另有破坏国民政府的阴谋，季陶先生未曾出席西山会议，正是因为发现了他们的这种反革命阴谋"。

在陈独秀这种看法的影响下，当时上海的中共中央认为"西山会议派中也有一些中派人物……决定采取具体步骤，争取他们，来分化西山会议"，并且认为在全国各处，革命形势"都受到打击，因此主张向右派让步，以保持联合战线"。于是，中共中央即以陈独秀、蔡和森、张国焘三人为代表，与西山会议派的孙科、叶楚伧、邵元冲三人在上海的苏联领事馆谈判，双方最后达成协议，就各自内部的"过激"行为进行了一番批评。

因为萧楚女与戴季陶针锋相对的斗争，是当时中国共产党与国民党新右派之间矛盾的公开表现。因此，中共中央对萧楚女的《国民革命与中国共产党》一文发表了"所有言论，本党概不负责"的"申明"。

对于这一"申明"，从文献记载看，萧楚女当时没有提出自己的意见。但是，他在《国民革命与中国共产党》中批驳戴季陶的观点，却得到不少共产党人和国民党左派的支持。后来，戴季陶在湖州与国民党内著名左派代表人物邓演达谈话，说自己发表的文章，被国民党西山会议派利用了。在1926年1月举行的国民党第二次全国代表大会上，许多代表批判了戴季陶，指出："戴季陶拟由大会训令促其猛省不可再误"，"以个人名义发布《国民革命与中国国民党》一书，惹起党内纠纷"，"现在戴既然忏悔……但他那本书却非销毁不可"。

这就表明，萧楚女参加的批判戴季陶主义这场斗争，既打击了国民党右派，又争取了国民党左派。

第十九章 促成区域革命形势高涨

豫陕《中州评论》

1925 年 8 月，萧楚女受共青团中央的派遣，来到了河南开封。其公开身份是河南省立一师教员，实际上是党组织委派他担任中共豫陕区委宣传部部长，以加强河南、陕西两个区域的革命思想的宣传，扩大共产党在广大民众中的影响，并充实这两个区域的党组织力量。

早在这年 6 月，王若飞就以中央特派员的身份来到了河南，负责河南、陕西两省的建党工作。10 月，以王若飞为书记的中共豫陕区委成立。作为中共豫陕区委宣传部部长的萧楚女，到达河南后，就抓紧筹备党的区委机关刊物——《中州评论》。

《中州评论》于同年 9 月 1 日在开封出版发行，主要刊登政治评论、国际政治和工运、农运、青运及妇女运动的情况。《中州评论》是中国共产党在河南创办的第一个传播马克思主义的刊物，是宣传马列主义和党的方针政策、指导革命实践的重要阵地，是当时党领导河南人民革命斗争的一面旗帜。

1925 年 9 月 7 日，萧楚女在《中州评论》上发表《从九七纪念中看出的五卅运动的价值》一文。他在文章开篇就提醒民众千万不要忘记“今天是九月七日，九月七日是我们中华民族开始成为国际帝国主义者共同的奴隶的一天——即辛丑条约签字之日”这样一个国耻日。

《辛丑条约》是由于中国农民以义和团的组织形式，反抗帝国主义的侵略与压迫最终失败，腐败无能的清政府与 11 国列强签订的丧权辱国协议。本来，处于社会底层的农民为了维护民族生存、国家独立，而站出来反抗帝国主义的入侵，这是一种民族大义。他们打出的这种“灭洋”的口号，“中国人并不背理——义和团乃是中国人对于‘中国人’应有的伦理，应尽的义务。”

义和团运动虽然失败了，但义和团反抗帝国主义的伟大精神，影响了五卅运动。萧楚女在文中指出：“故从这次五卅运动看来，可见中国的国民革命，是可以由无产阶级做指挥而领率一般民众去奋斗的。可见无产阶级有组织、有政治意识、有战斗力的革命力量，比那无组织的落后的农民运动的力量要大得多，范围也广得多，意义更深得多——从此经验告诉我们，中国无产阶级是中国国民革命的中坚力量，而‘组织’和‘政治意识’是一种革命成功的要素。”

萧楚女希望广大民众，记住 9 月 7 日这个被列强共同宰割的国耻日之目的，就是要使工人阶级和被压迫阶级联合起来，反对一切帝国主义及其走狗——军阀、工贼、买办，才能够废除一切不平等条约，才能够建立统一的真正的平民共和国，工农大众不受内外敌人奴役。

萧楚女到达开封后，除了经常要到省立一师讲授国文课外，白天还挤出时间，深入到广大青年学生和工人农民中进行社会调查，宣传革命道理。他还特意去驻扎在河南的国民军第二军各部进行演讲，并且到开封的河南留学欧美预备学校开展革命活动。晚上伏案编辑《中州评论》。由于对社会各个阶层、不同人群的思想、需求都有较深入和全面的了解，他写出的文章更有针对性、感染力，对反动势力的打击力更强，也使得《中州评论》在进一步唤醒豫陕民众觉悟、壮大革命力量等方面发挥了更好的作用。

发动反“补考”斗争

萧楚女在河南作社会调查时发现，河南的学生运动十分松散，很自由散漫，不利于区域革命斗争的推进。于是，他发现并且培养青年学生中的优秀分子成为骨干，指导开封各校将原有的青年学社、青年救国团等进步团体联合起来，成立了河南青年协社，使得整个河南的学生运动蓬勃地开展起来。

河南学生们的爱国行为却让开封各校的校长感到害怕，他们担心学生做出一些“过格”的事情，难于向帝国主义者和反动当局交代。为限制学生今后不再参加政治活动，他们想出一个损招，即要求因参加五卅运动而耽误上课的学生进行“补考”，再以考试成绩不及格为由，将这些具有爱国思想的进步学生予以开除或降级处理，借以杀一儆百，震慑其他的学生。萧楚女看清了校长们所谓“补考”的险恶用心，因此在河南省立一师学校发表演说时指出，他们这一做法的真正目的是为帝国主义灭亡中国效劳，是要让广大青年学生变成任人宰割的“羔羊”和“奴才”。

为了让全社会看清这些平日里被人们尊为“君子”们的嘴脸，并动员社会力量一起参与这场斗争，萧楚女赶紧布置开封各校学生组织起“开封各校反对补考行动委员会”，迅速得到学生们的积极响应。该行动委员会刚一成立，就随之发表了反对“补考”宣言。

1925 年 9 月 7 日，《中州评论》发表署名楚女的文章——《因“严格教育”及“补考”告开封教育界》，文章一开头，就直接揭露校长们的用心：“因为要取缔学生仍在社会上的活动，苦于无法——遂借‘严格教育’和‘补考’以淘汰‘能干’学生，袪尽他们心目中所认为不好分子的手段。”继而，萧楚女在文中悲愤地指出：“这次补考中其被淘汰的，并不是些低能者，而只是些因为最近数日奔走沪案以致功课稍有荒误的好学生；那么，贵学校，贵教职员，就不但是宣告了自己的教育破产，并且同时还宣告，先生们的人格卑污；宣告了先生们都是一些反爱国而只顾私利为帝国主义者作伥的汉奸国贼了。”

萧楚女此文章刊出后，开封各校校长相互勾结，以全体辞职来威胁。萧楚女则站出来，坚决支持学生们的反“补考”斗争，并讽刺这些校长们“结成了一个‘饭碗同盟’”。中共豫陕区委适时地发动群众，取得了社会的广泛同情和支持，迫使河南开封教育界收回“补考”之成命，学生的反补考斗争取得了胜利。

燎原之火在中州

中共豫陕区委建立后，积极发展党的组织，大力开办党团员和青年训练班，宣传马列主义和中国共产党革命主张，巩固和扩大革命统一战线，不断壮大了革命力量。在中共豫陕区委领导下，豫陕、江苏和安徽区域进步社团纷纷建立，工人运动如火如荼普遍开展。作为地域中心的河南，中共豫陕区委动员、领导河南民众反对北洋政府的关税会议，支持反奉战争、组织群众声援“首都革命”；召开河南省农民协会、河南女界联合会成立大会，还协调成立了青年协社，以统一领导全省青年运动。

按照中共中央的指示，中共豫陕区委除了领导河南、陕西两省党组织外，还负责组建江苏、安徽部分地区的党组织，共计下辖三个地委、七个特别支部、十多个支部，党员 200 多人。在开封上学的河南平顶山籍青年娄葆青、李亚先、艾峙生、王子和，在王若飞、萧楚女等人的教育影响下取得快速进步，光荣加入了中国共产党。

中共豫陕区委在开封工作不到一年的时间，党组织发展很迅速，党员数量在当时全国排第四位。这为河南迎接大革命高潮的到来，奠定了坚实的基础和做好了中坚人才的准备工作。

1925 年夏，新上任的河南督办、国民军第二军军长岳维峻，思想上逐渐反共。国民党右派趁机大肆活动，戴季陶公开抛出的攻击马克思主义、反对共产党和国共合作的《国民革命和中国国民党》小册子在开封流传。为此，萧楚女针锋相对地撰写的《国民革命和中国共产党》在开封印刷出版并发行全国各地。王若飞也在《中州评论》上发表《国民党右派的捣乱》等文章，揭露国民党右派的阴谋，指导河南的革命运动。同时，中共豫陕区委还发动领导民众积极参与反帝反军阀的斗争，以省总工会等 11 个单位名义致电北京政府，要求废除不平等条约，实行关税自主；并且以党团豫陕区委名义发布宣言，领导群众支援反对奉系军阀挑起的战争，声援“首都革命”。

萧楚女主办的《中州评论》里的那些言辞激烈的文章，富有战斗性和启发性，提高了广大民众的觉悟，也激起反动当局的强烈不满。尤其是他常以诤友的身份，在《中州评论》对国民军进逆耳之忠言；有时竟刊登署名楚女，对开封警备司令李纪才进行猛烈抨击。

在岳维峻和李纪才的眼里，萧楚女是一个危险的煽动家。10 月 26 日，恼羞成怒的李纪才派人把萧楚女“请”了去，当他的面向侦探们下命令：“我要你们把这个人遣送出境，立即执行。以后你们要是再看见他，就给我抓起来！”

萧楚女在河南开封仅停留了两个月的时间，仍是作为一个不受反动当局欢迎的人，再一次被押送出境。但是，广大河南革命民众会永远在心里感激萧楚女。

一刻都闲不下来

萧楚女从河南返回上海途中路过苏州时，他在三元坊江苏省立第一师范作了题为《青年与政治》的演讲，进一步阐述了帝国主义侵略中国的历史和争取关税自主的重要性。东吴工业专科学校等校学生也赶到一师听讲，大家受到不少启发。

在苏州短短的几天，萧楚女还协助建立起国民党苏州市党部。该党部在平林中学校园举行成立大会时，他出席大会并发表即席演说。

1925 年 11 月 23 日，国民党右派分子谢持、张继、邹鲁等在北京西山碧云寺孙中山的灵柩所在地附近，召开了所谓的“国民党一届四中全会”，通过了“取消共产党员在国民党中之党籍”“取消政治委员会”等反动决议。他们还控制了《上海民国日报》，发表大量反动文章并通电攻击共产党，反对国共合作。萧楚女对西山会议派的罪恶行为十分气愤，于 12 月 12 日发表《上海民国日报的真面目》一文，深刻地揭露西山会议派和《上海民国日报》编辑部的反动面目，他指出：“什么西山会议！抉吾眸子悬之永定门上，作一断然之‘预言’——告诉不知人情世故的那般拥护西山会议的青年！林森、邹鲁、谢持、石青阳、许崇智、戴季陶……这般政客、军阀。他们绝不是一种‘革命之势力’。”

1925 年底至 1926 年 1 月初，萧楚女风尘仆仆地奔波于上海、南京、苏州、吴江、松江、张堰等地，了解社会民情，从事党、团的组织工作，并及时在共青团中央常委会上汇报情况，以促进全国革命斗争的平衡发展。其实，早在 1925 年 7 月的暑假，萧楚女同中共党员、南京党支部负责人之一的曹壮父，前往曹壮父的家乡——湖北阳新曹家塆，在那里组建了青年促进会和妇女天足会，组织了广大青年、妇女参加到反帝反封建的斗争之中。随后，在萧楚女的指导下，曹壮父介绍曹玉阶、曹振亚等五人加入中国共产党，组建起曹家塆的党小组。

从 1925 年 11 月 20 日至 12 月中旬，萧楚女满怀革命激情，用手中那支停不下来的笔，陆续在《中国青年》刊物上发表《“什么是反革命”？》《中国赤化与帝国主义的一致压迫》《国民革命与“专一”“诚意”》《评〈经济侵略下之中国〉》《帝国主义与人口问题》等文章，让广大民众更清楚地认识到中国贫穷、落后的根源，以及广大民众必须赶快联合起来反对帝国主义和军阀、官僚，推进革命运动的必要性。

回信燕文新

1925 年 11 月中旬，刚刚回到上海的萧楚女收到襄阳年轻人燕文新的来信。在来信中，燕文新表达了自己参加革命工作需要指导的迫切要求和希望。此时的萧楚女，自身工作忙得不可开交，已经没有白天黑夜之分，然而，他对于这些热血青年人的迫切要求和希望从不随意推辞，总是想方设法挤出时间认真回信。

在这次回信中，萧楚女推心置腹告知燕文新有关情况。

萧楚女首先表扬了燕文新和福升两人积极努力于国民党工作的行为，并且真诚希望他和福升能“赶紧多发展些区分部出来，好在明年春天，成立县党部”，并且指导燕文新通过汉口银行分会内银行杂志社刘一华，与湖北省党部的陈潭秋或董必武联系，“可声明由我介绍，他们必可告诉你们一些组织的方法”。

在回信中，针对燕文新想上工读学校以便将来就业的情况，萧楚女诚挚地告诉燕文新，工读学校现在全国已经都没有了。热忱地建议他们于 11 月底前赶到上海投考广州黄埔军校为好，同时强调他们仍然需要认真备考（也不太难考）。“上马击狂胡，下马草军书”。如果他们考入了黄埔军校，那么不仅就业问题能够迎刃而解，而且可以建功立业，为国家作出更大的贡献，这样既有利于自己，也有利于整个中华民族。

萧楚女在信中仔细叮嘱燕文新，“你们到上海后，可至法界环龙路四十四号、国民党上海执行部，问恽代英找我”。最后还提醒燕文新“你们惟须身体康全”。

善于发现人才

1926 年 1 月 1 日，中国国民党吴江县第四次代表大会在平望镇八慵园得真堂举行。萧楚女应国民党元老柳亚子和中共党员张应春邀请，以中共党员、国民党江苏省党部代表和宣传委员的身份，与中共党员、国民党江苏省党部代表姜长林一起参加此次会议并发表演讲。会议前后，萧楚女对开好本次会议及如何开展好今后的革命工作等进行了具体指导。

会议期间，萧楚女及时向柳亚子、张应春等与会代表了解吴江的革命情况，并深感吴江的革命形势发展迅猛可观。

这次大会的议案比较多，会后国民党吴江县党部发表了《中国国民党吴江县第四次全县代表大会通电》，将会议的六项决议通电告知全国、全党：（一）庆祝国民党第二次全国代表大会的开幕；（二）拥护国民政府暨政治委员会；（三）声讨叛党的党贼分子；（四）庆祝国民政府统一广东全境；（五）声讨北洋军阀段祺瑞；（六）反对日本悍然出兵中国东三省。

萧楚女除了在吴江县参加会议和演讲之外，还注意在日常工作中发现人才。他在 1926 年 1 月 8 日给时任共青团中央组织部部长林育南的信中，重点提到了傅辑光和陈味芝。

一是介绍进步青年傅辑光参加共青团。傅辑光是苏州人，江苏省立第一师范学校毕业后到吴江县横扇第一小学任教。他在任教期间，在《新黎里》等报刊上发表《怎样唤起民众》《无系统地随意谈谈国民党》等进步文章，通过宣传新文化、新思想，热情地向民众介绍马克思主义。傅辑光以横扇的党员代表身份，参加中国国民党吴江县第四次全县代表大会。萧楚女在了解到傅辑光的情况后，亲自对其进行了考察，介绍他加入共青团，并在向林育南及团中央的汇报中赞扬傅辑光"阶级性意识极深，对于共产主义信仰甚至"。

傅辑光后来转为中共党员，担任中共吴江县县委组织委员和东区负责人，接着又参加了新四军，投身全民抗战事业。

二是为陈味芝联系中共组织。陈味芝，又名凌云。1925 年 11 月，陈味芝回到吴江震泽，以震泽丝绸业公学教职员身份为掩护开展革命工作，并以"曾延"为代号多次及时将吴江的革命形势报告给中共中央。陈味芝作为震泽的党员代表，参加了中国国民党吴江县第四次全县代表大会。会上，他连提清党、反帝、训练及纪律等五个提案，其中四个提案获得大会通过，给萧楚女留下了很深的印象。萧楚女了解到陈味芝回吴江开展革命工作后，与中共组织的联系不够顺畅，缺乏指导，便极力建议中共中央尽快去信与陈味芝取得联系，指导其工作。

萧楚女在信中写道:“震泽丝业公学陈味芝极力左倾(指‘革命’之意)……大会中连提五案……真如我们的同志一样。他认识秋人(指张秋人，时任团中央执行委员、中央局成员)，请即去信秋人，叫他和秋人通讯。”

第二十章 在国民党中央宣传部的日子

中宣部的检阅干事

1926年初，萧楚女受党组织委派到达羊城广州，进入毛泽东担任代理部长的国民党中央宣传部工作。

毛泽东能够担任国民党中央宣传部的代理部长，与他和汪精卫有着一段共事经历是分不开的。

在国民党一大上，孙中山看中了即席发言慷慨陈词的中共代表毛泽东。

国民党一大之后，由孙中山亲自提名且当选国民党中央候补执行委员的青年俊彦毛泽东被派到上海的国民党执行部工作。国民党的上海执行部由胡汉民、汪精卫和叶楚伧负责，而毛泽东则以国民党上海执行部主要负责人胡汉民秘书的身份兼任上海执行部组织秘书。在这期间，汪精卫对毛泽东的素质大加赞许，尤其对其思维敏捷、文笔潇洒更为好评。此外，还有一个重要的人脉关系。

毛泽东的同乡、恩师，曾任湖南第一师范学校校长易培基是汪精卫的挚友，易培基早就向汪精卫引荐过自己的这位品学兼优以天下为己任的学生。毛泽东在上海的工作表现，得到了汪精卫的肯定。当时汪精卫以自己事务繁忙为由，指名推荐毛泽东以代理宣传部长的角色接替他兼任的这份工作。1925 年 10 月 7 日，毛泽东正式成为国民党中央宣传部的代理部长。

萧楚女到达广州不久，沈雁冰受中共广东区委的派遣，也向国民党中央宣传部代理部长毛泽东报到，参加工作。1926 年 2 月 8 日，国民党中常会很快通过了毛泽东的提名，任命沈雁冰为宣传部秘书、萧楚女为检阅干事。正因这里人才济济，当时毛泽东主持的国民党中央宣传部有“人才内阁”之称。还有人干脆笑言，“国民党中宣部里面的事情全都由共产党做着”。

沈雁冰、萧楚女上任后，根据毛泽东的指示和要求，检查了国民党中央宣传部过去所发的文告和指示，凡内容与孙中山的三大革命政策和国民党第二次全国代表大会宣言有抵触的，都予以撤销或重新拟文代替。沈雁冰、萧楚女仅用一天时间，撰写完成了国民党第二次全国代表大会宣传提纲初稿交毛泽东审阅。毛泽东在此基础上增加了“军队与人民合作”一段文字，并对全文润色后，提交国民党二届中常委讨论、修改后印发各地党部学习。

在国民党中央宣传部工作期间，萧楚女勤恳肯干、热情待人，受到同事们的赞扬。有的工作人员遇到困难时，他主动帮助解决。有的人写完了文稿，请他帮助修改，他从不推辞。毛泽东曾当面称赞萧楚女，说他能写善讲，文章富有鼓动性、战斗性。直夸得萧楚女不好意思，连摆手说：“楚女真是不敢当，不敢当啊！”

汪精卫名义上还挂着国民党中宣部部长职务，偶尔到宣传部办公地转转。在一次部务会上，汪精卫对萧楚女说：“萧先生名扬天下，能屈驾在宣传部工作，真不简单，必能为宣传部增添光彩。”萧楚女听罢，回答说：“汪先生过奖了。不过，我对于那些口头上拥护孙总理的三大政策，然而行动上破坏国民革命的挂羊头卖狗肉的人深恶痛绝，是不会客气的。汪先生，你以为应该怎样呢？”

汪精卫自知遇到胆子大不怕鬼的人，听后苦笑着没有接话头，自觉无颜再继续说下去。

协助毛泽东编辑《政治周报》

国民党建党初期偏重军事，而不注重政治宣传工作。毛泽东到任时，国民党的宣传工作没有计划，更没有组织章法，显得异常凌乱。

毛泽东上任以后，首先以国民党中央宣传部的名义在上海开设交通局，作为国民党中央和各地机关联络、宣传的机构，之后陆续将交通局扩展到12个省市。随后，他又以国民党中央宣传部的名义，对国民党报刊宣传系统进行全面整顿，创办了一大批国共合作、统一战线性质的报刊。

1925年12月5日，毛泽东创办了《政治周报》，这是国民党政治委员会的机关刊物。其宗旨是“为了中华民族得到解放，为了实现人民的统治，为了使人民得到经济的幸福。”同时要“向反革命派宣传反攻，以打破反革命宣传活动”。毛泽东以极大的热情投入到《政治周报》的编辑工作，亲自以子任、润之等笔名发表了政论、新闻、时评和通讯等20多篇文章。

萧楚女曾任《新蜀报》主编、《中国青年》编辑、《中州评论》主编，在办刊之余，还经常在报刊上发表文章。他的文章可谓“字夹风雷，声成金石”。由于萧楚女有丰富的办报办刊和从事宣传工作的经验，因而成为毛泽东主编《政治周报》的得力助手。

萧楚女具体负责组织稿件和排版，经毛泽东审定后，又参加校核和发行工作。经过努力，《政治周报》的发行量逐步扩大到4万多份，成为宣传反帝、反军阀和揭露国民党右派、团结革命左派和广大民众的重要思想武器。

毛泽东当时任国民党中央候补执行委员，代理宣传部长，还兼任国民党中央宣传部宣传员养成所主任，并在中国国民党政治讲习班担任理事及教员，事务繁忙。无法继续主编《政治周报》，就把此项工作交予沈雁冰。

沈雁冰既要做宣传部秘书，又要担当主编工作，他担心自己不能胜任。可是，毛泽东笑着劝慰道："萧楚女不简单，可以暂时帮你处理部务事情啊。"

沈雁冰接替毛泽东主编《政治周报》，萧楚女这时担任直属国民党中央宣传部的机关报、广州《民国日报》的主笔。沈雁冰、萧楚女这两支笔杆子共同研究工作，结下了深厚的革命情谊。对于他俩在国民党中央宣传部的这段相处日子，后来沈雁冰在回忆时，高度称赞萧楚女"是一个又会讲演又会写文章的全才人物"。

东山庙前西街 38 号

当时《政治周报》对外不公开，通信地址就设在东山庙前西街 38 号毛泽东的寓所里面。为了工作方便，萧楚女和沈雁冰先后搬到东山庙前西街 38 号。

东山是别墅区，有很多豪华的洋楼。黄埔军校校长蒋介石，还有以鲍罗廷为首的苏联顾问团都住在附近的洋楼里。东山庙前西街 38 号毛泽东寓所是一所普通的中式楼房，房子分为上下两层，楼上住着毛泽东、杨开慧夫妇和他们的两个儿子，萧楚女和沈雁冰住在楼下。

沈雁冰后来在回忆录里写道：他当初去东山庙前西街 38 号见到毛泽东时，毛泽东热情地对他说："老朋友，欢迎你！"又指着身边的男青年对他说："这是萧楚女同志。"沈雁冰早就知道萧楚女是男的，但出乎他意料之外的是，萧楚女竟是个麻面黑脸的壮汉。"萧楚女倒是很热情又诙谐，同我一见如故。指着室中一架挂着蚊帐的单人木板床，对我说：这是留给你的，从今以后我陪伴你。"

毛泽东因兼职多，不常到国民党中央宣传部办公，平日很多工作直接交给萧楚女、沈雁冰去做。他俩工作十分紧张，每天清晨向毛泽东请示当天工作后，从庙前西街 38 号寓所走 20 多分钟的路程，到大东路国民党中央党部办公。中午都不回家，一直工作到晚上才回到东山庙前西街 38 号寓所休息。

那是大革命时期，沈雁冰的内弟孔另境赴广州国民党中央宣传部担任助理干事。共产党人张秋人后来接替沈雁冰主办《政治周报》，毛泽东安排他住在楼下萧楚女特意腾出的房间。

在繁忙的工作之余，他们也有自己的娱乐方式。那时的孔另境经常随好友萧楚女、张秋人在毛泽东家里打牌。一次，杨开慧看到他们打牌，就用湖南口音招呼道："你又来送钱给我用吗？今天可不许拖欠！"这个"你"，就是指萧楚女。有一次，萧楚女在打牌时运气好，赢了不少毫子、铜元。毛泽东也试着下了大注，却遭到萧楚女的反对。孔另境后来回忆当时的场境，写道：萧楚女站了起来，说："不行！我就是不来了，还怕什么事情！"①

萧楚女和毛泽东，无论外貌和个性，他们都是迥然不同的人。一个短发直竖，面部轮廓分明；一个梳着分头，面庞线条细腻；一个秉性粗豪，一个性情蕴藉；一个高言快语，一个谨言慎语；一个眼神逼人，一个目光谦抑；一个著文如黄河奔腾，难免挟沙带泥；一个笔下如庐山瀑布，清洌而泛着虹彩。但是他们二人有着相同点，即都是才华卓绝的宣传家、坚定的无产阶级革命家，都有文人的那种豪爽气概，桌上争得面红耳赤，事后却和好如初。对于萧楚女的直率为人和性格，数十年以后，毛泽东怀着深情回忆起萧楚女，说："我是很喜欢他的。"

声援广东民众的正义行为

国民党第二次全国代表大会以后，南粤形势有所好转。国民政府对工人运动采取了积极的态度，一方面援助省港大罢工；一方面打算同港英当局谈判，争取在有利条件下解决罢工问题。

1926 年 2 月 5 日，广州各界联合发起援助罢工周。2 月 10 日这天，援助罢工周筹备会派出了 20 多个讲演队到各处宣传发动；并且在第一公园为罢工工人举办了游艺大会。与会者高呼"打倒帝国主义！""省港罢工胜利

① 郭娟:《经济观察报》2010 年 4 月 2 日。

万岁！”的口号，充分显示了中国民众团结一致，誓同英帝国主义斗争到底的坚定意志和英雄气概。

萧楚女虽然忙于公务，但时时关注广州革命形势的发展。这次省港大罢工历时一年零四个月，有效地打击了英帝国主义在香港的统治。伦敦政府用尽各种办法，包括利用3000万英镑巨额的借贷政策，也丝毫未改变其困境，让帝国主义者真正看到了中国人民团结的力量。于是，他们采取卑劣手段收买一些甘心卖国的走狗来蛊惑人心，说什么罢工影响民众的日常生活，等等，香港《工商日报》则刊登文章，刻意渲染和夸大在港或与港商有经济利害关系的中国商人经济受损失的程度，挑起这些中国商人的不满，从而破坏中华民族共同斗争之战线。2月12日，萧楚女在复刊的广州《民国日报》上发表题为《拥护省港罢工声中告港商及一般大商阶级》的署名社论，他在文中指出：

“无论我们底敌人，叫我们过激派也好，叫我们共产党也好，叫我们工阀也好，中国国民之应当要求中国国家的尊严独立，应当反对帝国主义者的侵略、压迫，总是一个正当的权利，一个真理，一个‘放诸四海而皆准，俟诸百世而不惑’的无可否认的事实。谁能说中国的工人不应该为沪汉惨杀、沙基狂屠而奋斗呢？谁敢不承认此二十万工友的半年奋斗是一种横绝世界的光荣牺牲呢？”

至于中国商人的利益问题，和外国通商以来直到今天，并没有过什么中国自己的独立企业，始终只做着人家的附属体。萧楚女告诫中国的商人们要支持工人们的罢工行为，千万不要听信“卖国走狗”的鬼话。这是因为，“这次的省港罢工，乃正是我们的国民革命过程中必须应有的一个阶段，乃正是打倒帝国主义的工作中之一极重要的部分，乃正是中国商人获得经营中国自己的独立企业之机会，获得自己所欲得到的更大的经济利益的一个先决条件”。

对于改编后的国民军倾向革命的行为，部分民众是持欢迎态度的，但仍有为数不少的民众接受不了。为此，萧楚女于2月17日在广州《民国日报》发表题为《广东民众援助国民军的真意义》文章，他在文中指出：“冯玉祥从前也总算是一个军阀，他底以往的表现，实在也有令我们不满意。但是，他现在却不是一个‘军阀’了！他在这近两年的民众革命空气中，在他的心理上，已经另有一个新的倾向——颇有渐渐地变为‘革命军人’的可能了！自然我们就相信我们底主观，把一切倾向我们的人便都看成是‘我们的人’‘我们的势力’或竟亲切呼之为‘我们的同志’”。

当然，看待一个人尤其是大人物是否真心革命，不仅要看他平日的言论，更要看他平日所做的事情。“我们应当用了我们自己底那个革命水准器，时时刻刻不断的去测量一切站在革命边沿上的——乃至久已就投入我们队伍中的那些人。不问他是否‘我们的同志’，不问他是否真实的矢忠于我们底革命工作；我们只看他现在所做的事，所处的地位，是否与我们底国民革命有利益，是否与我们底未来的革命工作之发展或已有的革命成绩之存在有一种密切关系？”

萧楚女提醒特别渴望自由的民众们，“帝国主义者用它底工具现在所对付的，不是冯玉祥，不是国民军；乃是我们自己，乃是我们底国民政府，乃是我们底国民革命之前途。我们援助国民军，并不是以国民军为中心而援助的，乃是以我们自己为中心而拥护我们的‘革命’，扫清我们前途的障碍！”

政治讲习班授课

1925 年底，中国国民党为了安置湘军改编为国民革命军第二军后的编余人员，同时为北伐战争培养宣传人员，着手筹备中国国民党政治讲习班。经过考核，录取学生 400 余人，其中还有粤籍、湘籍工农运动男女干部 40 余人作为旁听生。毛泽东的妻子杨开慧，刘少奇的妻子何宝珍也是旁听生。谭延闿、程潜、毛泽东、林伯渠、李富春、鲁涤平、陈嘉佑七人为政治讲习班理事，国民革命军第二军政治部主任李富春兼班主任。该班名义上是国民党办的，实质受共产党领导。1926 年 2 月 28 日，政治讲习班开学，谭延闿、毛泽东、萧楚女等人先后发表了讲演。

政治讲习班课程共有25个专题，教师及课程有：毛泽东《农民运动》、阮啸仙《广东农民运动实际状况》、郭沫若《革命文学》、张庄《军事学》、张太雷《世界政治经济状况》、恽代英《中国政治经济状况》、朱剑《帝国主义侵略中国史》，萧楚女则讲授《国际主义与民族问题》和《社会主义》两个专题的内容。

萧楚女讲授《社会主义》时，从国际民族解放运动到中国革命，从原始社会到社会主义社会各个历史阶段的社会形态、经济组织、社会结构等方面，都作了概括的讲述。特别是对资本主义发展到帝国主义阶段，无产阶级的社会主义革命必然到来的规律，作了深入浅出而具体生动的分析。萧楚女备课严谨认真，讲授的内容十分丰富，所举事例的人名、地名、统计数字，都能脱口而出并翔实准确。

学员中有好多人本来是行伍军人，他们对学习提不起兴趣，对理论的学习更是感到头疼和厌倦，但是萧楚女讲得通俗易懂，使得他们对理论学习也逐渐地产生了兴趣。

萧楚女穿着简朴，待人热诚，学员们很尊敬他，就学习上的疑难问题经常找他解答。萧楚女总是设法挤出时间一起讨论，给学员一个满意的答复。有时候，有的教师因事临时不能来讲课，政治讲习班教务处就请萧楚女代课，他也从不拒绝，并力求把课讲好。

除了讲授好课堂上的内容，萧楚女还很关心学员的课余学习活动，曾将自编的《社会主义讲授大纲》发给学员作参考使用，并叮嘱他们掌握要点复习，有不明之处要及时提出。同时将《向导》《中国青年》《少年先锋》等刊物介绍给学员，引导他们关心国民革命运动，关心时局的发展，促进学员思想转变。正是有了萧楚女和其他革命教员的正确引导，有的学员在政治讲习班里积极参加了共产党或共青团。政治讲习班分为四个队，每队设有一个共产党的秘密支部。

1926年5月，国民革命军第七军一部和第四军所辖叶挺独立团等部奉命作为北伐先遣队进军湖南，拉开了北伐战争的序幕。驻守湖南的唐生智部奉命改编为国民革命军第八军，该军要求国民政府派遣政治干部前去工作。

政治讲习班学员只得提前于6月结业，紧随革命军旗奔赴北伐战争前线。

应邀多处演讲

萧楚女作为中国共产党的著名理论家和宣传家，早已远近闻名。因为宣传革命理论需要，不少学校和进步团体经常邀请他去演讲。为了能让广大民众尤其是青年学生更多地了解马克思主义理论和革命道理，萧楚女非常乐意并接受邀请前往演讲。

1926年春，广东大学专修学院举办一个干部培训班，并吸收了800多名机关职员、小学教师和店员，都是安排晚间上课。萧楚女和毛泽东、恽代英等共产党内的十多位知名人士应邀担任该班讲师。其中萧楚女讲授《十九世纪社会主义思想史》内容，每周两个晚上授课。每个晚上，萧楚女必提前来到培训点。

3月12日，中山大学举行孙中山逝世周年纪念大会，萧楚女应邀出席，并在会上作了题为《民生主义之现在与将来》的演讲，进一步阐述了孙中山关于民生主义的内容和意义。而民生主义关乎民众生存之大计，是民众最为关心的问题。萧楚女指出："孙文主义底出发点，它自己说得很明白，它是要叫四万万人，都有饭吃。……它是现实的时代的产物——唯物的革命思潮。这个思潮底根本所在，便是为了这些'没有饭吃'的人而去制服那些使这些人没有饭吃的人。"

这表明，阶级斗争是客观存在的。民生主义的平均地权、节制资本，在社会生活中就是代表了没有"地权"、没有"资本"的人向着地权资本太"多"的人进行的一种"斗争"，从而驳斥了西山会议派等国民党右派污蔑共产党制造阶级斗争的谬论。

萧楚女进而指出："民生主义的将来，是要走那万不可免的阶级斗争去实现的——是要由革命阶级专政去制服反革命（因革命而损失其生活上之利益的）阶级的。……谁是革命的阶级？是被压迫的大多数'国民'！谁是大多数被压迫的国民？是占国民人口中百分之八十以上的农人和工人。”为此，他号召民众要“抚辛亥已往之覆辙，鉴苏俄当前之良训——中山总理的以农工为革命中坚的策略——便是为了民生主义的将来而努力于民生主义的现在的工作！”并立即行动起来“打倒右派——孙文主义的曲解者、修正者！”

4 月，广东省国民党青年部为培养青年运动干部，在省立第二中学内开办青年训育养成所，萧楚女被聘为教员，讲授《中国政治经济状况》《青年心理》等课程。该所于 7 月上旬毕业，萧楚女在毕业典礼上发表演说，号召学员要为工农利益奋斗。毕业生中的大部分被派到各县指导青年运动，其余的小部分学生被派到北伐青年工作团，担任北伐宣传工作。鉴于各项工作急需大量的青年骨干，广东省国民党青年部于 9 月又开办了第二届青年训育养成所，萧楚女再次被聘为讲师，讲授《社会主义》课程，为培养青年运动干部作出了贡献。

1926 年 6 月，中华全国总工会教育宣传委员会组织的“以研究工人运动，养成工会人才”为宗旨的劳动学院开班，第一期由邓中夏担任院长，招收了 193 名学生，萧楚女被聘为讲师，讲授《中国政治经济状况》课程。

萧楚女对农民运动也十分重视，曾应邀出席广东省农民协会执行委员会扩大会议暨中央农民部特派员第二次大会开幕式，并作了宣传农民运动的演讲。

警惕国民党右派

1926 年 3 月，蒋介石为夺取革命权蠢蠢欲动，广州谣言四起，中共中央领导层对此并没有引起足够重视。可萧楚女对蒋介石及其国民党右派的行为十分警觉，于 3 月 12 日在广州《民国日报》发表了《纪念总理者应勿忘总理的革命方略》一文，他严正地指出国民党右派破坏国共合作，“动辄对于总理的联俄、联合弱小民族、容纳共产党，加以造谣和诽议，实际上协助反革命的势力张目”。并重申“革命便是以阶级斗争去消灭阶级的企图。如果有人要避免阶级斗争而谈革命，那便是不革命的假革命者。因为革命即是阶级斗争；不是阶级斗争的东西，怎样还能算是革命？整个的孙文主义，便是整个的阶级战斗的方略。”萧楚女在文中号召人民必须拥护孙中山的革命政策，促进国民革命成功。

3 月 20 日，蒋介石秘令逮捕了海军局代局长、中山舰舰长、共产党员李之龙，派兵包围省港罢工委员会以及苏联顾问和共产党人的住宅以及全市共产党机关，还扣押了第一军内国民党左派党代表和政治工作人员 40 多人。蒋介石制造的中山舰事件，就是对共产党的一次试探，表明他开始清除军队中的共产党力量。此举背叛了孙中山制定的“联俄、联共、扶助农工”三大政策，是国民党右派势力公然分裂国共合作、企图夺权的信号。

中山舰事件发生以后，中共广东区委立即召开扩大会议研究对策。毛泽东、陈延年、周恩来、张太雷等人主张反击蒋介石。但陈独秀、张国焘却担心“过火行为吓跑大资产阶级”，指示中共广东区委必须要克制、忍让。毛泽东、萧楚女、杨开慧、葛季膺、贺树等人在毛泽东寓所聚会时，都不满意陈独秀对处理中山舰事件采取妥协退让的恐惧态度。

此时的萧楚女想用笔和嘴来抗争、反击却不能，因为中共中央指示要“克制”“忍让”，满腔怒火只能憋在肚子里面。就在他困惑之时，写文章的机会来了。

国民党中央党部决定用公历 3 月 29 日来纪念辛亥年农历三月二十九（1911 年 4 月 27 日）同盟会在广州举行的武装起义。由于《民国日报》要在那天出版纪念专号，特邀请萧楚女写一篇文章。

追思那次武装起义，萧楚女立马想到黄花岗七十二烈士。他们具有坚定的革命信念，一往无前、义无反顾地慷慨牺牲，英勇壮举值得后世人永远深切纪念。

但是，今天的革命者再不能简单地继承那种不顾一切的血气之勇。黄花岗的英雄们在冲锋陷阵之后，并没有广大的民众跟在后面。必须提醒当今的后继者吸取这个教训，让国民革命深深地扎根在广大受剥削受压迫的人民生活之中，必须把革命变成一种阶级的行动。

萧楚女想利用这个机会，在文章里针对当前的事变说几句话。当然，其意图必须非常含蓄。不能让国民党右派抓住把柄，也不能触犯共产党的纪律才行。

他回想起南京临时政府成立之际，汪精卫随着袁世凯的议和代表南下，充当帮凶，催逼孙中山让出政权。如今中山舰事件后，汪精卫又不负责任地借口养病弃职出走国外。当年南京政府向袁世凯让出政权，也就是向帝国主义和封建势力让出了政权。如今的这个蒋介石，尽管满口“革命”，俨然一副“左派”的样子，然而不时现出袁世凯一样的本相。这次中山舰事件，就是他反对革命的基本暴露。

当年的历史和今天的现实，太相似了。可惜不能直截了当地说个明白，只能含蓄地表达主题。好在历史能给人以启迪，虽然不必点出汪精卫姓名，也不必标出袁世凯姓名，但是不同的人们会从自己最敏感的方面觉察出弦外之音的。

3 月 29 日，萧楚女写出题为《黄花节之足以纪念者何在？》的文章，在广州《民国日报》发表。明眼人立即能看出，此文痛斥了国民党新老右派一起破坏孙中山的三大政策，提醒广大民众警惕新军阀篡夺革命队伍领导权。

萧楚女的这篇文章，刺中了国民党右派的要害，使国民党中枢当局大为不满。萧楚女自己也心知肚明，便辞去了在国民党中央宣传部的职务。他正好全力以赴地协助毛泽东办好农民运动讲习所这个新的革命部门。

第二十一章　农民运动讲习所的栋梁

受聘专任教员

1926年1月，为更好地培养农民运动人才，以适应全国农运发展的要求，国民党中央农民部向国民党中央执行委员会提议设立农民运动委员会，并经国民党中央第二次常务委员会讨论通过。2月5日，国民党中央农民部公布了“农民运动委员会组织大纲”，以及由邓演达、林伯渠、毛泽东、萧楚女、阮啸仙等九人组成农民运动委员会的决定。2月6日，国民党中央农民部发出了第六届农民运动讲习所招生通告。这时的国民党中央农民部部长，是国民党著名左派代表人士邓演达。

此时的萧楚女能者多劳，又增加了一项新的工作即农民运动讲习所的教学工作。虽然他不参与第六届农民运动讲习所筹办的事情，但有关农民运动的会议他要出席，有关场合还需发表演说，他非常乐意接受党分配的新的工作任务。

3月16日下午，农民运动委员会举行第一次会议，决议请毛泽东担任第六届农讲所的所长，聘请萧楚女、彭湃、恽代英、陈启修、陈公博、陈其瑗、李立三等为教员。萧楚女不仅领导过青年运动，而且对农民问题很有研究。他早在1924年写下的《中国的“农民问题”》长篇论文，发表在《新建设》的第二卷第一期，深刻论述了解决农民问题的重要意义。因为萧楚女曾经对农民问题有深入的研究，也曾在国民党中央宣传部做过毛泽东的得力助手，所以，毛泽东特意聘他为农讲所专任教员。

5月15日至22日，中国国民党的二届二中全会通过了蒋介石提出的排挤共产党人的《整理党务案》，其主要内容是：限制共产党员在国民党高级党部任执行委员的人数，不得超过该党部全体执行委员的1/3；共产党员不能担任国民党中央各部部长；加入国民党的共产党员名单须全部交出；等等。在上海的中共中央和共产国际驻中国代表鲍罗廷，对蒋介石采取了妥协的态度。出席国民党二届二中全会的中共党团内部，对是否接受《整理党务案》意见并不一致。在鲍罗廷的压制下，指导中共党团的张国焘要求大家接受，使得《整理党务案》得以顺利通过。于是，担任国民党中央党部部长的共产党员全部辞职，换上了国民党右派，蒋介石当上了国民党中央组织部部长兼军人部部长。随后，蒋介石又当上了国民党中央常务委员会主席和国民革命军总司令，垄断了党政军财大权，这种便利条件为他下一步彻底叛变革命、屠杀共产党人做好了铺垫。显然，此时的蒋介石还没有完全翻脸，而是继续维持着国共合作的局面，因为他也非常清楚：国民革命和北伐战争如果想要取得成功，必须有共产党和广大工人农民的鼎力支持。

毛泽东由此不再任国民党中央宣传部代理部长，他与萧楚女等人离开了国民党中央宣传部，专心开办农民运动讲习所。

农民运动讲习所是大革命时期国共两党合作创办的培养农民运动骨干的学校，其使命“是要训练一班能领导农村革命的人才出来，对于农民问题有深切的认识，详细的研究，正确解决的方法，更锻炼着农运的决心，几个月后，都跑到乡间，号召广大的农民群众起来，实行农村革命，推翻封建势力。中央农民运动讲习所可以说是农民革命大本营。”[①] 其特点是：进行以国民革命为中心内容的政治教育，以提高学员的思想政治觉悟；进行武装斗争和建立农民武装教育，并进行军事训练，使学员毕业后能指导农民组织农民自卫军，成为农民武装自卫的领导者；组织学员到农民运动和农民自卫军搞得好的地方参观学习，对农民问题和农村情况进行调查研究，以增强学员从事农民运动和搞好农民自卫军建设的决心和力量。

农民运动讲习所第一届到第五届，主要培养了广东及广西、湖南等八个省的农民运动干部，毕业学员共计 454 名。

毛泽东的得力助手

第六届农讲所克服经济困难，招收学生 327 人。这些学员来自全国 20 多个省区。学制拟订 4 个月，于 1926 年 5 月 3 日在广州番禺学宫开学。

学员入学的时候，正是广东省第二次农民代表大会和全国第三次劳动代表大会在广州召开之时。农讲所的课堂为广东省第二次农民代表大会所借用，农讲所学员就相应地先参加广东省第二次农民代表大会所组织的一些活动。

5 月 15 日，农民代表大会闭幕后，农讲所正式上课。由于教务主任陆沉一时不能到职，专任教员萧楚女兼代教务主任工作。为了工作方便，萧楚女从东山庙前西街搬到农讲所西斋住宿。

在教务工作上，萧楚女遵照毛泽东制定的教学计划要求，坚持理论联系实际、政治教育与军事训练并重的原则，共设置了 25 门课程。其中，有毛泽东讲授的《中国农民问题》《农村教育》《地理》；周恩来讲授的《军事运动与农民运动》；恽代英讲授的《中国史概要》；彭湃讲授的《海丰及东江农运状况》等课程，其中《帝国主义》《中国民族革命运动史》《社会问题与社会主义》三门课程由萧楚女负责讲授。

---

① 《中央农民运动讲习所开学宣言》。

这些课程都是新设科目，没有现成讲义，萧楚女查阅了 20 多种书刊，并且结合自身多年调查所了解的中国社会实况，先后编写了《帝国主义讲授大纲》《中国民族革命运动史讲授大纲》《社会主义概要讲授大纲》等教材，分发给学员使用。

为培养学员掌握军事知识与技能，使他们学成回乡建立农民武装，军事训练成为他们重要的学习内容。在全部学习时间里，军训时间占了三分之一，由黄埔军校第一期毕业生赵自选任军事教官。军训初期，不少从没有摸过枪的学员，在炎热的暑天持枪操练、实弹射击，以致大汗淋漓、体质跟不上，有的学员受不了这种苦，甚至产生了不想继续学下去的念头。毛泽东、周恩来、萧楚女、赵自选发现部分学员这种思想苗头后，及时地进行帮助教育，让全体学员逐渐懂得学习军事技术的重要意义，一个不落地坚持学习下去。

为使学员在掌握农民运动理论的同时，更要熟悉农村状况，代行教务主任职责的萧楚女，按学员的籍贯，编组成立了安徽、江西、湖南、湖北、四川、云贵、两广、福建、江浙、奉（奉天，今辽宁省）、直（直隶，今河北省）、豫陕三特别区等 13 个农民问题研究会，设有研究主佃关系、地主来源等 36 个题目。各研究会开会时，萧楚女总是抽空参加指导。学员研究的成果，写成调查报告，由农讲所将其编入《农民问题丛刊》，供各省搞农运的同志阅读。毛泽东亲自为《农民问题丛刊》撰写了序言，指出：“农民问题乃国民革命的中心问题，如果农民不起来参加并拥护国民革命，那么国民革命不会成功。”

毛泽东因兼职多经常不在所里，所内的日常工作，多是委托萧楚女办理。萧楚女遵照毛泽东的意见，将工作处理得有条不紊，其他教员非常满意。在中华人民共和国成立后，毛泽东谈及教育问题时想到萧楚女，称赞他说：“农民运动讲习所教书主要靠他。”[①]

① 黎显衡编著：《萧楚女》，吉林文史出版社 2011 年版，第 102 页。

学员喜欢的萧先生

萧楚女统筹安排好农讲所教务工作外，还得讲好自己负责的课程。而在讲课方面，对于萧楚女而言是得心应手，课堂上生动活泼，极有感染力。即使是农民出身的那些青年学员，也能被萧楚女渊博的知识、深入浅出的演讲，加上语言和形体动作的有机配合所吸引，他们往往是到了下课时间还感觉没听过瘾。

学员们还记得，特别是在讲授辛亥革命、五四运动以及当时的五卅惨案和继五卅惨案之后的沙基惨案等现实斗争时，萧楚女更是禁不住慷慨激昂。他声情并茂揭露1925年6月23日英法帝国主义在广州沙面租界用大炮轰击游行到沙基的广大徒手群众，使用开花炮弹大量屠杀中国人民的罪行；热情赞扬和高度评价五卅运动中，上海、广州、香港以及全国各地工人运动的伟大力量。在讲授《帝国主义》这门课时，他讲到，帝国主义是资本主义的最后阶段，“循环不已的帝国主义争霸”必然引起战争爆发革命，“帝国主义日下正在：一方面尽量地长大它的最后限度的‘胖体’；一方面开掘埋葬其最后胖体的坟墓。”他形象生动地揭示了帝国主义必然灭亡、共产主义一定胜利的历史规律。

萧楚女是农讲所专职教员。除课堂授课外，学生的自修课上或者课余饭后，在宿舍里、大树下，常常可以看到萧楚女在指导学员做课外理论研究或进行有关问题讨论。毛泽东有空时，也来指导大家学习。

孙中山生前写的《三民主义》《建国大纲》《建国方略》，革命书刊《列宁与农民》《犁头周报》《帝国主义浅说》，国民党二大宣言和决议案、广东省农会章程及自卫军组织法以及广东省第一、二次农代会的重要决议案等30多种书籍文件，农讲所都及时发给每个学员阅读学习。萧楚女还就每本书的中心内容列出一些问题张贴在公告栏上，便于学员们阅读时参考使用。学员们一见到他的身影，就高兴地叫道：“萧楚女先生来了！”

课余时间，萧楚女还常找学员谈心，了解他们的生活和思想情况，鼓励他们刻苦学习。晚上，他经常巡视学员宿舍，发现有熟睡的学生将棉毡推落地下的，便拾起来轻轻盖上。他回到学宫西斋自己的寝室后，继续备课或撰写文章，直至午夜才休息。每当时局发生变化，萧楚女便及时给学员作时事报告，让学员认清形势，提高思想觉悟。在毛泽东、萧楚女等人的教育下，学员们不仅学业有了很大长进，而且思想认识水平也有了很大提高，许多学员主动要求参加共产党。

蜡烛照亮别人

白天在农讲所工作或外出讲课、讲演，晚上备课、写文章，繁重的工作和紧张的生活，使萧楚女日益消瘦，肺病发作了。有一次，他在农讲所讲课时，由于心情激愤突然吐血。学员们见萧楚女病成这样不知如何是好，劝他回宿舍休息，但是他仍然坚持讲课不愿停歇。学员只好搬来一把藤椅请他坐下，并且递上一杯热水。

萧楚女喝了一口水，稍作休息后，站起身来继续讲课。他对学员们说：“你们劝我休息，谢谢大家的好意。但是，你们负有重大使命，到此地来，时间不长久，总希望多学点东西，回去发挥更大的作用。各省的农民运动，等待你们去开展。我不上一小时课，就要浪费你们许多时间啊！”萧楚女决然地摇了摇头，他继续说：“你们想一想，蜡烛不是燃烧了才能放光明吗？我们要像蜡烛一样，从顶燃到底，做一个一直都光明的人。要在有限的一生中，有一分热，就发一分光，给人以光明，给人以温暖，我们都要有这种精神！”[①] 萧楚女说完，道声言归正传，于是又以惊人的毅力，坚持给学员继续讲课。

由于课堂里面没有扩音器，为使300多人都能听到，他竭力提高嗓音讲课，结果累得气喘咳嗽，再次咯出了殷红的鲜血。他为了不影响学员们听课情绪，悄悄地将咯出的血吐在手帕里，藏了起来，学员们含泪听着萧

---

① 黎显衡编著：《萧楚女》，吉林文史出版社2011年版，第102页。

楚女讲课。

后来，萧楚女的肺病已极其严重，讲课时经常坐在一条长椅上，脚边放着一个痰盂，一手攀住讲台，一手支在椅上，边咳边讲。师生们都很关心萧楚女的健康，厨工特意做了一些有营养的饭菜，他却把这份饭菜留给患病卧床的学员吃。

萧楚女病情日益恶化，毛泽东不得不强迫他住进东山医院，接受治疗。医生要他卧床休息，不准看书，不准讲话。他只好卧在床上，提笔回答那些学员写在纸条上的各种疑难问题。

萧楚女在回答学员提出的“唯物论与唯物史观如何分别？”“中国国家主义派历史如何？”“中国国民革命何以是世界之一部分；俄国革命是不是世界之一部分？”“阶级斗争的结果怎样？”“除了唤起民众，及联合以平等待我之民族外，还应注意什么工作？”“中国将来是否尚须经过自由都市时代？”等诸多问题之后写道：“各位同学所提出的疑问纸条积压太多，我又因为肺病须静养，一时不能多说话，这未免使大家很失望，现在且先拣简单的笔答于下，其须多言方能明了者，则请俟我稍好再同大家细说。楚女先生扶病草，七月六日。”

恽代英得知萧楚女患病住院的消息后，马上抽空前往医院看望，正好碰上刚调到广州的弟媳葛季膺。恽代英说：“季膺妹，既然你也到这儿来了，那就请你多多照顾楚女同志吧！他平时不注意自己的身体。健康是革命的本钱么！”葛季膺回答说：“毛（泽东）所长老早就要他到医院去看病，他就是不肯去。”

在医院病床前，恽代英正色地对萧楚女说：“楚女，一支蜡烛不但要点得亮，也要点得久啊！”萧楚女一边听着，一边点头。好友的深重情义，让他非常感动。

农运种子撒向全国

第六届农运学员经过半年的学习即将毕业，农讲所特意组织他们先后到韶关、海丰农村实习。

海丰是广东农民运动的发祥地，在共产党员彭湃的开拓和领导下，农民运动如火如荼，有“小莫斯科”之称。1926 年 8 月间，农讲所学员在赵自选等人的率领下，从广州黄沙乘船出发，在汕尾登陆，到达海丰城时，海丰总农会、海丰总工会及各界团体举行了隆重的欢迎会。彭湃在会上致热烈的欢迎词，介绍了海陆丰农民运动的状况。大会之后，农讲所的学员参观了海丰城和烈士纪念碑。

第二天，300 多名学员分成 20 多个小组，每组由海丰县农会派人领到各乡实习。白天，他们和农民一起劳动，一起谈论农运问题。晚上，他们听农会负责人介绍工作经验，或者是分组讨论学习心得。

第六届学员经过两个星期的调查研究，实习圆满结束。农讲所作了认真总结，强调指出：实习使学员“亲入革命的农民群众中，考察其组织，而目击其生活，影响学生做农民运动之决心极大”。9 月 13 日，农讲所学员乘船到黄埔军校参观。黄埔军校政治部、管理处专门派人接待，并且引导学员到校本部各处室、办公厅及长洲要塞各炮台参观，最后黄埔军校还赠送了农讲所学员们多种宣传资料。

10 月 1 日，农讲所举行了第六届学员毕业仪式。之后，大部分毕业学员被国民党中央农民部委任为农民运动特派员派回原籍从事农运工作。

早在 1925 年底，中共武汉地委决定成立临时省农民协会。党组织以国民党省党部的名义召集农运发展较快的黄冈、黄安、黄陂、汉川、应城、枣阳等十余县农协代表举行大会，讨论建立省农协、发展农民运动的问题。1926 年 1 月 2 日，临时省农协成立大会在武昌抱冰堂举行，到会代表 30 余人。共产党员陈荫林为大会主席，主持大会并作了重要报告。大会选举产生了省临时农协执行委员，陈荫林、李子芬、王庆仁、刘传茂等九人当选为执行委员。会议通过了省临时农协成立宣言和统一各县农民协会组织等十项决议案，规定省临时农协当前的主要任务为：（一）代表湖北农民向社会各界诉苦；（二）宣传湖北农民痛苦的由来和解除痛苦的方法；（三）团结全省农民于农协组织之中，加强农民阶级的斗争力量；（四）领导湖北农民为自身的政治、经济利益而斗争，并参加全国人民反帝反封建的国民革命运动。自 1926 年起，中国农民运动普遍开展，各地组织农民协会。1927 年春湖南农民协会有会员 200 万人，湖北亦近 110 万人。广东、江西、福建、河南各省农民组织和斗争均有发展。全国农协会员不下 600 余万人。

1927 年 3 月 4 日，湖北省农民协会第一次代表大会在武昌红楼前召开。出席会议代表 188 人，毛泽东、林伯渠、徐谦、唐生智、李汉俊等作为大会名誉主席参加了开幕典礼。在历时 16 天的会议期间，各县代表报告了本县农民运动情况，陈荫林作了省农民协会会务报告，邓演达作了政治报告，徐谦作了关于中央农民运动决议案的报告，李立三作了职工运动报告，陈克文作了广东农民运动状况的报告，鲍罗廷和农民国际代表、日本劳动团体代表发表了演讲。大会讨论通过了关于掌握农村政权、建立扩大农民武装、解决农民土地问题、加强工农联盟、倡议组织全国农协及关于组织发展、农村雇工、农村合作社、禁烟禁赌等 35 项决议案。大会选举产生了新的省农协执行委员会，陆沉、邓演达、陈荫林、符向一、张梅轩、刘子谷、王平章、王邦耀、蔡以忱等 17 人为执行委员。

湖北省农民协会第一次代表大会的召开，有力地促进了湖北农民运动的高涨，仅鄂东各县的农协会员当时就有 280 余万人。黄安、麻城、黄冈等处开展反抗地主恶霸运动，当地领导干部主要有邱群生、刘振一、王健、秦绍勤、郑位三、萧人鹄、蔡济璜等 50 余人。在黄安曾公审枪决大地主阮纯卿、李介人、张延英、吴惠存等，并解除地主团防武装，成立农民自卫队，为日后鄂豫皖农民暴动奠定了基础。

1927 年 3 月 30 日，各地农协代表在武汉召开全国农协联席会议，出席者有农民国际代表卜里茨（Blitz）、约克（York）；湖北省农协代表陆沉、蔡以忱、陈荫林、郭树勋、符向一、刘子谷等；湖南省农协代表滕代远；江西省农协代表张兴万、方志敏；广东省农协代表彭湃；广西省农协代表谭寿林。当即决议筹组全国农民协会，统一组织，加强农民武装自卫，开展土地革命等议案。

农讲所第六届毕业学员作为农民运动特派员被派回原籍从事农运工作，促成全国农民运动的进一步高涨。声势浩大的农民运动，极大地推进了北伐战争。

第二十二章 战斗停记在黄埔军校一页

“漂亮的女教官”

1926 年 10 月，北伐军进展顺利，攻克武汉，国民政府准备北迁。黄埔军校抽调了大批军事政治干部北上工作，萧楚女的好朋友、黄埔军校主任政治总教官恽代英也即将离校北上，赴武汉筹办中央军事政治学校武汉分校。中共广东区委为补充军校的政治工作，派萧楚女到黄埔军校担任政治教官。萧楚女于 10 月搬到黄埔军校，住在校本部东侧的粤海关黄埔分关旧址楼上。

建立黄埔军校，是孙中山的心愿。早在 1921 年 12 月，共产国际代表马林就向孙中山提出“创办军官学校，建立革命军”的建议。

1924 年，在国共两党首度携手合作、国民革命风起云涌之际，孙中山视“教育为神圣事业，人才为立国大本”，他决定在广州创办一文一武两所学堂——国立广东大学（现今的中山大学）和中国国民党陆军军官学校。中国国民党陆军军官学校因为其校址设在广州东南的黄埔岛上面，简称黄埔军校。1924 年 6 月 16 日，黄埔军校——中国国民党陆军军官学校成立。

黄埔军校建立的目的，是为国民革命训练高素养的军官。孙中山希望通过创建革命军，来挽救中国的危亡。

1924 年 11 月，时年 26 岁的周恩来接任黄埔军校政治部主任。军校设政治部，这是仿照苏联红军模式而来的。虽然政治教育十分重要，但苏联顾问为避免被国民党右派攻击，说他们“赤化”黄埔，所以只负责军事训练而不涉及思想政治内容。而黄埔军校前两任政治部主任戴季陶和邵元冲均为国民党大员、蒋介石的亲信，公务缠身，难以分心处理军校事务，政治部原本只是一个空架子。

周恩来的到任，使政治部发生了根本性的改变。首先，完善政治部的工作制度和日常秩序，建立指导、编纂、秘书三股，担任股长的，就有黄埔一期毕业生、中共党员杨其纲和王逸常。其次，制定服务细则，明确政治工作宗旨，规定各级领导干部的权力范围和工作职责。而最引人注目的是，周恩来聘请了不少优秀的共产党人担任政治教官，例如聂荣臻、李富春、恽代英、高语罕、熊雄、萧楚女、张秋人等。

经过一番整顿，政治部焕然一新，出现了蓬勃向上的气象，开辟了黄埔军校历史乃至以后国民革命军政治工作的大好局面。

周恩来接任政治部主任时，黄埔军校已招收了四期学生。根据中共中央的决定，第四期的学生是由全国各地省级地方党组织负责选拔。这样，许多年轻、优秀的共产党员都被派到黄埔军校学习革命战争知识。

萧楚女就是在这种情形下，被周恩来选为黄埔军校政治教官。他到黄埔军校讲课的头一天，校方通知了学生们，说是明天有一位名叫萧楚女的政治教官到军校给大家讲课。学生们放学后回到宿舍里悄悄地议论，明天来给我们讲课的萧楚女，这个名字确实好听，看来一定是位漂亮的女教官。

但是在第二天，走上课堂讲台的这位教官，自我介绍说：“我叫萧楚女……”学生们个个目瞪口呆，大家原以为的“漂亮的女教官”，现在却是一位大高个、麻子脸的男子汉。萧楚女马上笑着自嘲地说：大家看我脸上长满了麻子，一、说明我有“群众观点”；二、证明我也聪明，点子多呗。一席话，逗得满堂学生欢笑，这样一下子就拉近了师生之间的距离[1]。

教书育人

黄埔军校的课程，主要是军事和政治两大门类。在后期又增加了一些文化、外语和自然科学的内容。

军事课，细分学科和术科两方面。学科方面，以步兵操典、射击教范和野外勤务令等基本军事常识，继则教以四大教程：战术、兵器、交通、筑城。术科方面，有制式教练、实弹射击、马术、劈刺以及行军、宿营、战斗联络等，尤以单兵战术教练为主。学科与术科，均以讲授实战中的应用为主。

除课堂讲授外，还设有课外“军事演讲”制度，定期讲授军事形势、战役经过和先进军事知识。除教官、顾问担任教学外，学校还鼓励学生们自愿上台演讲，以求教学相长。

中国共产党中央领导层在自己生存条件极其艰苦的情况下，仍派出部分优秀共产党人担任黄埔军校政治教官，选拔一大批优秀青年赴军校、农讲所学习（含军事训练内容），并且创造条件组织四川泸州起义，为独立领导武装斗争摸索经验等，都表明共产党已经意识到建立人民军队武装的必要性。

政治课是当时黄埔军校有别于其他军校的显著特点。军校办校初期，规定的政治课程有八门，科目为：帝国主义的解剖、中国民族革命问题、社会发展史、帝国主义侵略史、中国近代民族革命史、各国政党史略、三民主义、国民党史。后来，军校的政治课逐渐达到26门，最多时有40余门。

当时，萧楚女负责讲授的《社会科学概论》没有现成的教材，得自己

① 黄埔军校第四期学员黄玉玺回忆，黄玉玺的外孙孔祥鹏口述。

动手编写。他只好利用晚上的休息时间编写，20 多天后教材总算完成。

萧楚女在给学生讲授《社会科学概论》时，他透彻地分析了阶级的产生、发展和阶级斗争规律，批判了柏拉图、孔丘、章炳麟等人的所谓英雄造时势的唯心史观，指出："有了阶级，当然就有一阶级或数阶级压迫其他一阶级或数阶级的事实；亦当然就有被压迫者反抗压迫者及压迫者不许被压迫者进行反抗的'斗争'。"当今，"帝国主义之末期已至，资本主义垂近残烛，世界革命已不可免"。他号召学生们要"努力革命"，肩负起改造中国社会的责任。

课下，学生们在进行专题讨论过程中，提出了许多关于阶级斗争的理论问题，请萧楚女解答。萧楚女在回答学生萧湘飞的问题时，明确地指出：阶级斗争是"既不能以人力造成它，也不能以人力去消灭或阻止它"。"一部人类文明史，久已就是一部阶级斗争史——但阶级斗争的结果，则一定是实现社会革命。"他还经常教育学生，要"笃守列宁主义"，要结合我国革命的实际情况学习马克思列宁主义，因"列宁主义对于我们的国民革命，最有切要关系的。"

作为黄埔军校一名政治教官，萧楚女十分注意对学生进行革命品德的教育。在课堂上，他多次谈到自己的"蜡烛人生观"，教育学生"在有限的一生中，有一分热发一分光，给人以光明，给人以温暖"。他启发学生在自己人生的道路上，为了全体人民的利益不惜自我牺牲。

萧楚女学识渊博，讲解问题深入浅出，通俗易懂，深受学生欢迎。也得到了军校政治部的好评，政治部领导称赞他和恽代英、张秋人为"广州三杰"。

1926 年 12 月 1 日，黄埔军校政治部主任、共产党员熊雄主持召开了第五期政治部第一次政治教职员工作会议，决定军校现有的政治科目，由熊雄、萧楚女、李求实、张秋人等 14 位政治教官负责。12 月 24 日，军校第五期特别党部宣传委员会第一次执行委员会会议，决定聘请熊雄、萧楚女、张秋人、孙炳文、廖划平以及苏联顾问加罗觉夫六人为政治顾问，负责指导全校的政治工作，"解答一切党务上、政治上重要问题，指示一切党务上政治上必须讨论之问题”。萧楚女肩负的责任更大，事务也更繁忙了。

“平生第一窘事”

作为一名黄埔军校教官，演讲是基本功，如果没有这项基本功，那么他就不能做合格的黄埔军校教官。萧楚女具备演讲的天分，况且之前还做过几年数个地方的师范学校教学工作，口才极佳。

朋友们都知道，萧楚女不仅会写文章而且擅长演讲，既能够在学校里流利地教课，也可在大街上开口做滔滔不绝的宣传鼓动工作，而且效果很好，深深吸引听众们的注意力。

进入黄埔军校以后，萧楚女曾经做过无数次的精彩演讲，留给师生们深刻的印象，不易被人忘记。但萧楚女在黄埔军校也曾发生了一件自己当时极窘，过后觉得非常好笑的意外“事件”。

有一次，听萧楚女讲课的黄埔军校学生有二三千人，大礼堂容纳不下，学校只好安排在操场上。由于当时没有扩音设备，原本粗嗓门、声音够洪亮的萧楚女几乎是喊着讲演。后排的学生仍然听不清楚，但是唯恐听漏了萧楚女的话，他们一再高叫：“萧教官，再大点儿声！”萧楚女听到之后只得拼命运足了力气，把声音提高到了最大程度。突然，“嘣”地一声响起，他只觉腰间陡然一松，原来是裤带绷断了。他怕学生们看见，赶忙按住了裤子。台下的人们全部都聚精会神地盯着他演讲时的面部表情，丝毫没有察觉到他的裤带绷断这一细节。萧楚女只得一手护腰，一手挥臂，连汗也顾不上擦了，一直坚持讲完了那场 90 分钟的课。

演讲结束，萧楚女趁大家没注意，赶快装作方便走进附近的一个厕所内，捡起旁边的一根绳子临时当作裤带用着。还好，上衣的下摆遮住了当作裤带的绳子。

事后，萧楚女笑对朋友说：“唉，此为兄弟楚女平生第一窘事。”此后，他穿裤子再不敢使用腰带，而改用保险系数更大的背带。

把握学员的思想脉搏

萧楚女在担任黄埔军校政治教官期间，十分重视学生的思想教育工作。他鼓励学生在斗争中锻炼成长，多接近工农群众，提高思想和知识水平。他也曾调查了学生和士兵委员会宣传员的问题，发现有些学生受旧军队的影响，不愿接近工农群众。有些学生虽有做工农群众工作的愿望但不懂得如何去做。士兵中存在的问题更多，部分人经常不参加会议，或参加会议又不发言，对于“什么是党”和“为什么要党”的问题，不仅不关心，而且都一窍不通。士兵中虽然设有宣传员，但士兵宣传员不懂得如何去做思想政治工作。

为此，萧楚女提出了改善士兵宣传工作的三项办法，得到了政治部的肯定。这三项办法是：一、严格选择宣传员。要选择“真正无产阶级出身的，或是破落的小资产阶级的子弟”，并且要具有“真正的自由平等思想”，具有热爱群众的思想感情，对革命、对党都有一定认识的人来担任。二、开办士兵宣传员特别训练班，提高士兵宣传员们的水平。三、士兵宣传员要向群众学习，平等待人，不要以军官自居。同时，宣传员还要能熟悉士兵的生活习惯、语言以及他们对社会和人生的见解；与士兵攀谈时，要能说他们的方言，模仿他们的动作习惯。这样，士兵群众才感到亲切自然，才能收到好的宣传效果。

在黄埔军校的假日里，萧楚女常与休假的学生一起乘船前往广州市内游览。他在船上与学生促膝谈心，帮助他们解决学习上和思想上的各种问题。有的学生表示，我们看了萧楚女的许多文章，受到很大的启发，愿意投身工农运动，但是不知道应该如何去做。

萧楚女高兴地告诉他们，革命军人与群众应是鱼与水的关系。1925 年的东征、南讨、平定杨（希闵）刘（震寰）叛乱以及 1926 年的北伐，都离不开工农群众的支援。你们毕业后，若要得到群众的支援，必须到工农群众中去做宣传组织工作，使他们懂得自己长期所受痛苦的原因，不是他们的命运不好，而是由于帝国主义的侵略和国内封建军阀政府的欺凌所致，并要帮助工农群众组织起坚固的团体，为实现革命理想的生活，而去坚决打倒帝国主义、清除军阀。

到黄埔军校学习的学生，多数都是为了追求进步，寻求革命道路而来的，但有不少人是为了升官发财而到军校的。在学习期间，入学动机不纯的人往往醉心于“谋差事”，望着什么“尉”“校”的官阶而垂涎三尺，或沉湎于恋爱，弄得整日神魂不定，寝食不安。这些人荒废学业，早已经把“筑城”“地形”“放哨”“守卫”等军事知识技能置诸于脑后了。为此，黄埔军校大门口曾挂了一副门联：升官发财，请往他处；贪生怕死，勿入斯门。横额是：革命者来。

1927 年春，革命与反革命之间的斗争越来越尖锐。蒋介石加紧在黄埔军校和国民革命军中培植党羽，并以高官厚禄为诱饵来收买贪图荣华富贵者。有少数共产党员和一部分青年学生，经不起利诱因而堕入了蒋介石的圈套，趋炎附势，离开了革命道路。也有一部分人站在革命与反革命的十字路口茫然四顾摇摆不定，不知道如何是好。

萧楚女针对这些情况，以《个人主义的三十六变》为题，在军校内演讲，事后将内容连载于《黄埔日刊》上。此文发表以后影响广泛，重庆《新蜀报》等报刊纷纷转载。此外，他又在其他刊物上发表了《个人主义漫论》《革命党人的基本质素是什么？》等文章，明确指出，革命就是“拼着自己的命去争取社会和个人的幸福的事。没有勇气，没有一往直前的勇气的人，到了临阵之时，必致于畏缩，或脱逃；到了大节临前，生死一念之时，甚至于会因一念之差而变成了可怜的虫豸，做了敌人脚下的‘降虏’”。为此，萧楚女号召革命青年要树立正确的人生观和世界观，不畏强暴，不受利诱。他还教育革命青年必须“学孙中山，学列宁”，因为“他们都是摩顶放踵天下为之，数十年如一日”的革命家。

离别恽代英

1926 年 12 月，恽代英接受了赴武汉的新任务。他把黄埔军校的工作做了安排后，在离开广州前，特意约见了萧楚女。

两人离开海关大楼，走出校门，沿着黄埔岛上的大堤，边走边谈。

恽代英告诉萧楚女："我被调回武昌了，明天就要走了。"

萧楚女高兴地说："好啊！又回老家了。那，你去负责什么工作？"

恽代英说："办武汉军校。中央已经决定在那里办军校了，而且也已决定迁都武汉。"

萧楚女翘起大拇指，说道："你可以直接受党的领导进行工作了。"

难得的这一轻闲时刻，两人边走边谈。恽代英十分关心地问道："你身体不好，军校课堂上有那么多的事情，还要担负《黄埔日刊》的工作，是不是太繁重了呢？"

萧楚女笑了笑说："工作确实是很多。光是学生们向我提出的口头的、书面的问题至少也有一千多条。我想，对他们提出的问题我应该做到有问必答才好。我准备在身体情况许可的时候，把答案写出来，在《黄埔日刊》上逐日回答。"

黄埔岛上灯影婆娑、树影摇曳。他们不禁都想起了武昌城。恽代英说："你参加过辛亥革命时争夺刘家庙之战，在扁担山上和清军展开过血战，和你同时参加辛亥革命的战友郑希曾被军阀杀害了。今天，武昌城又回到了我们手里，可以告慰那些为革命牺牲的战友了。"

萧楚女兴奋地说："是啊！可是无论如何，这种革命果实再也不能交给那个从床下拖出来的黎元洪类型投机人物手里了。"恽代英望着眼前萧楚女虎虎有生气的高大身影，把话题又转了回来："我就要回武昌了，你想给家里的亲人带些什么信呢？"

萧楚女说："老母已去世了，家里现在只有两个弱妹，还未出嫁。我早就写信说要去看看她们，可是总抽不出身来。我也曾拜托北伐军中的青年同志，希望他们能帮助两个弱妹处理好她们的终身大事。这次你回去，也帮我多多关心关心吧！"

听到这里，恽代英不由得笑了。他望了望萧楚女，说："你关心着你两个妹妹的婚事，难道你自己就没有考虑建立一个家？"

萧楚女倒哈哈大笑起来：“这个问题，你不要问我。问问你自己的终身大事，难道还要坚持做一个‘永鳏痴郎’吗？”

恽代英说：“我的问题，我自己已经有把握考虑。我现在还是要担心我的老战友你啊！”

萧楚女接着说：“在生活中，我也的确碰到过和我谈得来的革命女性，但当我发现有了竞争者后，就知趣地让步了。武汉的老朋友们在信中向我谈起这个问题的时候，我也曾表示过：不要很高的条件，就找个黄脸婆吧！但最近一个时期以来，由于身体的逐步垮台，我想，即使找一个黄脸婆，也要对人家考虑得远一些。所以我心中一点微弱的火焰也就熄灭了。但是，代英，你放心，我在人生的道路上会永远激励自己。在广袤的天地之间，我要做一支高高矗立的永远燃烧自己、照亮别人的蜡烛！”

其实，重庆的游曦早已经印记在萧楚女的心里，只是现忙于革命工作，还没有时间来考虑个人的问题，也不便于向恽代英说明什么。

黄埔岛上闪烁的灯光映照着萧楚女庄严的神色，恽代英心中不由升起了对他这位革命战友崇高的情感。

这一对志同道合、患难与共的革命战友，为了共同憧憬的革命理想，舍弃自己的一切，而常年奔波、战斗在外，今天短暂的叙谈，竟成了他俩永远的离别。

次日早晨，恽代英告别了黄埔军校的同志们，乘上海轮，前往北方[①]。

《黄埔日刊》

中国共产党在黄埔军校开展军事政治工作，传播革命思想时，已经开始采用信访工作形式。据上海《民国日报》记载：黄埔军校政治部设有质问箱。凡学生关于主义及一切政治经济问题有疑问时，可投函于质问箱。学校每星期一开箱，阅览各份质问函件，由主任、教授分别以书面或口头

---

① 张羽、铁凤：《恽代英传》，中国青年出版社 1996 年版，第 425—427 页。

形式答复质问者。

这一制度在黄埔军校时期一直坚持实行，学校还把教官给学生的答复登在校刊——《黄埔日刊》上面摘要发表。而《黄埔日刊》由停办到复刊，萧楚女功不可没。萧楚女到黄埔军校担任政治教官时，《黄埔日刊》已停刊了半年之久。他利用课余时间积极筹办，让《黄埔日刊》重新与读者见面了，从版面到内容焕然一新。

这是一种两张四开的报纸，由军校政治部宣传科主办。宣传科长安体诚、秘书杨其纲、发行股长饶来杰，以及先后担任报纸编辑的宋云彬、张鸿沉、李逸民等人，都是共产党员。到1927年春，《黄埔日刊》已发行到3.2万份，发行点遍布全国三四千个地方，并且寄往海外的一些国家。

萧楚女，作为一位革命的宣传家，平时活动也离不开报刊，而《黄埔日刊》是他战斗的最后一个阵地。

萧楚女正是认识到《黄埔日刊》的重要性，所以经常把从学生中搜集到的问题整理成政治焦点，分期发表在日刊上回答。例如，他曾经回答学生胡有为的四问，回答谢嗣榜的六问，回答蔡玉章的六问等。

1927年初，中国革命与反革命斗争日益尖锐，局势不断恶化。上海、长沙、重庆等地新军阀与地主阶级相互勾结，杀害工农群众的事情不断发生。萧楚女以极其敏锐的政治警觉，预感到一场阶级之间生死搏斗的大风暴即将来临。

为了帮助群众认清形势，他不顾疲劳多病，夜以继日地撰文，在《黄埔日刊》上先后发表了《帝国主义软化政策之真面目》《纪念总理与检阅革命工作的现状》《民主集权制的说明》《在联合战线上纪念“血腥之日”》等多篇文章，揭露帝国主义的侵略罪行，抨击国民党右派妄图彻底篡夺革命领导权的阴谋。

针对黄埔军校的学生、入伍生和军校领导的教导团学生军在开课过程中遇到的学习难题和思想认识等问题，《黄埔日刊》开辟了《政治问答》专栏。该专栏由萧楚女主答，参加答问的还有张秋人、张鸿沉等教官。《政治问答》的内容广泛，共分十类：（1）关于国民党的主义、政策和组织系统；（2）关于马克思列宁主义和政策；（3）关于国家主义等各种主义学说；（4）关于经济政治及社会问题；（5）关于革命的理论策略和历史；（6）关于革命青年的修养主义的研究及实际宣传的方法；（7）关于国际间的会议条约、国际关系以及中国的内政外交；（8）关于国外国内的党派及秘密会团；（9）关于各种名词的解释；（10）关于宗教等其他不属于上述内容的问题。

萧楚女对学生们的提问高度重视，前后共回答了近2000个问题。学生在学习研究问题时，萧楚女还经常热心帮助和启发他们，要注意抓住问题的本质和主流。他曾经在《黄埔日刊》上发表《关于政治问答的启事》，要求学生队、入伍生、学生军、教导队的黄埔学生认真看《黄埔日刊》刊登的内容，不要把他已经答复过两三次或四五次的问题，再写到《黄埔日刊》里来询问，“这样不但重复无味，就是本刊篇幅上也无法应付，现在积压问答尚有一两千条，无法登载，便有一半是因此等重复所致”。

为了扩大政治问答的影响，军校政治部把《黄埔日刊》发表过的政治问答，及时编成《政治问答集》出版，并在前言中指出：几年来世界革命的潮流，激荡得使青年无处躲避，要起来作政治斗争。然而，许多青年还是缺乏斗争的经验，《政治问答集》就是要为青年提供知识，指引青年走上革命道路。

《黄埔日刊》在传播革命思想等方面发挥了重要作用，对黄埔军校以及校外各军都产生了很大影响。而萧楚女，就是办好《黄埔日刊》的有功之人。

树立革命的人生观、恋爱观

到黄埔军校学习的大都是血气方刚的青年，自然绕不开革命与恋爱这一敏感话题。军校政治部特请萧楚女帮助学生树立革命的人生观，写一篇如何正确认识与处理革命与恋爱问题的教育文章。萧楚女开始委婉地回绝了，用他自己的话说，“因为我已是过了三十岁的人，一来怕人家说我不知趣（这是一个青年的问题），二来自己也着实不感兴趣。”但军校政治部觉得，学生们非常敬重萧楚女，十分喜欢看他的文章，而且很能接受他的思想观点。

为了不使军校学生因处理不好这个问题而影响了工作与学习，没有很多爱情实际经历的萧楚女服从命令，勉为其难，接受了这个特殊任务。

1927 年初，萧楚女发表了《黄埔学生之恋爱与革命问题》一文，较全面地阐述了革命与恋爱的正确关系。他指出，在私有制的社会里，剥削阶级视女人为玩物，老婆就是他的洗脚水，泼了一盆又一盆。有的富有者常有十个八个姨太太，无所谓恋爱。无产阶级则衣不蔽体，食不果腹，死且不暇，更何有于所谓恋爱。我们黄埔学生每日三餐，吃的是劳动人民用血和汗换来的，如果沉迷于恋爱方面，把革命理想抛到九霄云外，又怎能对得起在东征、南讨和北伐诸役中阵亡的同学们呢？“我们既来革命”，就“应该以革命为圆心”，决不能“以恋爱为圆心向外画弧，而把革命去做恋爱的牺牲品”。

学生们看了萧楚女的文章后，思想受到很大震动。五十一区队的学生董树礼写了《读了〈黄埔学生之恋爱与革命问题〉以后》一文，说：“萧教官底那一篇文章，引起我不少的感慨，我看了那篇文章以后想到……已经为中国的自由平等而死去的同学们，又怎样希望我们继续他们未了的革命工作，醉心恋爱的同志们未免太堕落了吧。”

萧楚女觉得董树礼的文章对革命与恋爱问题的分析还不够全面，在发表此文同时，加上了按语，指出：“董同志此文，似乎在主张‘非礼勿视’的禁欲主义”了。萧楚女在按语中，还论述了正确处理革命与恋爱问题的重要性，他要求每个革命者既不应该恋爱至上，也不应该是禁欲主义者，更不能够视正当地谈恋爱的人是“堕落”。

这年的 3 月间，萧楚女又发表了《“财产”“阶级”“女人”》一文，进一步指导学生认识并且处理好恋爱与革命的关系问题。

紧贴时局的演讲

萧楚女在黄埔军校工作期间，除了做好教学工作外，还抽出时间致力于宣传群众工作，经常参加各种社会活动。

1927 年 3 月 8 日，黄埔军校举行纪念国际妇女节暨欢迎新生的大会，萧楚女应邀到会作演讲。他指出，从前妇女兴小脚，现在提倡妇女解放，小脚不吃香了。一些妇女为了赶上时代，小脚也要穿大鞋，只好借助棉花垫在鞋尖里，所以有人风趣地说妇女运动就是棉花运动。萧楚女的这几句诙谐话，惹得全场大笑。

他接着说，我们提倡妇女解放运动，并不是为了个人出风头，而是为了革命。现在有 100 多个女青年为了此目的，参加了武汉军校学习，与男青年同受军事教育，这是妇女解放运动中的大事，也是中国军事教育史上的创举。我们不应该轻视妇女工作，“要到贫苦无告的女工、农妇中去宣传组织训练，使她们参加革命”，“把占人类半数的妇女从黑暗世界中救出来，这样才不辜负今天开这个会的意义”。

3 月 18 日，军校集会纪念巴黎公社。萧楚女以《在联合战线上纪念“血腥之日”》为题在会上演讲。他指出：“阶级斗争就是农工阶级的解放，也就是农工阶级革命；没有农工解放，不让农工得到生活的利益，农工便自然不会来热心革命了！”“今天我们纪念三月十八日，纪念什么呢？当然不是纪念段祺瑞杀人杀得好，不是纪念法国资产阶级得到胜利。当然不是纪念反革命，而是纪念革命。但我们要求一般反对总理农工政策乃至三大政策的人，却不必也登上演讲台，做出猫儿哭老鼠的假惺惺。因为你们现在已用了种种阴谋手段，变相言论——藉‘阶级斗争与联合战线’问题，分裂革命力量和党的团结，暗地为敌人作内应，妨碍革命，绞杀革命，实际上与屠杀巴黎市民、北京市民的刽子手们没有两样！”

革命形势到了生死关头，帝国主义侵略者、军阀、买办资产阶级和土豪劣绅加紧勾结起来破坏革命。萧楚女针对这种形势，多次对军校学生作关于形势问题演讲，并在《黄埔日刊》上发表《一年来帝国主义在华势力之暗斗及其崩析》《帝国主义软化政策之真面目》《纪念列宁与笃守列宁主义》《民主集权制的说明》等文章，加强对学生的教育，驳斥敌人的造谣污蔑。他指出：“防止（国民）党的官僚化，防止首领英雄化和迪克推多化”，“民主集权制之在本党，实和三大政策一样重要。要不要三大政策，是革命与反革命的差别处；有没有民主集权制，也是革命与反革命的区分点”。萧楚女的这些演讲和文章，向黄埔军校的革命师生发出了警惕国民党新右派军阀彻底篡取革命领导权的信号。

1927 年 3 月下旬，因操劳过度，萧楚女肺病复发，不得不再次住进东山医院。3 月 25 日，他在《黄埔日刊》上发表了一则启事：“各同学鉴：要我回答的问题很多，我因患‘胃加答儿’、支气管炎、神经衰弱，医嘱勿用脑，嘱我休养一月，故一时不能答复，请谅;《黄埔日刊》尚有已经答起的存稿约一两千条，仍当按日发表。萧楚女启。”军校学生们感动地说：“萧教官病了，住了医院，但是他在黄埔军校的工作并没有住院，而且是照常努力地进行着工作。”

暗流涌动

黄埔军校的教官，大多都是毕业于保定军官学校，少数曾经留学国外，其中主要来自日本、法国和德国的军校。有的教官，曾经在各派系军阀举办的学校中学习过。而黄埔军校政治部的工作人员，多半是共产党人。

黄埔军校政治部感到，学校领导人和教官中的政治工作，远不如在学生中间进行得那样顺利。尽管为了吸收他们积极参加政治生活，政治部已经做了不少努力，但是校领导中的国民党右派分子，对黄埔军校的政治生活始终坚持消极态度。而旧中国军队的军官，大部分是出身于地主、资产阶级家庭和其他剥削阶级。国民党右派对共产党人和与之合作的国民党左派进行反宣传，以此在旧军事专家和部分学员中间煽动不问政治甚至是极其反动的情绪。因此，黄埔军校内部也存在着十分明显的政治斗争。

1925年底，中国共产党特别尖锐地提出了黄埔军校要开设政治科的问题。中国共产党委托军校的政治干部和中共广东省委研究制定出政治科的教学大纲及原则。积极参加制定政治科教学大纲和原则的，有周恩来以及苏联军事顾问依·雅·拉兹冈、阿·依·切列潘诺夫、弗·阿·斯捷潘诺夫、弗·普·罗加乔夫、依·科·马马耶夫。黄埔军校设置政治科的问题经多次艰难商谈，最终取得了校长蒋介石的同意。当然，蒋介石的这种同意是违心的。

实际上，蒋介石和国民党右派都非常害怕共产党的革命影响，害怕共产党在黄埔军校和国民革命军中得到巩固和加强。1926年3月20日，蒋介石借口"共产党人想打击他"，而对政治部的干部横加指责，故意刁难。黄埔军校政治部在工作中，随时随地都可以感受到国民党右派，其中包括校长蒋介石和黄埔军校第一副校长王茂如在暗中进行的抵制。

1926年3月20日前夕，戴季陶成了黄埔军校的常客。他在军校一出现，便马上成立了一个名为"孙文主义学会"的反动团体，参加这个团体的有部分军校学生和大批教官。戴季陶在他的一本小册子里阐述了这一学会的基本行动纲领。1926年四五月间，这个组织在军校内大肆活动。国民党右派宣传的主要论点是说马克思列宁主义不符合中国国情，因而他们的结论是，中国的革命者不应当学习和采用苏联经验。

这个学会影响面较广，在军校的每个班里都建立了小组，这样一来，在黄埔军校里实际上产生了带有明显反动性质的第二个政治工作领导中心。戴季陶建立的这个集团为自己规定的任务，就是篡改孙中山的遗嘱及其思想遗产，以便坚决反共，消除共产党在国民革命军各部队中的影响。这个集团后期则公开提出国共分裂，要求结束国共两党的合作。为了打乱课程表上所规定的课程，这个学会的成员专门规定在上课时间去开会，显然，这是变着法子反对军校政治部共产党人主持的政治工作。

中国共产党同反动派进行了针锋相对的斗争，在黄埔军校里成立了共产主义青年团，吸收了校园里先进的革命学员，引导他们走正路。

军校的绝大多数人都坚持革命立场，谴责戴季陶及其信徒，谴责他们破坏民族解放运动和革命统一战线的种种企图。

国民党左派的代表人士邓演达等人顾全大局，配合共产党人，揭露戴季陶之流，捍卫孙中山的正确思想。

在黄埔军校的学员和教官中间，最后形成了两派：一派是以中国共产党为首的革命派；另一派主要是由国民党右派特别是由“孙文主义学会”的会员组成的反动派。后来，这个学会的成员又组织了一个最反动的国民党集团，称作“黄埔同学会”，参加这个反动组织的有一些是黄埔军校的毕业生和过去的教官，因而得名。但毋庸置疑的是，黄埔军校在 1924 年至 1927 年之间是培养革命干部的真正的大熔炉，许多忠于广大人民利益的中国共产党内杰出的政治家和军事家都曾经在这所军校工作和学习过。

第二十三章 英勇就义

“秘字一号令”

中国共产党在黄埔军校展开的政治攻势，尤其是领导的全国工农运动的气势日益高涨，使得以蒋介石为首的国民党右派惶恐不安，害怕共产党成气候。他们失去了耐心，扯下伪善的面具，向共产党举起了屠刀。经过密谋，他们列举出一系列共产党的所谓“罪责”，于1927年3月下旬，以南京国民政府的名义下达了“秘字一号令”：

国民政府秘字第一号令开：

共产党窃据武汉，破坏国民革命之进行，数月以来，肆行残暴，叛党叛国，罪恶贯盈。最近实施卖国之外交，牺牲国权，以取悦于帝国主义者；又复爪牙四布，荼毒民众，使湘、鄂两省演成大恐怖，我先民固有之美德，数千年所恃以立国者，亦皆败毁无余。综其所为，祸有甚于洪水猛兽；瞻念前途，不寒而栗。政府奉行先总理之遗教，誓竭全力，期三民主义之实现。惟欲建设独立、平等之国家，必先扑灭一切反革命之势力。共产党图谋倾覆本党，逆迹昭著，中央监察委员会举发，并致训令国民革命军总司令蒋中正，于最短期间亟清叛乱。查此次谋逆，实以鲍罗廷、陈独秀、徐谦、邓演达、吴玉章、林祖涵等为罪魁，以及各地共产党首要、次要危险分子，均应从严拿办，着国民革命军总司令、各军长官、各省政府通令所属一体严缉，各获归案重办。至该党忠实同志，遵守三民主义始终不贰之信徒，在革命地域大都与贼相持，奋斗不懈，应着悉心保护。其余被压迫而心迹可谅者，政府必分别办理，决不绝其自新之路。

此令。附通缉共产党名单二纸。

该通缉令所通缉的人数为193人，中国共产党当时的知名人物，如陈独秀、恽代英、毛泽东、邓中夏、林育南、刘少奇、蔡和森、沈雁冰、周恩来、萧楚女、郭沫若、王若飞、张秋人等均在通缉名单之中。

国民党反动派何止是通缉共产党人，像邓演达这种国民党左派领袖人物也被他们通缉。在孙中山的忠实信徒中，邓演达是蒋介石最强劲的竞争者，北伐开始之后，他曾经在江西庐山兵谏半途动摇的蒋介石坚定执着地完成革命事业。

邓演达，1895年生，广东惠州人，早年加入同盟会。1919年毕业于保定陆军军官学校。第一次国共合作期间，拥护孙中山三大政策，是著名国民党左派。1924年5月担任黄埔军校训练部副主任，后任黄埔军校教育长。在1926年1月召开的中国国民党第二次全国代表大会上，坚持孙中山的联俄、联共、扶助农工三大政策，反对国民党右派，在会上当选为国民党中央候补执行委员。7月担任国民革命军总政治部主任，随军进行北伐。1926年12月13日，与宋庆龄、孙科等在武汉成立了国民党中央执行委员会暨国民政府委员临时联席会议，暂时代行国民党中央和国民政府最高职权。他曾被国民党二届三中全会选为中央执行委员、中央政治委员会委员、中央军委主席团成员和中央农民部部长。他忠实地执行孙中山制定的三大政策，积极支持农民运动，是当时武汉的国民党左派领导人。1927年大革命失败后，分别著文号召讨伐蒋介石、谴责汪精卫。同年11月1日，他与宋庆龄等在莫斯科以“中国国民党临时行动委员会”名义发表《对中国及世界革命民众宣言》，声明继承孙中山的遗志，坚持反帝反封建。他于1930年5月回国，8月在上海召开国民党临时行动委员会成立大会，担任中央总干事，展开反对蒋介石的斗争。1931年8月，他遭国民党军警逮捕，在狱中坚贞不屈，11月被蒋介石亲自下令秘密杀害于南京。

局势突变

就在国民党右派把持的国民政府发出“秘字一号令”的时候，萧楚女因肺病复发住进了广州东山医院（今中山医院）。此时，全国局势急转直下。南北反动军阀遥相呼应，同时动手妄图扑灭共产主义革命烈火。奉系军阀张作霖当局强行搜查苏联驻北京大使馆，逮捕并且杀害了李大钊等共产党人。四川反动军队通电，反对表面仍然维持国共合作局面的汪精卫武汉国民政府。蒋介石则在南京秘密地策划“清党”，要逮捕屠杀一批共产党人。广州当局的李济深到南京参加秘密“清党”会议返回广州，马上以武力控制了国民党广东省、市党部，并且拒绝执行武汉国民党中央党部关于改组广东省、市党部的命令，撕毁北伐军总政治部后方留守处拥护武汉国民党中央党部决定的标语。

局势的恶化，使重病住院的萧楚女更加忧愤。面对国民党右派步步紧逼的反共活动，他不胜愤慨，与来看望他的同志讨论，提醒大家要有应变的思想准备，并请他们将他的意见转告中共广东区委。4月10日，军校好友陈涛、张鸿忱、罗髻渔到医院探望萧楚女，此时萧楚女已被特务监视，医院以萧楚女病重为由，不准来人进房探望。

1927年4月12日，蒋介石在上海发动了反革命政变，对共产党人和革命工农群众进行了血腥的屠杀。他还疯狂地叫嚣，宁可错杀一千不可放掉一个。一时间，无数革命者倒在血泊之中，死里逃生的革命者，义愤填膺。国民党反动派疯狂叫嚣斩尽杀绝共产党人，陈独秀仍然主张妥协退让。以毛泽东、周恩来为代表的共产党人迅即着手建立革命的工农武装，从小到大，去对付反革命的国民党蒋介石武装，坚定不移地继续解救广大劳苦大众的崇高事业。中共广东区委根据上海政变的形势召开了紧急会议，决定广东区委各部、委从文明路的区委撤出，分散秘密办公；派遣联络员到北江、西江、琼崖、潮梅和惠州等地发动起义；中路则由区委直接指挥；总起义的日期定在 5 月初。

国民党掌握着政权，相对而言武力比较强大。中国共产党人的处境，异常危险。当然，这也是考验共产党人坚定性的时候。

病重住院被捕

为配合蒋介石发动的上海反革命政变，1927 年 4 月 15 日，广州的反动当局也策动了反革命政变，欲一网打尽那里的共产党人和革命志士。广州的反动当局调动大批武装军警特务搜查各工会和进步团体，并向广九铁路、粤汉铁路、广三铁路车站，以及燕塘、四标营、省港罢工委员会、济难会等处大肆搜捕共产党人和革命志士。南国羊城广州，到处白色恐怖。

反动军警在中共广东区委开办的惠爱路昌兴街丁卜图书社与广大路 56 号国光书店货仓搜查，收去《民众的武力》等大批革命书刊。同时，反动军警包围了东山医院。显而易见，他们是要抓捕正在这里治病的萧楚女。

15 日清晨，萧楚女被附近急促的枪声和杂乱的脚步声惊醒，赶紧穿上衣服正欲出门躲避，哪里想到，一群如狼似虎的反动军警、特务冲进了他的病房。此时，萧楚女反倒镇定下来，面对凶恶的反革命暴徒，轻轻笑了而且开口说道：“各位请看！我是一个病得要死的病人，难为你们赶来赠送一顶烈士的桂冠。此时此刻我的内心非常感谢，不胜荣幸之至！”

暴徒们一拥而上，动手抬脚，骂骂咧咧强行将萧楚女拖到医院门外，推上了大路旁边停着的囚车里，将萧楚女押解到广州公安局的牢房里。萧楚女身陷囹圄。

当广州国民党反动派发动这次反革命政变时，广州地区的革命群众当即奋起抵抗。黄沙车站有千余名工农武装拿起了枪杆子，与十几倍的敌人激战。由于敌我力量悬殊，工农队伍被敌人镇压下去了，大批革命者被抓捕。4 月 20 日，《黄埔日刊》报道：“十五日早，永汉路南关戏院附近各马路共产分子逮解者，如百川汇海，均由军队押送，用草绳捆缚，俄职员有上手镣者，俱西装青年，剪髪少妇，间有穿军服者，或唱国际歌，或高呼共产党万岁口号，至南关戏院内，仍呼喊及演说不绝。”“被捕之人数，共产党广东区五千余人。”由《黄埔日刊》这篇报道，可想而知当时工农革命者被逮捕的悲惨状况。

5 月 1 日，《北京晨报》报道，“共产党首领均被枪决，羁押党人转解惩戒场，大检举仍在进行中”。“国民党逮捕共产党约两千余人，重要者有熊雄、李森、刘尔崧、沈春雨、雷鸣甲、胡超、毕磊、萧楚女、熊锐等人”。

5 月 7 日，《北京晨报》报道，广州方面的国民党反动派逮捕了熊雄、毕磊、刘尔崧、萧楚女、熊锐等共产党员和革命群众 2000 多人。广州公安局的牢房里面容纳不下。除了萧楚女、刘尔崧、沈春雨、李森等 60 余人留押公安局内，其余被捕者都押在南关戏院。

笑对敌人屠刀

国民党反动派于 4 月 18 日在广州公安局内成立了“军政督察委员会”，审讯所谓的政治犯。20 日，共产党员萧楚女被押进公安局阴森森的刑讯室里。他轻蔑地扫视了排列两旁的各种刑具和凶相毕露的刽子手，纵情大声痛骂国民党反动派背叛孙中山的三大革命政策、叛变革命、屠杀工农群众的罪行。刽子手们恼羞成怒，将萧楚女毒打直至昏死在地。

萧楚女被冷水泼醒后，忍受着肉体上的痛苦，挺起遍体鳞伤的身躯，仍然痛骂不绝。他大义凛然地说：中国共产党人是为民族利益而奋斗的，并时刻准备献身于革命，革命者是杀不绝的，你们这些反革命分子总有一天会受到惩罚的！那天就是共产花开之日，全国各地都是革命红旗飘扬的日子终究会到来。

无论国民党反动派怎样千方百计威胁利诱，软硬兼施，也无法从萧楚女身上得到一点有用的口供，于是将他转押至南石头公安局里面。4 月 22

日的黄昏，武装军警把关押在公安局里的萧楚女、刘尔崧、李森等一批革命者和关在南关戏院的革命者押解到天字码头，再用两艘军舰载往南石头惩戒场监狱。

狱中的萧楚女，知道敌人早晚会对自己下毒手。他更加珍视时光，利用一切机会同敌人斗争。监狱里有一个看守，是位有正义感的中年人，他被萧楚女的崇高精神所感动，悄悄地为萧楚女与在外面的同志接上了关系，秘密弄来一些药品，帮助患病的难友治病，并且鼓励难友们要继续坚持斗争，活到革命胜利之日。

萧楚女等人被捕后坚贞不屈，“蒋介石电令处极刑”。对于这个共产党宣传家，蒋介石早就想置之于死地。广州的反动当局接到蒋介石的命令，立即部署杀害萧楚女等，下令驻扎在南海县盐涉墟的国民党第四军补充团第一营营长周东率领一连士兵，赶往南石头监狱内外，以加强监狱的警戒。

4 月 22 日夜晚[①]，国民党第四军补充团第一营营长周东带领行刑士兵站立在广场的四周。他们三步一岗五步一哨，如临大敌。

萧楚女、刘尔崧、熊锐、李森等 40 多名共产党人和革命者，高唱着悲壮豪迈的《国际歌》，从不同的牢房走上刑场。刘尔崧凝望着难友，慷慨激昂地说：“男儿死耳，不可为不义屈！”他以此激励战友们要继续坚持斗争。萧楚女昂首挺胸，对两旁站立着的刽子手们不屑一顾。行刑官走到萧楚女的面前，狡黠地说：“萧教官，你这根蜡烛快要熄灭了，在这生死的一瞬间，你愿意改悔吗？”

萧楚女以锋利的目光盯住这位行刑官，高声地说：“你们昧着良心杀吧！真正的共产党人是不怕死的，共产主义运动是镇压不了的。总有一天，人民定会审判你们这班狗豺狼！”接着，他和同志们一起高呼：“打倒国民党！”“打倒军阀！”“中华民族解放万岁！”“中国共产党万岁！”

萧楚女等 40 多名共产党员、革命者，为了无产阶级的革命事业血洒珠江，献出了他们年轻而宝贵的生命。萧楚女牺牲时，年仅 34 岁。

---

① 萧楚女牺牲的时间，一种记述为 1927 年 4 月 22 日夜晚；另一种记述为 1927 年 4 月 22 日后的某一天拂晓，有待考证。

第二十四章　萧楚女永远活在人民心中

深深地悼念

中国共产党和革命群众，不会忘记为革命牺牲的烈士。

各级党组织和民众得知萧楚女被害的消息后，极为悲痛。萧楚女牺牲后，林育南、恽代英、邓颖超代表中共党组织，先后到武汉慰问了他的亲属，邓颖超还向其家人送去几百元慰问金[①]。

1927年7月中旬，汪精卫集团也彻底翻脸，在武汉发动了反革命政变。武汉笼罩在白色恐怖之中。中共组织非常关心萧楚女亲人的安全，安排林育南通知在武汉的萧楚女的妹妹萧宝华注意隐蔽，萧宝华立即把萧楚女留在家里面的文件、信件、照片、手稿、书刊等烧毁，迅速出外躲避以便保护自己。

萧楚女的战友们决心继续他未竟的事业，纷纷发

① 萧楚女侄孙女萧润来口述。

表悼念文章，高度赞扬他鞠躬尽瘁、死而后已的革命精神。1927 年 5 月 26 日，光人在《中央日报副刊》发表《五卅纪念中忆萧楚女》，直接指出，“他不过是革命战线上的战士之一”，国民党“特别要杀他，真是可笑的愚蠢；杀死了萧楚女却杀不死产生萧楚女的环境，更杀不完产生萧楚女的环境所产生的或将产生的千万个萧楚女”。

5 月 29 日，腾波在武汉《中央日报副刊》第 66 期上发表《悼萧楚女同志》一文，指出萧楚女“在中国革命的进程中，曾经有过长期的努力。他奋斗的精神，在每一个革命青年的心底，是留下了不可磨灭的痕影的”。“萧同志死了，我们只有前仆后继！来，来，来，最后胜利终竟是我们的！”

6 月 13 日，《中国青年》期刊发文《悼我们的死者》，高度称赞萧楚女是“在青年界最有信仰的”良师益友，号召革命青年学习和发扬萧楚女的英勇斗争精神，在残酷环境中继续坚持斗争。

6 月 25 日，《中国青年》第 66 期刊载了《征求萧楚女先生遗著》的启事，对萧楚女作了高度评价：“谁不知有个大麻子萧楚女，他是本刊的创始者之一，他是青年群众的明星，他是刻苦忠实的革命家！自从少年以至于死，他一直以革命为生命，一直在颠沛流离、贫困捕逃的情形之下。”“他的死，使革命青年失去了良师；他的死，使革命队伍丧亡了勇敢的战士；他的死，使我们更加透彻认识了敌人；他的死，在每个革命者的心上剜上伤痕！本社为纪念他起见，拟搜集他的生平著作，印成《楚女文存》以行世。”

1928 年底出版的《列宁青年》期刊，发表了《追悼死难的青年战士》一文，指出：“在国民党大屠杀时，被杀的许多同志中，萧楚女同志是最熟悉的一个。”次年 3 月，中国共产党领导的上海济难会出版的图书《牺牲》第一集，亦辑录了《萧楚女事略》。中国共产党广泛宣传萧楚女不惜抛头颅、洒热血的革命事迹和革命精神，鼓舞革命群众前仆后继，英勇斗争。

永志不忘

中国共产党领导中国人民经过 20 多年艰苦卓绝的浴血奋斗，克服千难万险，终于搬掉了压在人民头上的三座大山，推翻了反动的国民党蒋家王朝。人民翻身得解放扬眉吐气当家作主的时候，也是萧楚女可以含笑九泉的时候。

1949 年 10 月 1 日，毛泽东站在北京天安门城楼上庄严宣告中华人民共和国成立。萧楚女等烈士的遗愿，已经被幸存的战友们经过卓绝奋斗画作宏图。人民胜利的捷报，恰似那天空美丽的彩霞。10 月 14 日，广州解放。1950 年，广东省人民政府逮捕了执行杀害萧楚女的刽子手周东。经过广州人民政府召开群众大会公审后，周东被执行枪决。

人们不禁又回想起萧楚女在就义前，痛斥刽子手时说过的那句话："真正的共产党人是不怕死的，共产主义运动是镇压不了的。总有一天，人民会审判你们这般狗豺狼。"萧楚女的预言终于实现了，萧楚女的英灵可以安息了。

中华人民共和国成立不久后的一天，毛泽东和周恩来会见李济深，李济深时任中华人民共和国中央人民政府副主席。三位老朋友见面，难免回首当年的广州往事。

李济深怎能忘记，1926 年 5 月，身为国民党中央执行委员的他兼任黄埔军校副校长，到了 7 月，他担任国民革命军总参谋长，代行总司令职务。1927 年春，他支持蒋介石发动四一二反革命政变，并且在广州发动四一五反革命政变，屠杀共产党人和革命群众。黄埔军校，是"清党"的重点单位。李济深奉蒋介石之命下令逮捕并且秘密杀害黄埔军校内的共产党员，其中就有黄埔军校政治部主任熊雄、教官萧楚女等人。

萧楚女是毛泽东的好朋友，熊雄是周恩来的好朋友。

李济深主动地承认了自己当年奉蒋介石命令"清党"的过错，并且自责地说道："……萧楚女、熊雄两位堪称人中龙凤，却被我下令杀害了。每次想起这件事，我的内心就深感内疚……我对不起国家，对不起人民，在我余下的有生之年里，一定尽心竭力为国家和人民服务以赎前愆……”

毛泽东沉默片刻，说道：“任朝先生！你那时也有难处，蒋介石逼着你身不由己。算了，我们还是勤政为民朝前看吧！”

周恩来也接着说：“是的，任朝先生！我们都应该朝前看！建设好新中国，让人民丰衣足食，过上幸福的生活，就能告慰萧楚女、熊雄那些烈士的在天英灵！”

毛泽东主席签发烈士家属证

1953年的劳动节后一日，毛泽东在办公桌前坐下。他这天的工作任务，主要是审查并签署发布烈士证的命令。准备工作，秘书事先已经做好。比起新中国成立前，他更加辛勤忙碌，建国伊始，百废待兴，凡事既要顾及历史又要着眼未来。

无数革命烈士的流血牺牲，才换来新中国。毛泽东面对桌上的革命烈士名册（按照牺牲时间排列），他仔细地审看着。建党初期牺牲的英烈，他都认识。每一位烈士的姓名，都会引起他穿越时空的回忆，那一个一个生动的面容，都仿佛在眼前浮现。

当看见萧楚女的名字时，毛泽东下意识地抽出一支香烟，擦亮火柴点燃，轻轻地吸了一口，站起身来，朝着窗外的天空望去。他的目光，总是那么深邃悠远。

此时此刻，毛泽东的脑海里面出现了萧楚女的身影，那是一个多好的同志啊，可以胜任意识形态领域工作，因为他那么热爱劳苦大众，痛恨一切反动派，革命意志坚定顽强，工作认真刻苦，赤胆忠心，光明磊落，能讲会写，原则性强，严格遵守党的纪律，尤其可贵的是，萧楚女总是能够理智地在党组织会议上讲真话，颇有直谏精神。

毛泽东想，新中国已经成立，为了免蹈李自成功败垂成的覆辙，自己必须和全党同志居安思危，努力奋斗。如果萧楚女活着，必然在全体党员干部中起到很好的示范作用。

想到这些，毛泽东坐下来，郑重地拿起那一支红色笔，在萧楚女的姓名上面画了一个圆圆的大圈。

1953 年暮春时节，中华人民共和国中央人民政府颁发了萧楚女烈士家属证，其具体文字内容是：

查萧楚女同志在革命斗争中光荣牺牲，丰功伟绩，永垂不朽，其家属当受社会上之尊崇，除依中央人民政府革命工作人员伤亡褒奖暂行条例，发给其家属恤金外，并发给此证以资纪念。

毛泽东

一九五三年五月五日

中华人民共和国内务部（印）

附 录

萧楚女年表（1893—1927）

1893 年

深秋，出生于湖北省汉阳鹦鹉洲一木材商人家庭，取名树烈，又名秋。

1901 年

父亲因病去世，家境衰败。

1902 年

在码头叫卖瓜子、花生等，贴补家用。

1903 年

开始在汉口、安徽等沿江城市做学徒、茶馆“跑堂”、报童及轮船的杂役，漂泊、困苦中顽强自学。

2 月　在《浙江潮》发表处女作《中国爱国者郑成功传》。

1911 年

武昌起义期间加入新军，参加阳夏保卫战。1912 年底不满旧军阀的黑暗统治，离开新军。

1913年

1月　考入武昌新民实业学校，学习蚕桑专业。

8月　新民实业学校毕业，与好友郑希曾一起参加国民党，投身反袁世凯的斗争。

改名“楚女”，立志追求和探索改造社会的途径。

1914年

6月　好友郑希曾遭军阀杀害，悲愤退出国民党。

7月　避难七里坪。

年底　藏身木箱内，离开汉口前往上海。

1915年

在武汉任《崇德报》主笔，并为《大汉报》撰稿，抨击袁世凯的卖国活动。

1918年

挥毫写下《寄孙问梅兼示泥清仲宣》，以示“不能消沉，要抗争”的信念。

1919年

参加五四运动，连续撰文抨击北洋政府和湖北军政府野蛮镇压爱国运动的罪行。

6月　任《大汉报》编辑。因“持过激之言论”，8月16日，《大汉报》被日本驻汉口领事署罚停刊三天。

1920年

参加恽代英组织的利群书社活动。

9月　任湖北襄阳第二师范教员，指导、发动二师风潮，积极支持学生的爱国行动。在襄阳期间，加入恽代英领导的互助社。

1921 年

7 月　参加恽代英组织的共存社。

8 月　被迫离开襄阳省立二师。

9 月　前往安徽宣城省立第四师范任教，发动学生与反动学监唐石亭进行斗争，声援被迫害学生，并号召学生参与社会改革活动。

1922 年

5 月　因受唐石亭等人诬告，被迫离开宣城，前往芜湖第五中学任教。

8 月　从芜湖回到武汉，经林育南、恽代英介绍加入中国共产党，随后赶往四川泸州川南师范任教。

9 月　因事态变故，川南师范任教未果，被邀请在重庆联合中学任教。

11 月　与熊禹治等人筹办重庆公学。一个月后，重庆公学被反动当局封停。

1923 年

万县省立第四师范任教，积极在学生中培育革命火种，发展积极分子参加社会主义青年团，组建了万县地区最早的团组织。

4 月　被杨森聘为秘书，借机撰写《杨森对川人的宣言》，提出了有利于百姓生计的治川方针和一些变革设想。

5 月　看清杨森反动面目，愤然辞去秘书职务。遭万县当局刁难离开万县。

6 月　受邀到重庆女二师任教，兼任《新蜀报》主笔。肩负党组织的任务——向青年学生和广大民众宣传革命理论及新思想，促进重庆地区革命形势的进一步高涨。

9 月　发动群众与“吃屎教”斗争，迫使重庆警察厅取缔“吃屎教”。

12 月　遵照党组织安排，前往泸州从事宣传活动、检查团组织工作，对外身份川南师范学校教员，兼任《新蜀报》记者。

1924 年

1 月　母病重，离川返鄂省亲。母逝世后，在武汉、襄阳、荆门等地调查平民教育状况。

3 月　再到襄阳省立第二师范任教，帮助学生重组学生自治会，发表《新聊斋志异》文章，揭露襄阳当地官员搜刮民众钱财的骗局。

5 月　离襄阳到达上海，主编《中国青年》，并在上海大学任教。

8 月　再度入川，受任了解四川地方团组织情况，仍任《新蜀报》主笔和重庆女二师教员。

9 月　被团中央委任为驻川特派员，全权整顿成、泸、渝三地团组织工作。

10 月　倡导、组建带有革命性质的民众组织四川平民学社，唤起民众觉醒。

11 月　与杨闇公等领导重庆“德阳丸”案反帝运动取得胜利。

1925 年

1 月　团重庆地委改组工作顺利完成。

2 月　指导重庆国民会议代表选举运动，出席重庆各界群众欢送出席国民会议代表的大会，并发表演说。

3 月　发动群众举行悼念孙中山的活动，并撰文号召群众警惕右派篡夺革命领导权。

3 月至 5 月　与张闻天等以《新蜀报》、《南鸿》周刊、《爝光》周刊为阵地，反击重庆国民党右派、国家主义派和教育界的反动势力，被重庆卫戍司令王陵基驱逐，于 5 月下旬离渝。

6 月　参加南京各界抗议五卅惨案的国民外交后援会成立大会，并发表演讲；发动南京和记蛋厂工人罢工，迫使英商答应缩短工作时间、提高工资待遇等要求。6 月下旬赴上海，参与全国学生第七届代表大会的文件起草工作。

7月　主编上海《工商学联合会日报》。受党组织委派，主编《中国青年》。

8月　被派赴河南，在中共豫陕区委及共青团豫陕区委工作，主编党团豫陕区委机关刊物《中州评论》，发动学生组织河南青年协社、开封各校反对补考行动委员会等团体。

10月　出版《显微镜下之醒狮派》一书，全面批判国家主义派的谬论。发行《国民革命与中国共产党》小册子，驳斥戴季陶反动理论。

11月　受河南开封军阀李纪才的驱逐离开开封。途经苏州时，对当地青年学生发表演讲，并指导国民党苏州市党部的成立工作。11月中旬抵上海，积极投入反对西山会议派的斗争。

12月　在上海、南京一带了解社会民情，从事党团组织工作。

1926年

1月　以中共党员、国民党江苏省党部代表和宣传委员的身份，参加中国国民党吴江县第四次代表大会并发表演讲。

受党组织委派到达广州，进入毛泽东担任代理部长的国民党中央宣传部工作。

2月　任国民党中央宣传部检阅干事、中国国民党政治讲习班教授；并协助毛泽东编辑《政治周报》。同时，担任国民党农民部农民运动委员会委员。

3月　参加第六届农民运动讲习所筹办会议。

4月　兼任广东省国民党青年部第一届青年训育养成所教员。

5月　为第六届农讲所专任教员兼代教务主任。

6月　兼任中华全国总工会教育宣传委员会开办的劳动学院讲师。

7月　肺病复发，入院治疗。

9月　兼任广东省国民党青年部第二届青年训育养成所教员。

10月　任黄埔军校政治教官。

11 月　编写重要著作《社会科学概论》；提出改善士兵宣传工作的三项办法，并让已停刊半年之久的校刊——《黄埔日刊》重新与读者见面。

12 月　任军校国民党特别党部宣传委员会政治顾问。

1927 年

1 月　出席军校举行的纪念列宁大会，并作了《纪念列宁笃守列宁主义》为题的讲演，号召师生拥护“联俄、联共、扶助农工”三大革命政策。

2 月　兼任华侨运动讲习所讲师。

3 月　出席军校举行国际妇女节暨欢迎新生大会，并发表演说；3 月底，因操劳过度、肺病再度复发，住进广州东山医院治疗。

4 月　在广州四一五反革命政变中被捕，关押在伪公安局内。22 日，在广州南石头监狱被国民党反动派杀害，时年 34 岁。

萧楚女论著目录（1903—1927）

1903 年

篇名	署名	刊名	发表时间
中国爱国者郑成功传（第一节）	匪石	《浙江潮》第 2 期	2 月 20 日
野获一夕话	匪石	同上	同上
中国爱国者郑成功传（第二、三节）	匪石	《浙江潮》第 3 期	3 月 20 日
野获一夕话（嗟南宋六陵、虚无党制造家、洪秀全国际谈判）	匪石	同上	同上
浙风篇	匪石	《浙江潮》第 4 期	4 月 20 日
野获一夕话（余所闻李来中，茶与帽、国会谈）	匪石	同上	同上
中国爱国者郑成功传（第四节）	匪石	《浙江潮》第 5 期	5 月 20 日
法王路易受审时之口供	匪石	同上	同上
中国爱国者郑成功传（第五、六节）	匪石	《浙江潮》第 6 期	6 月 20 日
中国音乐改良说	匪石	同上	同上
野获一夕话（法王路易受审之口供）（续第 5 期）	匪石	《浙江潮》第 7 期	7 月 20 日
中国爱国者郑成功传（第七节）	匪石	《浙江潮》第 8 期	8 月 20 日
野获一夕话（元、明、文八股，洪王宫联，杭州净慈寺僧所述）	匪石	同上	同上
中国爱国者郑成功传（第八、九节）	匪石	《浙江潮》第 9 期	9 月 20 日
野获一夕话（顺民历史、奇诏、吴三桂复父书）	匪石	同上	同上

1911 年

篇名	署名	刊名	发表时间
呜呼吾国竟亡于革命伟人之手	萧楚女		1911—1912 年之间

1918 年

篇名	署名	刊名	发表时间
寄孙问梅兼示泥清仲宣	萧楚女	《汉口新闻报》	12 月 9 日

1920 年

篇名	署名	刊名	发表时间
卖水饺的恩爱	萧楚女	《上海民国日报》副刊《觉悟》	4 月 17 日
组织“欧美社会实际视察团”的提议	萧楚女	《大汉报》	5 月 1 日
可怜时事竞新妆	萧楚女	《大汉报》	6 月 12—28 之间
湖北二师风暴底经过及其教训	萧楚女	《上海民国日报》副刊《觉悟》	6 月 12 日
吾鄂人不愧首义之区	萧楚女	《大汉报》	6 月 19 日
“和议”二字的解剖观	萧楚女	《大汉报》	6 月 20 日

1921 年

篇名	署名	刊名	发表时间
人生者不断的奋斗中之动员也	萧楚女	《上海民国日报》副刊《觉悟》	10 月 28 日

1923 年

篇名	署名	刊名	发表时间
请看吃屎教所说的今天	楚女	《新蜀报》	9 月 25 日
资本制度底汉水流域	楚女	《武汉星期评论》	

续表

篇名	署名	刊名	发表时间
教育界的法西斯蒂“国学”	楚女	《中国青年》第 11 期	12 月 29 日
诗的生活与方程式的生活	楚女	同上	同上

1924 年

篇名	署名	刊名	发表时间
革命的信仰	楚女	《中国青年》第 12 期	1 月 5 日
一切学问都是研究社会的工具	楚女	《中国青年》第 14 期	1 月 19 日
陶朱公的“平民教育”	楚女	《中国青年》第 18 期	2 月 10 日
上帝底世界和人类的世界	楚女	同上	同上
难怪列强反对收回海关	楚女	《中国青年》第 19 期	2 月 23 日
一个发展实业的概况	楚女	《中国青年》第 20 期	3 月 1 日
新聊斋志异	楚女	《中国青年》第 24 期	3 月 29 日
基督教底唯物营业	楚女	《中国青年》第 25 期	4 月 5 日
社会主义与我们的《社会生活》之意识	楚女	《学生杂志》第 4 期	4 月 5 日
学校与监狱	楚女	《中国青年》第 26 期	4 月 12 日
村妇心性的青年	楚女	《中国青年》第 28 期	4 月 26 日
中国人始终不了解俄国	楚女	同上	同上
青年们——请看汉口的车夫	楚女	同上	同上
要学成了再做事么	楚女	《中国青年》第 29 期	5 月 3 日
我们须注意于品性与行为之一致	楚女	《教育与人生周刊》第 29 期	5 月 5 日
我们应该先求了解现实生活	楚女	《学生杂志》第 11 卷第 5 期	5 月 5 日
欢迎重庆女师底新空气	楚女	《中国青年》第 30 期	5 月 10 日

续表

篇名	署名	刊名	发表时间
吃甘蔗的“君子国”	楚女	《上海民国日报》	5月15日
今年上海“五九”纪念底新意义	楚女	《中国青年》第31期	5月17日
男盗女娼	楚女	同上	同上
梁启超又来提倡实践主义么	楚女	《评论之评论》第9期	5月18日
教育与革命	萧楚女	《新建设》第1卷第3期	5月20日
对于“中国协会年会”底批评	楚女	《向导》第66期	5月21日
请看帝国主义“自供”	楚女	同上	同上
看了少奶奶的扇子以后	萧楚女	《上海民国日报》副刊《觉悟》	5月22日
新刊批评（《青年之友》《政治生活》《川政评论》《奉天学生》《南京评论》《松江评论》）	楚女	《中国青年》第32期	5月24日
“亏本”与革命	楚女	同上	同上
《直系内部分裂底综述》	楚女	《评论之评论》第10期	5月25日
世上并没有完人	楚女	《教育与人生周刊》第32期	5月26日
京汉党狱的帝国主义	楚女	《中国青年》第33期	5月31日
脱离家庭及拒婚问题（通讯）	楚女	同上	同上
新刊批评《对外旬刊》《浦中半月刊》《安源旬刊》《黔人之声》	楚女	同上	同上
讨论“国家主义的教育”的一封信	楚女	《少年中国》第4卷第12期	5月
身心的锻炼与反锻炼	楚女	《学生杂志》第11卷第6期	6月5日
驱逐教皇和凯撒	萧楚女	《中国青年》第34期6月	6月7日

续表

篇名	署名	刊名	发表时间
野兽的决斗	萧楚女	同上	同上
反动的江西	丑侣	同上	同上
状元老爷底狄克推多	丑侣	同上	同上
隐居与避居	楚女	同上	同上
革命中学生应持的态度	楚女	《中国青年》第 35 期	6 月 14 日
帝国主义侵略中国的实况	楚女	同上	同上
对德参战之功罪	萧楚侣	《向导》第 70 期	6 月 18 日
欢迎商报底提议	楚女	同上	同上
革命与"革命教育"	萧楚女	《新建设》第 6 期	6 月 20 日
损失八千万元的德发债票案	楚女	同上	同上
帝国主义与中俄交涉	楚女	同上	同上
《中国青年》与文学（通讯）	萧楚女	《中国青年》第 36 期	6 月 21 日
新刊批评《合力周报》《野火》《贵州青年》《赤心评论》	楚女	同上	同上
还不问政治吗？	楚女	《向导》第 71 期	6 月 25 日
廉泉、刘若曾辱骂吴稚晖	楚女	同上	同上
驳心史君底"帝国主义"	楚女	《中国青年》第 37 期	6 月 28 日
我们因为三 K 党而要注意的两件事（三 K 党与新中国，三 K 党与研究系）	萧楚侣	《向导》第 72 期	7 月 2 日
艺术与生活	楚女	《中国青年》第 38 期	7 月 5 日
青年们现在可恍然了吧！	野马	同上	同上
东方文化学社与绅士阶级	楚女	《评论之评论》第 16 期	7 月 6 日
我们应无前提地做好人	楚女	《教育与人生周刊》第 38 期	7 月 7 日

续表

篇名	署名	刊名	发表时间
中国人之怨望	楚女	《向导》第 73 期	7 月 9 日
烈士郑希曾传	野马	《中国青年》第 39 期	7 月 12 日
“得见天日”以后（通讯）	楚女	同上	同上
我们应当注意实际的社会问题	楚女	《教育与人生周刊》第 39 期	7 月 14 日
法西斯的祸水已经来了	萧楚女	《向导》第 74 期	7 月 16 日
万县事件与中国青年	楚女	同上	同上
对于教育改进社年会底批评	楚女	《中国青年》第 40 期	7 月 19 日
新刊批评《中国学生》《平旦》《赤光》《襄军》	楚女	同上	同上
世界弱小民族解放运动的近况	楚女	《新建设》第 2 卷第 1 期	7 月 20 日
日俄交涉与英俄会议之近况	楚女	同上	同上
中国底“农民问题”	萧楚女	《新建设》第 2 卷第 1 期	同上
青年与农村教育	楚女	《教育与人生周刊》第 42 期	8 月 4 日
《外交问题》	楚女	《上海民国日报》副刊《觉悟》	8 月 7—9 日
给宗菊兄信	楚女		8 月 18 日
《国民党与最近国内思想界》	楚女	《新建设》第 2 卷第 2 期	8 月 20 日
青年与进化论和唯物史观	楚女	《教育与人生周刊》第 46 期	9 月 1 日
我所审定的“东方文化”价值	楚女	《学生杂志》第 11 卷第 10 期	10 月 5 日

续表

篇名	署名	刊名	发表时间
取缔女学生离婚问题	楚女	《上海民国日报》副刊《觉悟》	10月18日
取缔女学生离婚问题（续）	楚女	同上	10月19日

1925年

篇名	署名	刊名	发表时间
言论的道德责任与法律常识	萧楚女	《南鸿》第四期	4月22日
重庆青年界的危机	萧楚女	同上	同上
神圣同盟下之重庆严格教育	萧楚女	《南鸿》第五期	
暴风雨的五月——我们底狂飙运动的良辰	萧楚女	《爝光》第1期	5月1日
答颜直书	萧楚女	《新蜀报》	5月
理想的灭落	萧楚女	《爝光》第3期	5月
国民党中底“共产派”问题	萧楚女	同上	同上
萧楚女的生死观	萧楚女	《新蜀报》	5月
当二百铜币与追击炮	萧楚女	《新蜀报》	5月
中山主义与国家主义	萧楚女	孙文主义讨论集（单行本）	5月
笨拙的英帝国主义	萧楚女	《工商学联合会日报》	7月11日
申新两报与《诚言》	萧楚女	《工商学联合会日报》	7月12日
给伏之信	楚女、代英	《中国青年》第83期	7月23日
对于国家主义的一个观察（通讯）	楚女	同上	同上
中国仍应对英宣战	楚女	《中国青年》第84期	7月25日
英国帝国主义眼前所走的侧径	楚女	同上	同上
阶级斗争与我们底基本工作	楚女	《人权日报》	7月25日

续表

篇名	署名	刊名	发表时间
如何应付眼前的国际进攻	楚女	《中国青年》第 85 期	7 月 28 日
介绍“苏联侵略外蒙详记”	楚女	同上	同上
孔圣学术及英国机关枪	楚女	同上	同上
吾人应正名流误国之罪	丑侣	同上	同上
反抗五卅惨案运动中所见的阶级斗争	楚女	《中国青年》第 86 期	8 月 1 日
谁叫醒狮人学李汉俊	楚女	同上	同上
蒋维乔长东大之由来	楚女	同上	同上
国民革命与中国共产党	抽玉	单行本	8 月 10 日
告革命界的著作者	楚女	《中州评论》创刊号	9 月 1 日
从“九七”纪念中看出的五卅运动底价值	楚女	《中州评论》第 2 期	9 月 7 日
因“严格教育”及“补考”告开封教育界	野马	同上	同上
显微镜下之醒狮派	萧楚女	单行本	10 月
原来就是“赤色帝国主义”	楚	《中国青年》第 101 期	11 月
这是何等赖皮	楚	同上	同上
国家主义的原形	楚	同上	同上
关税会议席上的良心	楚	同上	同上
国家主义长足发展	楚	同上	同上
中国赤化与帝国主义的一致压迫	楚女	《中国青年》第 102 期	11 月
研究系配说这话么？	楚	同上	同上
可怜的绅商阶级	楚	同上	同上
“什么是反革命？”	楚	同上	同上
丁文江的“科学常识”	楚	同上	同上

续表

篇名	署名	刊名	发表时间
科学家的“玄学逻辑”	楚	同上	同上
这便是彻底革命的“急进社会政策”	楚	同上	同上
给燕文新的信	楚女		11月12日
为什么要反对基督教	楚女	《上海民国日报》副刊《觉悟》	11月19日
国民革命与“专一”、“诚意”	抽玉	《中国青年》第103期	11月28日
东交民巷中的阶级斗争一幕	楚	同上	同上
国家主义和东方文化派的新同志	楚	同上	同上
评“经济侵略下之中国”	楚女	《中国青年》第105期	12月12日
上海民国日报的真面目	抽玉	同上	同上
因为如此所以不要“社会革命”	女	同上	同上
好一个“更是国家主义”	女	同上	同上
帝国主义与人口问题	楚女	《中国青年》第106期	12月19日
介绍正统派与戴季陶看看	女	《中国青年》第107期	12月26日
共产党工作光荣的反映	玉	同上	同上
“利用工人”	女	同上	同上
苦哉！被人利用者	玉	同上	同上
太左倾了	女	同上	同上

1926年

篇名	署名	刊名	发表时间
“好一个艺术的生活”	女	《中国青年》第108期	1月2日
对于青年指导者的悲观（通讯）	楚女	同上	同上
给林育南信	楚女		1月8日

续表

篇名	署名	刊名	发表时间
拥护省港罢工声中告港商及一般大商阶级	楚女	《广州民国日报》	2月12日
广东民众援助国民军的真意义	楚女	《广州民国日报》	2月17日
革命的宣传与革命的行动	楚女	《广州民国日报》	2月20日
纪念总理者应勿忘总理底革命方略	楚女	《广州民国日报》	3月12日
黄花节之足以纪念者何在	萧楚女	《广州民国日报》	3月29日
民生主义之现在与将来	萧楚女	《学艺》第1期	4月1日
封建政治	萧楚女	周凯笔记	6月4日
答农民运动讲习所学生问	楚女	农讲所学生笔记	7月6日
帝国主义讲授大纲	萧楚女	单行本	8月
社会主义概要大纲	萧楚女	单行本	
国家主义之中心思想	楚女	载于《对国家主义10月派的反攻》论文集	10月
答方伟	楚女	《黄埔日刊》	11月11日
做黄浦学生所要的根本质素	楚女	《黄埔日刊》	11月15日
社会科学概论	萧楚女	单行本	11月19日
答符汉兴（政治问答）	楚女	《黄埔日刊》	11月23日
答马心白（政治问答）	楚女	《黄埔日刊》	11月26日
答黄昌绪（政治问答）	楚女	《黄埔日刊》	11月30日
答中国政党（政治问答）	楚女	《黄埔日刊》	12月2日
答马心白（政治问答）	楚女	《黄埔日刊》	12月7日
答梁骐（政治问答）	楚女	《黄埔日刊》	12月8日
答万庆文（政治问答）	楚	《黄埔日刊》	12月10日
答杨鼎（政治问答）	楚	同上	同上

续表

篇名	署名	刊名	发表时间
答刘作民（政治问答）	楚	《黄埔日刊》	12月11日
答骆瑞祺（政治问答）	楚	同上	同上
答蔡玉章（政治问答）	楚	同上	同上
答曹庆达（政治问答）	楚	《黄埔日刊》	12月14日
答曹庆达（政治问答）	楚	《黄埔日刊》	12月15日
答张定远（政治问答）	楚	《黄埔日刊》	12月16日
答冯振翼（政治问答）	楚	同上	同上
答汝涛（政治问答）	楚	同上	同上
答梁骐（政治问答）	楚	《黄埔日刊》	12月17日
生物中的耶稣观	萧楚女	《黄埔日刊》	12月25日
中国底农民问题	萧楚女	农民问题丛刊第13种（单行本）	

1927年

篇名	署名	刊名	发表时间
一年来帝国主义在华势力之暗斗及其崩析	楚女	《黄埔日刊》	1月1日
答修鸣翔（政治问答）	楚	《黄埔日刊》	1月7日
答萧湘飞（政治问答）	楚	《黄埔日刊》	1月12日
总理底农工政策的真意义	楚女	《黄埔日刊》	1月14日
八年前世界革命运动成败之关键	楚女	《黄埔日刊》	1月15日
答蔡玉章（政治问答）	楚	《黄埔日刊》	1月18日
纪念列宁与笃守列宁主义	楚女	《黄埔日刊》	1月21日
士兵夫小组开会问题	楚女	《黄埔日刊》	1月25日
答胡宗莹（政治问答）	楚	《黄埔日刊》	1月26日

续表

篇名	署名	刊名	发表时间
答胡友为（政治问答）	楚	《黄埔日刊》	1月28日
黄埔学生之恋爱与革命问题	楚女	《黄埔日刊》	1月29日
答廖瑞平（政治问答）	楚	同上	1月29日
答谢嗣榜（政治问答）	楚	《黄埔日刊》	2月1日
答胡宗莹（政治问答）	楚	《黄埔日刊》	2月4日
答萧湘飞（政治问答）	楚	《黄埔日刊》	2月5日
答萧湘飞（政治问答）	楚	《黄埔日刊》	2月12日
革命党人的基本质素是什么？	楚女	《中国青年》第153、154期合刊	2月12日
答萧湘飞（政治问答）	楚女	《黄埔日刊》	2月14日
民族主义与世界革命	萧楚女	《黄埔日刊》	2月15日
答何涤生（政治问答）	楚	《黄埔日刊》	2月16日
答李师竹（政治问答）	楚	同上	同上
答沈楚材（政治问答）	楚	《黄埔日刊》	2月17日
社会进化之根本问题	楚女	《黄埔日刊》	2月18日
答新星（政治问答）	楚	《黄埔日刊》	2月19日
答刘定乾（政治问答）	楚	《黄埔日刊》	2月20日
国际工人代表团来华的意义	楚女	《黄埔日刊》	2月21日
个人主义漫论	萧楚女	《做什么？》第2期	2月
个人主义的分析	楚女	中国国民党党立华侨运动讲习班讲义（单行本）	2月10日
帝国主义压迫下的华侨与革命	萧楚女	同上	同上
答阙斗南（政治问答）	楚	《黄埔日刊》	3月4日
答张宗绪（政治问答）	楚	《黄埔日刊》	3月5日
答徐恕（政治问答）	楚	《黄埔日刊》	3月7日

续表

篇名	署名	刊名	发表时间
“财产”、“阶级”、“女人”	楚女	《黄埔日刊》	3月8日
萧教官楚女演说词（本校纪念“三·八”大会）	楚女	《黄埔日刊》	3月10日
纪念总理与检察革命工作的现状	楚女		3月12日
帝国主义软化政策之真面目	楚女	《黄埔日刊》	3月16日
答黄磊（政治问答）	楚	同上	同上
民主集权制的说明	楚女	《黄埔日刊》	3月17日
答赵新（政治问答）	楚	同上	同上
在联合战线上纪念“血腥之日”	楚女	《黄埔日刊》	3月18日
看时报所得之杂感	楚女	《黄埔日刊》	3月21日
答大动（政治问答）	楚	同上	同上
个人主义的三十六变（续）	楚女	《黄埔日刊》	3月24日
答余鹏飞（政治问答）	楚	《黄埔日刊》	3月25日
答成章（政治问答）	楚	《黄埔日刊》	3月26日
关于政治问答的启事	萧楚女	《黄埔日刊》	3月26日
民族革命运动史大纲	萧楚女	单行本	3月
答蔡玉章（政治问答）	楚	《黄埔日刊》	4月6日
答龚加伦（政治问答）	楚	《黄埔日刊》	4月8日
答邓友馥（政治问答）	楚	《黄埔日刊》	4月13日
答邓友馥（政治问答）	楚	《黄埔日刊》	4月14日
答饶琼林（政治问答）	楚	《黄埔日刊》	4月15日
答庚臾（政治问答）	楚	《黄埔日刊》	4月19日

后 记

萧楚女是中国共产党早期青年运动领导人之一，是中国共产党的优秀理论家、教育家、革命家，中国青年的良师益友。为“100位为新中国成立作出突出贡献的英雄模范人物”之一。他的一生，就像一支永不熄灭的红烛，燃尽自己，点燃了无数的革命火种。

1891年，萧楚女出生于汉阳鹦鹉洲。作为萧楚女的家乡人，汉阳区党史工作部门从2018年开始开展《萧楚女传》的编纂工作。萧楚女1927年就被敌人杀害，有关史料存世量已很少，而且距今时间较长，搜集难度较大。为此，我们广泛联系了与萧楚女有关联的各地档案馆、党史研究单位和有关专家。广东省革命历史博物馆、广东第六届农民运动讲习所旧址纪念馆、江苏省常熟市档案馆、江苏省苏州市吴江区档案馆，以及湖北襄阳市昭明小学，毫无保留地为我们提供了极其珍贵的史料。我们还拜访曾写过萧楚女传记的中共湖北省委党史研究室原巡视员张帆，到广东和重庆分别请教了黎显衡老师、李畅培老师，还有对中共历史研究颇深、中共重庆市委党史研究室的简奕处长，他们都热情地为我们提供了难得的史料。萧楚女的侄孙萧忠友、侄孙女萧润来，林育南的孙子林旭东，还有恽代英的孙女恽梅、侄孙恽铭庆，黄埔军校第四期学员黄玉玺的外孙孔祥鹏，也提供了许多帮助。书稿完成后，中共湖北省委党史研究室两位党史专家李辉、张帆对书中史料进行了审核把关。在《萧楚女传》编纂过程中，我们得到了湖北方志文化传播公司的大力支持和帮助，在此一并致谢！

在庆祝中国共产党成立100周年之际，我们编纂的《萧楚女传》有幸由中共党史出版社出版，也是对烈士英灵的告慰与纪念。让我们继承先烈前辈的革命遗志，弘扬先烈前辈的奋斗精神，在习近平新时代中国特色社会主义思想的指引下，不忘初心，牢记使命，为实现中华民族伟大复兴的中国梦而不懈奋斗！

由于我们水平有限，加之史料不足，文稿中缺点乃至疏漏之处在所难免，恳望专家、读者批评指正。

武汉市汉阳区档案馆（史志研究中心）

2021年6月